T0308946

Los años del miedo

Sin fronteras

JOSÉ MANUEL FAJARDO

LOS AÑOS DEL MIEDO

Crónica de la violencia
(1990-2015)

Diseño de colección: Lucrecia Demaestri

Primera edición: octubre 2016
© José Manuel Fajardo
© Los libros del lince s.l.
Gran Via de les Corts Catalanes 657, Entresuelo 1.ª,
08010, Barcelona
www.loslibrosdellince.com
info@loslibrosdellince.com

Información y contacto con el autor:
http://www.josemanuelfajardo.com

ISBN: 978-84-15070-74-0
IBIC: JPVL
Depósito legal: B 16 570 - 2016

ÍNDICE

A Joseba Ereño,
Paco Doñate,
y Gorka Landaburu,
porque han sabido,
por caminos muy diferentes,
sobreponerse a la violencia.

A los periodistas Julio Fuentes,
asesinado en Afganistán,
José Luis López de Lacalle,
asesinado en el País Vasco,
y José Couso,
asesinado en Irak.
In memoriam.

«Hablaba a menudo de la bomba. Era un hecho fundamental del mundo para él, una última demarcación del espíritu, y en su opinión nos separaba de todas las demás generaciones de la historia. Una vez adquirida la capacidad de destruirnos a nosotros mismos, la noción misma de la vida humana había quedado alterada; incluso el aire que respirábamos estaba contaminado por el hedor de la muerte».

PAUL AUSTER, *Leviatán*

PRÓLOGO
UN POCO DE ORDEN EN EL CAOS

Escribir sobre la violencia es una de las más arduas tareas litera-rias. La violencia pone punto final a las palabras. Es el argumento definitivo, el triunfo del odio y de los instintos primarios sobre la razón. Y, sin embargo, para que la violencia cunda y se adueñe del orden social son necesarias muchas palabras que la propugnen, la acompañen y la justifiquen; hacen falta una inteligencia despiada-da y una lógica delirante, pero coherente e implacable, que sustitu-ya al sentido común.

Por decirlo a la manera de George Orwell en su novela *1984*: para que los asesinos triunfen, necesitan fabricarse un público adicto que esté dispuesto a aceptar que dos más dos son cinco. El pasado siglo XX ha conocido abismos de destrucción, crueldad y degradación humana que muestran la letal eficacia de semejante pedagogía y contradicen el aparente progreso de nuestra civiliza-ción. Que una nación culta y civilizada como Alemania se arroja-ra al infierno nazi es una advertencia para las siguientes generacio-nes: por más avances tecnológicos y materiales que se produzcan, la pesadilla de la violencia siempre está latente en las sociedades humanas. Primo Levi, superviviente del campo de exterminio de Auschwitz, escribió sobre ello en su libro *Los hundidos y los sal-vados*, publicado en 1987: «La violencia está delante de nuestros ojos [...]. Espera sólo a un nuevo histrión (y no faltan los candi-datos) que la organice, la legalice, la declare necesaria y obligada, e infecte al mundo. Pocos son los países que puedan garantizar su inmunidad a una futura marea de violencia, engendrada por la in-tolerancia, por la libido de poder, por razones económicas, por el fanatismo religioso o político, por los conflictos raciales». Una reflexión premonitoria de lo sucedido en los años brutales de la década de 1990 y en los primeros del siglo XXI, pues los hechos han venido a darle la razón del modo más trágico.

Sin embargo la necesidad de público y discurso, propia de la violencia organizada, es precisamente su flanco más débil. Porque si apenas puede hacerse nada para detener una bala que viaja a más de trescientos metros por segundo en dirección a un cuerpo, contra la retórica y las ideas que propician que alguien apriete el gatillo sí que es posible oponer una resistencia activa y eficaz.

La policía tiene la tarea de detener y llevar ante los jueces a los violentos, una labor necesaria y justa. La ciudadanía tiene la capacidad de apartar del poder a quienes usan los instrumentos del Estado para el crimen y la destrucción, así como la posibilidad de manifestarse contra quienes consideran que el asesinato y la guerra son instrumentos legítimos para lograr fines políticos. Pero la gran batalla se libra antes y tiene como escenario el cerebro de los potenciales asesinos y de quienes los apoyan o «comprenden». Es en el mundo de las ideas, de los argumentos, donde muchas veces se puede abortar la violencia antes de que ésta se manifieste, secando las raíces que la nutren.

Ante la dialéctica infernal de la acción-reacción, que está en la base de toda espiral violenta, es necesario hablar en voz alta y oponer una crítica radical al sistema de justificaciones morales, políticas y personales que forman el terreno sobre el que aquélla crece.

Es pues una tarea esencial mostrar que, tras palabras como patria, dios, sentido del deber, disciplina, libertad, justicia o revolución, se esconden muchas veces actos y conceptos que las desvirtúan cuando no las niegan completamente. Desnudar a la violencia de su halo sagrado y heroico ante los ojos de quienes la justifican. Desmontar el falso silogismo de quienes defienden el uso de una violencia justiciera para combatir una violencia anterior: aquélla no es ni inevitable ni necesariamente la mejor solución, y contra lo que se suele mantener, la renuncia a ella no supone de ningún modo pasividad ante el dolor y las injusticias. Y señalar, por fin, a quienes padecen la violencia o son testigos de ella que, más allá del dolor y la destrucción, toda acción violenta tiende una trampa aún más dañina: la de invitar a responder al odio con odio y a la muerte con muerte, arrastrando a la sociedad en su conjunto hacia el abismo de irracionalidad en el que los violentos, ya sean desde la ilegalidad, ya desde el propio Estado, campan a sus anchas e imponen sus terribles métodos.

Esta tarea crítica ha sido muchas veces desdeñada, en la creencia de que la mera exposición de las consecuencias de la violencia ha de provocar, por sí misma, una reacción de rechazo en la sociedad, que refuerce los vínculos de diálogo y solidaridad. Desdichadamente, los hechos han venido a demostrar que el espectáculo de la violencia ejerce una atracción malsana sobre muchas personas, y que su mera exposición en televisiones y periódicos, aunque vaya acompañada de declaraciones de horror y de condena, termina por crear una sensación de ritual trágico capaz de fascinar al público actual como lo hicieran los sacrificios humanos y las hecatombes en la antigüedad. Más aún, dado que la violencia es herramienta de acción política y de disputa de poder, y visto que vivimos en un mundo en el que la opinión pública y los medios de comunicación de masas están en el centro mismo de la acción política, la publicidad de la violencia, sobre todo en el fenómeno del terrorismo, forma parte esencial de la estrategia de los violentos. Es evidente que los medios técnicos de nuestro tiempo, desde los teléfonos móviles con cámaras incorporadas hasta el espacio ingobernable de internet, facilitan que los violentos encuentren fácilmente público para sus actos. Es obvio que urge hallar un modo de autocontrol periodístico para lograr que los medios dejen de ser meras cajas de resonancia que los violentos utilizan a su capricho, pero la necesidad no es tanto establecer una censura informativa como articular reflexiones en esos mismos medios de comunicación que procedan a la crítica sistemática de la violencia. Se trata de jugarle a la contra a la violencia en el terreno del discurso: desbaratando su retórica heroica cuando se presenta como espectáculo, pero también sacando a la luz sus actos atroces cuando se pretende practicarla en secreto.

A esa tarea he dedicado buena parte de mi trabajo como comentarista periodístico, buscando combinar el respeto a la infor-

mación veraz con la expresión de opiniones críticas. A lo largo de
veinticinco años, de 1990 a 2015, y en paralelo a la escritura de novelas y ensayos, los textos que he ido publicando en medios de
comunicación de España, Francia, Italia, Alemania y México han
conformado una especie de crónica personal de la violencia y de
cómo el miedo generado por ésta ha condicionado y manipulado
la opinión pública; una crónica que permitirá al lector seguir cro-
nológicamente un doble hilo: el de los acontecimientos y el de las
reflexiones generadas por éstos. Una crónica que intenta poner un
poco de orden a la caótica sucesión de brutalidad y atrocidades de
esta época violenta. Y es que nada resulta más esclarecedor que el
orden que se deriva de la narración y la cronología. A veces basta
con contar los hechos en el orden en que se produjeron (eso hice en
el caso de los GAL) para que la confusión, creada por las manipulaciones y las mentiras repetidas por los más diversos medios, se des-
peje y surja un espacio propicio para la reflexión.

Los textos reunidos en este libro están divididos en tres partes.
En la primera parte se evocan las decisiones y los acontecimientos
que han marcado tanto la vida política española como la internacional, desde los prolegómenos de la primera guerra del Golfo, en
1990, hasta el final de la tregua de ETA de 1999 y su ofensiva contra periodistas y cargos municipales, pasando por las guerras de
los Balcanes y la persecución a intelectuales por parte del integrismo islámico. En ella se presta especial atención a los discursos que
preconizan la violencia y la guerra como herramientas adecuadas
para enfrentar las crisis.

En la segunda parte he reunido los artículos que comencé a escribir para el periódico *El Mundo del País Vasco* tras el asesinato por ETA de José Luis López de Lacalle, de cuya columna de opinión semanal en dicho diario me hice cargo a la semana del crimen,
y que dan cuenta de los terribles meses de miedo y muerte vividos
por la sociedad vasca durante el año 2000. Un ejemplo concreto y
cotidiano de la atmósfera violenta que reinaba en esa época, una atmósfera que en 2001 me llevó a decidir abandonar el País Vasco,
donde residía desde 1994, para establecerme en París durante casi
una década.

Finalmente en la tercera parte he seguido la pleamar de violencia vivida desde los atentados del 11-s de 2001 en Estados Unidos hasta la matanza de París en 2015, pasando por la segunda guerra de Irak, la guerra de Afganistán, las guerras civiles en Libia y Siria, los atentados del 11-M en Madrid, el final del terrorismo de ETA en España y las estrategias de desestabilización y golpe de Estado desarrolladas en Honduras, Ucrania, Venezuela y otros países contra gobiernos elegidos democráticamente pero que mediáticamente son presentados como dictaduras.

Todos los textos que componen este libro fueron escritos al calor de los acontecimientos y hablan de la violencia y de los discursos que la anuncian o la acompañan; son testimonios y reflexiones de urgencia que muestran asimismo cómo ha ido evolucionando mi propia opinión sobre la violencia. Esa evolución está determinada por la realidad histórica de cada momento y la experiencia acumulada, y en ocasiones puede presentar rasgos contradictorios. He introducido algunas correcciones en la escritura y añadido información que contribuya a situar cada texto, pero he preferido dejar que los textos reflejen mis propias contradicciones, en vez de homogeneizarlos desde la perspectiva del presente en que escribo el prólogo. Creo que asistir a las contradicciones y a la evolución de un pensamiento condicionado por el factor externo de la violencia puede ayudar a comprender mejor cómo opera ésta sobre el mundo de las ideas. Por eso he mantenido ciertas ideas y conceptos redundantes, especialmente en los artículos que escribí en el País Vasco durante el trágico año 2000: dan cuenta del círculo obsesivo al que arrastra el miedo.

En mi opinión, la evolución de los acontecimientos en los últimos años viene a confirmar trágicamente la actualidad de estas reflexiones. Aunque ETA haya silenciado al fin sus armas, el terrorismo no sólo sigue teniendo un gran protagonismo político en nuestro mundo, sino que ha demostrado su capacidad para golpear en el corazón mismo de Europa, como se ha visto en los atentados de París de enero y noviembre de 2015. Nuevas guerras han venido a perpetuar la pedagogía de la violencia, en particular la actual guerra en Siria. Se ha recuperado al discurso de la «guerra contra el terrorismo», que tan nefastas consecuencias tuvo durante los mandatos del presidente George Bush hijo, y que es defendido hoy por líderes europeos como el presidente francés François Hollande. Y la crisis económica ha disparado las desigualdades y los conflictos sociales al tiempo que expande la violencia y la represión policial.

Sin embargo, en estos últimos años se han producido movimientos de rebeldía democrática protagonizados por la ciudadanía e incluso que están influyendo en la opinión pública. Muestras de ello son el fenómeno de los «indignados» en los países europeos, que ha empezado a extenderse también en América Latina e incluso a Estados Unidos, y las revueltas democráticas del mundo árabe (aunque por desgracia éstas hayan derivado hacia nuevas guerras alimentadas tanto por Estados Unidos y algunos países de la Unión Europea como por el nuevo agente del fanatismo terrorista que es el Estado Islámico). A pesar de los retrocesos y dudas, creo que esos movimientos permiten alimentar una tenue luz de optimismo. Por fin se ha abierto a nivel de masas el debate sobre el modelo económico, social y político. Habrá que ver qué frutos da ese debate en los próximos años y si conduce a una profundización de la democracia o, por el contrario, es abortado por nuevas formas de autoritarismo.

Mientras tanto, a modo de trágico fruto de nuestros actos, las oleadas de refugiados de las guerras que alimentamos y de las hambrunas que propiciamos se agolpan a las puertas de Europa.

En este contexto se vuelve imprescindible hacer recuento de los hechos del pasado para comprender el proceso histórico en el que estamos inmersos. Ésa es la razón de que en estos textos haya una continuada referencia a la memoria, brújula indispensable para el pensamiento. Si ayudan al lector a encontrar un espacio de reflexión, aunque sea para discrepar de mis opiniones y análisis, habrán valido la pena los sinsabores que muchas veces acompañaron a su escritura durante estos veinticinco años de reinado del miedo.

Lisboa, enero de 2016

I.
VIENTOS DE GUERRA
(1990-1999)

Martes 28 de agosto de 1990

«EL SENDERO DE LA ABYECCIÓN» fue el título de este artículo, publicado en el diario *El País* cuando se anunció la participación española en la que iba a ser la primera guerra del Golfo, firmado por Antonio Muñoz Molina, Julio Llamazares, Bernardo Atxaga, Manuel Rivas, Juan Antonio Ugalde y por mí:

«Decía Gustave Flaubert que se puede recuperar una ocasión, pero jamás enmendar una tontería. Y el gobierno español está a punto de cometer una tontería que tiene el agravante de poder convertirse en una sangrienta barbaridad. Ante un país sumido en una pasmosa pasividad —rota tan sólo por algunas voces aisladas y cansadas sin duda de clamar en el desierto—, el gobierno está a punto de meternos en una guerra vergonzosa e inútil.

»El envío de buques militares españoles al golfo Pérsico, además de lo que tiene de ridículo y de servil, es un acto supremo de cinismo y una temeridad. Que se trata de una guerra o, cuando menos, del intento de provocar una guerra, es algo que cualquiera que no esté ciego puede ver por sí mismo y que los hechos, mucho nos tememos, van a demostrar a muy corto plazo. La calidad humana de las fuerzas enfrentadas no deja lugar a dudas.

»Saddam Hussein ha utilizado métodos de guerra para invadir un país soberano y ha acreditado, durante los años de conflicto con Irán, un belicismo insaciable. Estados Unidos ha utilizado métodos de guerra para invadir Panamá y la isla de Granada y para asediar la Nicaragua sandinista hasta su extenuación. Y los tres eran también países soberanos. El espíritu belicista de la primera potencia mundial es de dominio público, por mucho que intente disfrazarlo con la gabardina verbal de una hipotética defensa de los derechos humanos a la que tan sólo el cretinismo o la complicidad pueden dar crédito.

»Las declaraciones de Bush sobre el recurso a la fuerza contra Irak y los cientos de miles de soldados enviados a la zona no hacen pensar precisamente en que la actual situación tenga un *happy end*.

»Enviar buques armados al golfo Pérsico pretextando una misión de paz es, además de una tomadura de pelo, tan prudente como entrar en un polvorín con una cerilla encendida, salvo que quienes tienen que llevar la cerilla no van a ser sólo soldados profesionales sino también inexpertos y desprevenidos muchachos que estaban en la mili y a los que la patria les pide que se vayan a miles de kilómetros para correr el riesgo de dejarse el pellejo en nombre de... ¿de qué?

»¿De la seguridad nacional? ¿De la independencia? ¿De la integridad territorial? No se han visto tropas iraquíes en los Pirineos ni en Gibraltar. Aunque quizá el gobierno entienda que el precio del petróleo forma parte de la soberanía nacional o de la independencia española. Entonces, dada la dependencia tecnológica de España, ¿por qué no invadimos Estados Unidos? ¿Y por qué no bombardeamos París para evitar la competencia de la agricultura francesa? ¿Por qué no arrasamos Marruecos para cortar el flujo de inmigración ilegal y de naranjas baratas? Al final resultará que los actuales gobernantes de España hacen suya la frasecita de José Antonio Primo de Rivera sobre las virtudes de "la dialéctica de los puños y las pistolas".

»Y si no se trata de soberanía nacional ni de independencia, ¿qué es? ¿Solidaridad internacional? ¿Se es solidario enviando heraldos de la muerte? ¿Se es solidario contribuyendo, aunque sea simbólicamente, a la carnicería de miles de seres humanos? Tal vez el gobierno piense que la paz se impone con los cañones. Quizá los actuales gobernantes de España se han metido a guionistas de una nueva entrega de Rambo.

»La razón invocada por el ministro Serra en televisión —"Tenemos la misma actitud que todos los países europeos"— es una rotunda mentira. Una vez más Europa se reduce a Francia, Italia, Reino Unido, Bélgica, Alemania, Holanda, Grecia y la Unión Soviética, cuando los irlandeses, suecos, noruegos, portugueses, finlandeses, yugoslavos, checoslovacos, polacos, búlgaros, rumanos, húngaros, austriacos, suizos, islandeses y daneses, que no han enviado tropas al golfo Pérsico, son tan europeos como los demás.

»La razón del ministro Serra tiene, por otra parte, la lógica de aquel que, tras violar a una muchacha, se justifica diciendo que sus amigos la han violado también.

»Está claro que Saddam Hussein no es precisamente una muchacha violada, pero si estalla la guerra en el Golfo, el primero en caer no será el dictador iraquí, sino millares de anónimos seres humanos, esos números, que a los ojos de los gobernantes sirven para poco más que pagar impuestos, contestar encuestas y votar de vez en cuando, y los matarán con armas vendidas por los países europeos.

»La idea de que los barcos españoles irán al matadero siguiendo la estela de nuestros aliados de la OTAN y de la UEO resulta deprimente e irritante. Un acto de puro servilismo que nada tiene que ver con las misiones defensivas que la Constitución encomienda al ejército español. Se mandan barcos para quedar bien, para estar en el ajo, para pinchar y cortar en el club de los poderosos, aunque sea de comparsa. Se juega con vidas humanas para lucirse en el panorama mundial, para no ser menos, para secundar al gran amigo americano.

»Una actitud cínica, que resulta aún más patente si se piensa que hasta ayer España ha vendido armas y productos para la fabricación de gases letales por valor de más de cincuenta mil millones de pesetas al mismo Irak que hoy es denostado. ¿Era antes Saddam Hussein un demócrata convencido? ¿No era Irán un país soberano cuando lo invadió Irak? ¿Acaso las mujeres y los niños kurdos gaseados por Hussein carecían de derechos?

»Occidente y la Unión Soviética han jugado a aprendices de brujos en Irak, armando hasta los dientes a su ejército y consintiendo toda clase de tropelías, hasta que el dictador iraquí ha puesto las manos en el único derecho que están dispuestos a defender a tiros: el derecho del boyante Primer Mundo a nutrirse del petróleo del

Tercer Mundo. Porque es el petróleo, sólo el petróleo y nada más que el petróleo la razón por la que los barcos españoles van al golfo Pérsico.

»Los marineros españoles van al matadero por el petróleo kuwaití, por los beneficios de KIO, por las ganancias de las multinacionales petroleras. Van a ejercer de policías internacionales en lo que empieza a dibujarse como un nuevo orden mundial, una especie de universo orwelliano supuestamente democrático donde, desaparecida la confrontación Este-Oeste, los países ricos van a encargarse de poner en su sitio a los pobres que se atrevan a perturbar sus intereses.

»La inminente guerra del Golfo no es sino un conflicto entre un dictador vil y unas potencias viles, en el que España no debe entrar bajo ningún concepto. Porque ya no se trata de retórica, se trata de una guerra de verdad y no se puede ser solidario con el crimen.

»Hasta ahora la ONU ha sido la única institución internacional en la que la racionalidad ha jugado algún papel y es a esa racionalidad a la que hay que atenerse. La invasión de Kuwait tiene que tener una respuesta, y esa respuesta existe: el embargo. Tal debería ser la opción española, apoyar el cerco diplomático y económico a Bagdad, al igual que se ha hecho con Suráfrica. Pero de ninguna manera debería España contribuir a un bloqueo que, recurriendo a la fuerza, provocará males muy superiores a los que dice querer evitar. Desafortunadamente, las presiones de Estados Unidos están a punto de llevar a la ONU a una posición de respaldo bélico inaceptable, y resulta especialmente preocupante la falta de referentes ejemplares en la estrategia de la paz. Ningún líder internacional abandera de momento la opción de la paz: ahora sí que sabemos que Olof Palme ha muerto.

»El camino que ha llevado al envío de las tropas españolas al golfo Pérsico es un camino sucio, un camino de abyección. Un camino que se inició hace cuatro años con el triste espectáculo de un país que votó sí a una Alianza Atlántica que, se decía, iba a protegernos del "peligro comunista". Ahora se ve para qué sirve la OTAN y cabría preguntarse dónde están aquellos intelectuales que tan decididamente defendieron la entrada en la Alianza del Atlántico.

»Cuando el poder permite que se instalen como normas de la vida pública la mentira, la pasividad ante la corrupción, la pérdida de protagonismo del Parlamento y el aliento al dinero fácil y al todo vale, se está envileciendo la sociedad. Cuando tras prometer una cosa se hace exactamente la contraria —como el ingreso en la OTAN—, cuando las denuncias de escándalos como el de Juan Guerra se tratan como si fueran conjuras antidemocráticas y, pese a todo ello, el electorado vuelve a dar mayoría absoluta a los mismos gobernantes, algo se está pudriendo en la vida política del país. Se está generando un estado de conciencia que permite que acciones como el envío de tropas al golfo Pérsico, impensables en un gobierno supuestamente socialista, se lleven a cabo.

»Toda guerra que no sea en legítima defensa ante un acto de agresión es moralmente condenable. El primer deber es evitarla. Y si los gobernantes lo olvidan, los ciudadanos tienen la obligación de recordárselo, porque el gobierno de una nación es el representante de la misma, no su dueño. Un pueblo entero no puede asistir al estallido de la guerra como si se tratara de un espectáculo más del verano.

»Desgraciadamente, la frase de Dürrenmatt tiene plena vigencia: también en estos tiempos hay que luchar por lo evidente. La paz *siempre* es preferible a la guerra».

Sábado 12 de enero de 1991

CONTRA LA GUERRA. En el Foro de Escritores contra la Guerra, que se celebró en el Ateneo de Madrid y reunió a más de un centenar de autores, se firmó un manifiesto contra la guerra y se leyeron declaraciones públicas de los escritores presentes. Éste fue mi texto:

«Se habla de la guerra con la resignación con que el presentador de televisión anuncia la llegada de un ciclón, o con el terror con que el lugareño sufre las primeras embestidas de los vientos y las lluvias. Se habla de la guerra como si de un fenómeno natural se tratase, como si fuera una catástrofe fatal y ciega, ajena a la voluntad de los hombres. Sin embargo, y para vergüenza del hombre, la guerra es la más humana de las acciones. Sólo por la determinación de los gobiernos puede estallar una guerra. Sólo por la voluntad de los dos bandos enfrentados puede desatarse esa lluvia de fuego y muerte que sólo en lo que tiene de desoladora y brutal puede compararse a una catástrofe de la naturaleza.

»La guerra no es el resultado de un accidente sino la conclusión de un proceso reconocible que la precede y la pregona. La guerra es la negación de la razón, la rendición de la inteligencia ante la barbarie de los prejuicios, los intereses económicos y la violencia.

»Desgraciadamente la historia de la humanidad es en buena medida la historia de sus guerras, de su capacidad para la destrucción y el asesinato. Y si la civilización es la lucha constante por erradicar los instintos más brutales y dañinos del hombre, la guerra supone un rotundo fracaso del esfuerzo civilizador: decir que la guerra es inevitable es reconocer que no se ha hecho lo necesario para evitarla.

»La humanidad lleva ya a sus espaldas el pesado fardo de muerte y violencia, y el siglo XX ha dado ejemplos trágicos de tal herencia. Cuando un nuevo milenio llama a la puerta, hay que afrontar el futuro con la voluntad de elevar la sociedad humana a un rango de madurez en el que las diferencias y las inevitables violencias que la vida genera puedan ser resueltas mediante el diálogo y unos medios coactivos proporcionados que excluyan definitivamente de la experiencia humana el absurdo y sangriento espantajo de la guerra».

Lunes 1 de julio de 1991

«NÚMERO DE VÍCTIMAS». Algunos participantes del Foro de Escritores sacamos en marzo de 1991 la revista *Número de víctimas*. Éste es el editorial que escribí para su segundo número:

«Al final del pasillo hay una sombra. Una sombra entre sombras que nos corta el paso. Su contorno impreciso tiene algo deforme, la cabeza muy grande, las piernas arqueadas; está un poco encorvada, como acechando. Cada paso que nos acerca a la sombra de ese extraño se nos hace eterno. Y el miedo que se ha apoderado de nosotros crece hasta el vértigo cuando vemos que él también se acerca, que camina a nuestro encuentro, impreciso, emboscado, exudando peligro en cada uno de sus gestos.

»Nos detenemos. Quisiéramos tomar otro camino pero no lo hay: nos dirigimos al terrible encuentro. Desearíamos no haberlo visto. ¿Por qué está ahí? ¿Qué pretende? ¿Por qué viene a perturbar nuestra soledad con su presencia extranjera e indeseada, con la amenaza que encarna su cuerpo? Nos gustaría poder cerrar los ojos y que, al abrirlos, él no estuviera allí, pero no nos atrevemos a apartar la mirada. No podemos perder de vista, ni siquiera por un instante, la vigilancia de sus movimientos.

»Poco a poco el miedo deja paso a la ira. ¿Quién es? ¿Cómo se atreve a cortarnos el paso? La tensión electriza nuestros músculos y sentimos crecer en nuestro interior una ola de odio. Empezamos a sentir que estamos abocados a la lucha, que debemos librarnos del extraño como sea.

»Aceleramos el paso. Nuestra determinación, aupada a lomos del temor que nos hace temerarios, es firme. Vamos hacia él, que no se arredra y ahora corre a nuestro encuentro. Está cerca. Cada vez más cerca. Sus rasgos emergen de las sombras y en el último momento, con los rostros enfrentados, nos detenemos apenas a unos centímetros y sentimos brotar una risa de alivio y miedo. Somos nosotros mismos los que reímos, estúpidos y pálidos, a ambos lados del espejo».

La revista *Número de víctimas*, pese a los esfuerzos de quienes formamos su consejo editorial (Almudena Grandes, Lourdes Ortiz, Leopoldo Alas, Javier Alfaya, José Infante, José Antonio Ugalde, Ana Rosetti, Fernando del Moral, Carlos Piera, Daniel Sarasola, Mercedes Soriano, Luis Martínez de Merlo, Luis Antonio de Villena, Eduardo Mendicutti, Alejandro Céspedes, Jesús Ferrero, Ángel Luis Vigaray y yo), tuvo una vida corta, sólo dos números, pero desdichadamente no han faltado ocasiones desde entonces para seguir escribiendo sobre la guerra, la violencia y el miedo.

LOS AÑOS DEL MIEDO. La desintegración del átomo abrió las puertas de una energía que ha marcado la forma de vida de los seres humanos. Rodeada de riesgos y anunciada con la matanza de miles de ciudadanos japoneses, la era atómica ha intentado satisfacer también las necesidades energéticas de la sociedad, creando de paso una nueva religión del poder.

Han sido cincuenta años de miedo. Miedo a lo visible: a los ejércitos que, armados hasta los dientes, ya habían demostrado durante la Segunda Guerra Mundial su capacidad de destrucción. Miedo a lo invisible: a esos espías que todo lo saben, a los servicios secretos que todo lo controlan, a las mafias de la droga y del terrorismo, a la radiactividad que pudre los cuerpos silenciosamente, agazapada en la engañosa calma que sucede a una explosión atómica o a un accidente nuclear. Miedo a la destrucción del planeta. Miedo a los virus y bacterias envasados en laboratorios ultrasecretos. Miedo, en definitiva, al enemigo siempre acechante al otro lado de un trágico muro político, económico y social.

La era atómica ha hecho del miedo la estrella en torno a la cual gira la vida de los pueblos y las naciones. Un sentimiento envenenado que ha distorsionado las relaciones humanas de un modo sin precedentes durante las décadas de la llamada Guerra Fría y que sigue haciéndolo hoy bajo nuevas formas.

Y no es extraño que haya sido así si se piensa que la era atómica nació en el apogeo del imperio del terror: en plena Guerra Mundial. Desde que a principios del siglo XX Albert Einstein propuso al mundo su teoría de la relatividad, la posibilidad de extraer energía de la materia provocando la desintegración de sus átomos se convirtió en un reto para los científicos de todo el mundo.

El 2 de diciembre de 1942, el italiano Enrico Fermi, otro físico europeo que se había refugiado en Estados Unidos para escapar del fascismo, hizo ese sueño realidad. En el prosaico escenario de una pista de squash, situada bajo las gradas del estadio de rugby de Chicago, Fermi consiguió la primera reacción en cadena. Era la técnica de fisión del átomo. Poco más de dos años después, el 6 de agosto de 1945, un avión estadounidense arrojaba una bomba sobre la ciudad japonesa de Hiroshima. Al explotar, una luz cegadora rasgó el cielo y una columna de polvo de dimensiones ciclópeas se alzó en medio de un calor infernal y vientos huracanados. Cuando todo cesó, la ciudad había sido literalmente borrada del mapa, más de ochenta mil personas habían muerto instantáneamente, muchas de ellas volatilizadas, y decenas de miles vagaban quemadas y ensangrentadas, extraviadas en un paisaje de pesadilla. Muchas de ellas morirían al poco tiempo, otras arrastrarían taras terribles de por vida o se las dejarían en trágica herencia a sus descendientes. La primera bomba atómica arrojada contra la población civil de Hiroshima fue seguida tres días después por la segunda, esta vez contra Nagasaki, con resultados similares.

Como si se tratara de dos hoscos matones de novela, las bombas llevaban nombres propios: *Little Boy* (*Niñito*) la primera y *Fat Man* (*Hombre Gordo*) la segunda. Y su constructor había sido un físico que, contra lo que pudiera imaginarse, amaba la poesía y la literatura tanto como la ciencia: Robert Oppenheimer, un neoyorquino de ideas comunistas y enemigo jurado del nazismo.

El hecho de que el descubrimiento de la desintegración del átomo se hiciera en plena guerra y se aplicara en la construcción de una bomba usada en esa misma guerra imprimió a la era atómica desde su nacimiento un sello de horror del que aún hoy no se ha librado.

Sin embargo, la década de 1990 en la que nos adentramos es quizá la primera en que, al menos en la psicología colectiva, el miedo a la bomba atómica ha ido cediendo terreno. La Bomba ha sido la gran protagonista de la historia contemporánea, y su consecución supuso primero una carrera contrarreloj de Estados Unidos para anticiparse en su fabricación a la Alemania nazi, y después una nueva carrera, en este caso de fondo, en la que se disputaba el dominio mundial entre Estados Unidos y la Unión Soviética, país que a partir de 1949 dispuso de sus propios ingenios nucleares.

Ahora que vamos camino del año 2000, la Bomba parece haber abandonado su omnipresencia en los medios informativos. La desaparición de la Unión Soviética, el archienemigo de Estados Unidos durante tantos años, ha producido el engañoso efecto de hacer desaparecer la amenaza nuclear del imaginario colectivo. Una impresión reforzada por los acuerdos de desarme, firmados en diciembre de 1992 por Bush y Yeltsin, que reducen drásticamente el arsenal atómico de las superpotencias. Pero, de cumplirse esos acuerdos, a principios del próximo siglo todavía le quedarían a cada uno de los viejos rivales varios miles de misiles atómicos (más de tres mil), suficientes para mandar al garete al planeta entero.

Una sensación tanto más engañosa si se piensa en el mapa de conflictos que ha venido diseñándose desde la caída del Muro de Berlín.

Si bien es cierto que el pulso entre Estados Unidos y la antigua Unión Soviética ha dado paso a formas de entendimiento, no menos cierto es que la situación entre las antiguas repúblicas soviéticas es especialmente delicada. Cuatro de ellas poseen armamento nuclear —Rusia, Bielorrusia, Ucrania y Kazajstán—, y no acaba de estar claro el modo en que lo controlan. El contencioso entre Rusia y Ucrania por el control de la flota del mar Negro, saldado de momento con un acuerdo relativo, esconde el viejo problema de la pertenencia de la península de Crimea, de mayoría rusa, a la república de Ucrania. Los dos factores son potencialmente desestabilizadores. Como desestabilizador sería el crecimiento de la influencia islámica en Kazajstán.

Pero hay otros países del mundo que también tienen fuertes arsenales atómicos, como Francia y el Reino Unido, y otros cuyos arsenales son menores, pero que se hallan inmersos en conflictos regionales. Tal es el caso de Israel, cuya posesión de la bomba atómica —denunciada por el técnico nuclear Morchedal Vanunu, lo que le costó en 1986 ser secuestrado por los servicios secretos israelíes y ser juzgado como traidor— es vivida como una amenaza permanente por los países musulmanes (se dice que algunos de éstos, como Irak, han dado los primeros pasos para obtener tecnología nuclear que más adelante les permitirá construir su propio artefacto atómico). Más caliente aún parece la zona del mar Índico, donde dos países enfrentados por una grave rivalidad y más de una guerra, India y Pakistán, disponen también de armamento nuclear.

Este conjunto de tensiones no hace pensar en la vieja idea de una guerra atómica planetaria, pero sí abre la posibilidad del uso de armamento nuclear en conflictos regionales. Por una de esas paradojas de la historia, quizá el fin de la Guerra Fría, en la que nunca llegó a usarse la Bomba, constituya la ocasión propicia para que las bombas atómicas hagan su entrada en las regionales «guerras calientes».

Tal es el temor que reflejó Robert Gates, el director de la CIA bajo el mandato de Bush, en su informe de 1992. El riesgo de que países como Irak se hicieran con la bomba, y el poder atómico de China y Corea del Norte, eran en su opinión «las amenazas más urgentes».

¿Cuánto hay de real en esa preocupación? La capacidad tecnológica de Irak no parece ni mucho menos a la altura de los delirios caudillistas de su dirigente, Saddam Hussein. Por otra parte, la era atómica ha dejado una pesada herencia en la que destaca la necesidad de encontrar un enemigo absoluto al que enfrentar el poder absoluto militar de una sociedad en la que la preparación de la guerra se ha convertido en el gran negocio. Desaparecida la Unión Soviética, el integrismo islámico o el viejo prejuicio del peligro amarillo pueden ser invocados para tal papel.

Pero las herencias atómicas también son otras, aparte de la influencia del complejo industrial-militar denunciada en su día por el presidente Eisenhower, hombre al que difícilmente se puede tachar de radical de izquierdas. Por un lado, el poder de aniquilación total de las armas nucleares ha generado lo que bien podría considerarse una nueva religión del poder, un culto al poder del Estado que busca su rival satánico en un archienemigo a combatir, para lo cual instaura el secreto como pauta de la acción política estatal. Los «supremos intereses de la patria» están por encima de la lucha de partidos, y convierten en «materia reservada o secreto de Estado» elementos clave de la vida política, económica y social de las naciones (no en vano la era atómica ha sido también la del apogeo de la CIA, el KGB o el Mossad). Y junto a ello se despliega una ética del miedo que justifica la mentira como arma política —las memorias del que fuera secretario de Estado en Estados Unidos, George Shultz, relatan las continuas mentiras a las que recurre George

Bush en la operación Irangate, la entrega de armas a Irán a cambio de rehenes estadounidenses— y una restricción de las libertades democráticas para evitar que los enemigos, sean éstos terroristas o potencias extranjeras, se aprovechen de las debilidades del sistema para atacar a la patria.

El efecto de esa política del miedo empieza a verse ahora claramente. Congelados por el duelo entre superpotencias, los viejos problemas nacionalistas europeos han vuelto a renacer trágicamente en los Balcanes. Y la construcción de un orden planetario articulado en torno a las Naciones Unidas sigue aquejada de una falta de democracia que convierte a la ONU, de hecho, en instrumento de la voluntad política de aquellas naciones que tienen derecho a veto en el seno del Consejo de Seguridad.

Sin embargo, más allá de estos problemas políticos, la gran cuestión que alentó las investigaciones de los científicos en las primeras décadas del siglo XX, antes de que el átomo vistiera uniforme militar, sigue hoy más vigente que nunca: las necesidades energéticas de la humanidad.

La energía es la llave del bienestar. Gracias a la abundancia de energía que controlan los países desarrollados, hoy los ciudadanos del llamado Primer Mundo disfrutan de un nivel de vida incomparable con el de los países pobres, por más que éstos tengan en sus territorios las materias primas necesarias para producir la energía que los países ricos derrochan. Y esa insuficiencia energética del Tercer Mundo es la que degrada sus sociedades y propaga el hambre y las enfermedades.

Las centrales nucleares de fisión constituyen una fuente de energía eléctrica pero también conllevan riesgos, como han demostrado los sucesivos accidentes nucleares como los de Three Miles, en Estados Unidos, o Chernóbil en Ucrania. La posibilidad de lograr una energía atómica de fusión, concentrando materia en vez de desintegrándola, abriría las puertas a una fuente inagotable y limpia. Una posibilidad todavía lejana pero que constituye el gran reto de los científicos ante el nuevo siglo.

Aun así, el balance de medio siglo de era atómica no puede cerrarse únicamente con las abundantes sombras que pesan sobre ella. Porque los años del miedo también han aportado a la humanidad novedades trascendentales. La primera de ellas, y la que quizás hoy goza de una mayor difusión, es el despertar de una conciencia ecológica. Por primera vez el hombre es consciente de su responsabilidad ante el futuro y hacia el planeta que lo acoge. Una conciencia que todavía choca con los poderosísimos intereses de las industrias vinculadas a formas energéticas contaminantes, pero que de todos modos ha dado pasos de gigante. La segunda es el afianzamiento de la voluntad democrática, basada en la desconfianza hacia el poder, en buena parte de la población mundial. Y es que cuando el poder es absoluto, y el de los poseedores de la bomba atómica lo es, la desconfianza que genera es también absoluta.

Sábado 13 de noviembre de 1993

LA INTERNACIONAL DE LOS ESCRITORES. Escarmentados por el agridulce balance de un siglo en el que tras los ideales se han escondido muchas veces el horror y la abyección, escritores e intelectuales de todo el mundo llevan dos años intentando reconstruir las deterioradas relaciones entre el mundo de la cultura y la política. La fundación del Parlamento Internacional de Escritores, del que forman parte autores como Susan Sontag, Salman Rushdie, Jorge Amado, Jaques Derrida, Günter Grass, José Saramago, Juan Goytisolo, Octavio Paz, Carlos Fuentes o Antonio Tabucchi, es el último hito de un proceso que comenzó en el verano de 1990, con el inicio de la crisis del golfo Pérsico.

Tras la espumosa euforia y el desconcierto de los años ochenta, un tiempo de vacaciones sociales en el que buena parte del mundo de la cultura optó por la fiesta y la movida, la nueva década ha traído de vuelta a los heraldos negros. Quedan atrás los locos años ochenta, los años de relajo que siguieron a décadas de compromiso político desvirtuado por el bochornoso espectáculo de los regímenes del Este de Europa.

Paradójicamente, la caída en 1989 del Muro de Berlín, en vez de dar paso a una nueva era de confianza, supuso el inicio de un convulso orden mundial del que la guerra del Golfo de 1991 fue su primera gran tragedia. El espectáculo de cadáveres calcinados y de ciudades bombardeadas en los televisores de todo el mundo supuso el fin de la fiesta de los intelectuales. Y el balance de estos dos años no puede ser más negro: el espantajo de la guerra no sólo señorea de nuevo el planeta sino que ha regresado a Europa. Durante los últimos años, como señala el italiano Claudio Magris, «el chauvinismo, los particularismos, el odio, las luchas, las diferencias salvajes, el racismo han crecido constantemente poniendo en cuestión la misma viabilidad de la unidad europea, que sin embargo es el único camino para que Europa pueda seguir siendo Europa».

Juan Goytisolo lo ha expresado aún con mayor contundencia: «Desde la guerra del Golfo estamos viviendo una situación de Tercera Guerra Mundial, que no es como las dos anteriores pero que se está extendiendo por todo el planeta». Ante la veintena de guerras de los últimos tres años (desde Angola a Bosnia y desde Georgia a Somalia), no podemos decir que las palabras de Goytisolo pequen de exageradas.

Y junto a ello está la creciente pérdida de credibilidad de los gobiernos democráticos, corroídos por la corrupción y por «la desconfianza popular en la existencia de alternativas al orden establecido, tras el fracaso en la Europa del Este de la tentativa de levantar una sociedad justa», como ha señalado el escritor disidente bosnio-croata Predrag Matvejevic.

Este trágico panorama justifica sobradamente el retorno del compromiso de los intelectuales. Un compromiso que, sin embargo, tiene nuevas características. Los escritores de los años noventa parecen haber dejado atrás el papel de cantores del partido, y ya no son los garantes de ningún tipo de ortodoxia. Haciendo repaso de su propia trayectoria, Goytisolo ha explicado que «en los años sesenta, cuando yo era compañero de viaje del Partido Comunista, descubrí la realidad del sistema soviético y empecé a criticarlo sin abandonar por ello la crítica del sistema capitalista. Pero aquellos eran tiempos de buenos y malos, y me encontré en una situación de incomodidad. Así que lo que yo hago ahora es intervenir en cosas concretas que conozco, como el racismo en Europa o la guerra en

Bosnia. No se trata de grandes debates ideológicos sino de luchar por causas justas, concretas y claras».

El de Goytisolo es un modelo de actuación que parece haber adoptado la mayoría de los intelectuales comprometidos: la búsqueda de un mínimo común denominador que permita la acción conjunta en casos concretos que claman al cielo. Como sucedió en Madrid ante la guerra del Golfo en enero de 1991. Como ha vuelto a suceder en la ciudad de Estrasburgo la semana pasada, cuando doscientos escritores de todo el mundo constituimos el Parlamento Internacional de Escritores, cuyas primeras medidas han sido apoyar a los autores argelinos víctimas de persecución o de atentados; presionar a los gobiernos europeos para que obliguen a Irán a poner fin al acoso contra Salman Rushdie, condenado a muerte por Jomeini hace ya cinco años y forzado, desde entonces, a vivir en la clandestinidad, y defender la asediada ciudad bosnia de Sarajevo, como bandera de pluralismo cultural, mediante la presencia allí de escritores de todo el mundo.

Junto a estas acciones concretas, un mismo núcleo de preocupaciones parece formar la base común del compromiso intelectual en este fin de siglo: «la defensa de los valores de la tolerancia, el pluralismo cultural y el laicismo», como reclamó Salman Rushdie en su visita sorpresa a Estrasburgo. Una idea defendida apasionadamente por el antillano Edouard Glissant, quien propuso a sus colegas reunidos en Estrasburgo «la criollización del mundo», la marcha hacia una cultura mestiza como remedio al fundamentalismo nacionalista en auge.

Es necesario reflexionar sobre el problema de fondo que late en el auge de los nacionalismos extremos y de los fanatismos religiosos: el problema de la identidad en un mundo tecnológico que, como ha señalado Matvejevic, «parece conducir a la destrucción del humanismo».

El mismo Matvejevic ha afirmado que «el riesgo de las culturas nacionales es tomar cada una de sus particularidades como un valor absoluto, sin contrastarlas con los valores de las otras y sin adoptar frente a ellas un pensamiento crítico. Todo se complica cuando esa cultura nacional acrítica se convierte en la ideología de la nación, de ahí nace el discurso fascista».

Y es interesante recordar que fascismo es la palabra que más veces ha sonado en el Parlamento Internacional de Escritores. La estadounidense Susan Sontag alertaba sobre el retorno de lo que ha dado en llamar «refascismo», una nueva simbiosis de irracionalismo, violencia, fanatismo y xenofobia, que también está latente en Europa, en países con riesgos de conflictos nacionalistas como España o en países con graves reacciones xenófobas contra la inmigración, como Francia y Alemania. El joven narrador bosnio Velibor Colic habló de este asunto al criticar el tratamiento informativo de la guerra de Bosnia: «No se trata de bosnios, croatas o serbios, se trata de que durante años hemos oído allí el discurso de la extrema derecha, los radicales nacionalistas, y nos parecía una anécdota, algo anacrónico, como a ustedes en Occidente. Nos reíamos en los cafés, hacíamos bromas sobre ellos, hasta que un día la extrema derecha ganó las elecciones y empezó la guerra. Porque lo que sucede en la antigua Yugoslavia es muy simple: el fascismo ha vencido en todas las repúblicas y ahora pagamos el precio».

Sábado 8 de octubre de 1994

SEMILLAS DE INTOLERANCIA. Durante su exilio en la ciudad marroquí de Fez, el poeta granadino Ibn Zamrak, cuyos versos adornan las paredes de la Alhambra, asistió a la llegada de una embajada del Sudán que, entre muchos otros presentes, ofreció al sultán una jirafa. Aquéllos eran tiempos en los que la curiosidad se fiaba a lo que pudiera nacer del horizonte, de modo que el entusiasmo que tan raro animal despertó entre los habitantes de la inmensa medina de Fez fue enorme. Ibn Zamrak escribió unos versos entusiastas sobre la singular criatura:

Hace avanzar sus patas gruesas como troncos de palmera,
y sobre ella se yergue la excelsa montaña del cuello coronada
*   por la luz del ojo... Cada cual dice a su vecino: ¡Venid a ver*
los montes arrastrados por correas!

Hoy en día el destino de aquella admirable jirafa, cuya piel, como la del tigre de Jorge Luis Borges, contenía la escritura del mundo, sería ser confinada en una reserva, para evitar el acecho de los cazadores. Y no otro destino parece ser el que se reserva hoy a los escritores que hacen frente desde su escritura al mundo: la persecución o el gueto.

La jirafa. El 14 de febrero de 1989, pocos meses antes de la caída del Muro de Berlín, una noticia sobresaltaba a la opinión pública mundial: el escritor anglo-indio Salman Rushdie, residente en Inglaterra, era condenado a muerte por el anciano líder de la revolución iraní, el ayatolah Jomeini. Una condena que conminaba a los seguidores del islam a darle muerte en cualquier parte del mundo en que se hallara.

El terrible «delito» perpetrado por el autor que justificaba tal sentencia, despreciando las legislaciones del resto de los países del mundo, era haber escrito una novela. El escándalo fue mayúsculo, pero lo cierto es que, desde entonces, Salman Rushdie se ha convertido en un presidiario cuya cárcel viaja con él allá donde vaya, siempre perseguido por la sombra de su verdugo. Su vida privada ha sido destruida. Sus apariciones públicas son siempre inesperadas y rodeadas de grandes medidas de seguridad. Algunos de sus traductores y editores, en varios países, han sufrido atentados, o incluso han sido asesinados. De forma involuntaria, Salman Rushdie se ha convertido en símbolo de un nuevo combate entre libertad de expresión e intolerancia.

En los últimos cinco años la lista de los perseguidos por el fundamentalismo islámico no ha cesado de aumentar. Buena parte de los cincuenta periodistas y escritores que, según denuncia el Pen Club a través de su Comité de Escritores en Prisión, han muerto de forma violenta en el último año, asesinados a manos de terroristas islámicos. Pero quizá lo más llamativo es el aumento en todo el mundo del número de mujeres que sufren la persecución integrista y que lideran la lucha contra ésta.

La escritora bengalí Taslima Nasrin ha tenido que exiliarse en Suecia para escapar a la condena de los integristas de Bangladesh.

Sobre la líder de la Asociación Triunfo del Derecho de las Mujeres en Argelia, Khalida Toumi, cayó la tajante condena de los fundamentalistas argelinos: «La mano de Alá te atrapará y pondrá fin a tus días aunque te agarres a la piedra negra de La Meca». Y, más recientemente, la escritora paquistaní Themina Durrani, ex mujer de un ministro de Pakistán, Mustafá Jar, ha buscado en su exilio parisino la libertad para poder contar en su libro *Mi señor feudal* la historia de su rebelión contra el integrismo.

La peripecia vital de Themina Durrani tiene muchos puntos en común con la de Taslima Nasrin. Ambas sufrieron malos tratos por parte de sus esposos, en una sociedad integrista que castiga a la mujer por el mero hecho de ser mujer, relegándola al silencio y a la humillación. El divorcio de Durrani y el deseo de contar su experiencia hicieron que fuera repudiada incluso por su propia familia. Partiendo de esa experiencia declaró: «Soy musulmana, creyente, y elevo mi voz contra la traducción exclusivamente masculina de nuestro Corán. Denuncio que una mujer musulmana, en su país, jamás tiene el derecho de decir: Soy libre».

La intransigencia del fundamentalismo islámico (las mujeres obligadas a tapar sus rostros, la persecución a Salman Rushdie por el tratamiento «blasfemo» de la figura de Mahoma en su novela *Los versos satánicos*) y la violencia de los movimientos terroristas inspirados en éste, particularmente los atentados contra turistas y residentes occidentales en Egipto, Argelia y Marruecos, han generado una gran indignación en Europa.

Pero junto a la indignación caminan el miedo y un sentimiento de desprecio que alimentan actitudes racistas y xenófobas. Recientes encuestas del Centro de Investigaciones Sociológicas de España revelan, por ejemplo, que un 18 por ciento de los españoles estaría dispuesto a votar por un partido racista y que el 25 por ciento no querría vivir en el mismo edificio que unos vecinos árabes.

La mirada recelosa hacia el islam olvida que la semilla de la intolerancia ha germinado durante siglos en Europa y hoy vuelve a brotar de nuevo. La mezcla de reafirmación nacional e integrismo religioso está lejos de ser un invento musulmán. Sobre esa fórmula se han levantado la mayor parte de los estados modernos europeos. Baste recordar las expulsiones de los judíos de Francia, Italia o España, o las feroces cazas de brujas en Europa central. O las inquisiciones medievales, entre las que sobresalió la española, que duró tres siglos y medio. Entonces bastaba con no comer cerdo o lavarse en exceso para acabar en una celda del Santo Oficio. Y no hace mucho se conmemoraba el centenario del monarca español Carlos III, considerado como ejemplo de déspota ilustrado, sin que al parecer fuera suficiente demérito para cuestionar su figura el hecho de que durante su reinado todavía hubiera en Sevilla condenas a morir en la hoguera.

Los cazadores. La intolerancia y el fundamentalismo, además de profundas raíces históricas, tienen también un presente en suelo europeo. Una presencia que se justifica muchas veces, precisamente, como pretendida respuesta a la amenaza de los fundamentalismos provenientes del Tercer Mundo. Hay ejemplos sobrados de fundamentalismo cristiano. No sólo en la continua injerencia de la Iglesia católica en asuntos como el uso de métodos anticonceptivos, sino también en los intentos de limitar la libertad de expresión. El estreno de la película *La última tentación de Cristo*, de Martin Scorsese, dio pie a manifestaciones de católicos enfurecidos, rosarios en la calle y presiones a las salas de cine que la proyectaban. De igual modo, la publicación de la novela *El Evangelio según Jesucristo*, de José Saramago, levantó protestas y presiones incluso del propio secretario de Cultura del gobierno portugués. Pero gracias a la tradición de laicismo impuesta por siglos de lucha por la tolerancia en Europa esas reacciones fundamentalistas no han pasado de meras protestas.

Sin embargo, el pasado 20 de septiembre el Tribunal de Estrasburgo confirmaba la sentencia del tribunal austriaco de Innsbruck que había secuestrado la película *El concilio del amor*, de Werner Schroeder. El filme, presentado fuera de concurso en el Festival de Berlín de 1982 y prohibido desde 1985, es la adaptación de una obra teatral de Oskar Panizza, publicada en 1895 y que ya le costó entonces a su autor un proceso por blasfemia. En ella, Dios padre, la Virgen María y Jesucristo mantienen una serie de diálogos obscenos. Con esta sentencia, el Tribunal de Estrasburgo acepta que se impida la proyección de la película por «atentar a las creencias» de algunas personas. En definitiva, una limitación a la libertad de expresión de aquellos que pretendan criticar, parodiar o ridiculizar la religión.

Y es que la semilla de la intolerancia engendra muy diferentes flores. Entre ellas el fundamentalismo de la razón de Estado, esgrimido como baluarte frente a fundamentalismos foráneos, que puede llevar a situaciones como la recientemente vivida en España: un simple comentario humorístico, a propósito de una de las hijas del rey Juan Carlos I, realizado por el escritor Quim Monzó, ha hecho no sólo que éste sea censurado en TVE, sino que el castigo por su «atrevimiento» recaiga también sobre el presentador del programa que le invitó, el Gran Wyoming, vetado desde entonces en la cadena de televisión pública.

Parece evidente que la conquista de la tolerancia en las sociedades sacudidas por el integrismo islámico es necesaria tanto para los ciudadanos de esos países como para evitar la recaída de Occidente en el fundamentalismo.

Hay intelectuales que aun a riesgo de su propia integridad física se atreven a salir en defensa de las víctimas de los fundamentalistas. El novelista egipcio y Premio Nobel de Literatura, Naguib Mahfuz, ha recordado que «cuando Mahoma fue tratado de loco y mentiroso en La Meca, no ordenó matar a ninguno de los que le difamaban». Y es que, como sucedió en el seno de la misma Iglesia católica en Europa a partir del Renacimiento, el primer paso para que la tolerancia arraigue en el mundo musulmán ha de darse en el seno mismo del islam. Y Occidente puede facilitar ese primer paso, o al menos no entorpecerlo, si comprende que no existe un único islam y que no puede identificarse islam con fundamentalismo.

Y tampoco puede identificarse fundamentalismo con terrorismo. De la misma manera que no puede identificarse nacionalismo con terrorismo. Esa errónea identificación fue la causa del golpe de Estado en Argelia en 1992, tras la victoria electoral del Frente Islámico de Salvación, lo que condujo a una brutal guerra civil. Como ha explicado Catherine Levy, representante del Comité de Solidaridad con los Intelectuales de Argelia, el golpe ha generado una situación aún peor que ha empujado a la opción terrorista a sectores del fundamentalismo argelino que hasta entonces no habían tomado la vía violenta.

Hay voces de escritores como el libanés Amin Maalouf o la argelina Assia Djebar que se han levantado en defensa de Salman Rushdie, empujando en sentido contrario, pero todavía hacen falta muchos esfuerzos para rescatar del miedo y de la muerte a la estrafalaria y provocadora jirafa de la literatura. Quizás el esfuerzo de promover el mutuo conocimiento de las culturas árabe y europea sea el más necesario y poderoso, a fin de hacer realidad los versos del poeta cordobés del siglo XI, Ibn Hazm:

> *Haberlo tratado me lo ganó como hermano*
> *y me ha hecho encontrar un precioso tesoro.*
> *Antes aborrecía tenerlo cerca,*
> *y no apetecía que fuera mi amigo.*
> *Era detestado y ahora lo quiero;*
> *de odioso pasó a ser agradable.*
> *Corrí mucho tiempo huyendo de él*
> *y ahora acudo constantemente a su lado.*

Viernes 23 de junio de 1995

EL ODIO DE DIOS. Desde la infancia he tenido la sospecha de que el verdadero Dios no era el humano de los Evangelios, sino el iracundo del Antiguo Testamento. Y ésa es una sospecha que he hecho extensiva a cuantos nombres toma ese Dios terrible, ya sea Alá o Yahvé. La historia de las religiones monoteístas está sobrecargada de crímenes cometidos en el nombre de Dios.

La venganza de ese mismo Dios persigue desde hace más de cinco años al escritor Salman Rushdie, y su caso se ha convertido en paradigma de los tristes y despiadados tiempos de intolerancia que vivimos.

Las conversaciones mantenidas entre Estados Unidos e Irán para levantar la condena que pesa sobre él han quedado en nada. Irán, un país teocrático, ha redescubierto la separación entre Iglesia y Estado a la inversa: los políticos no pueden anular una condena religiosa.

La herencia de odio recibida por la humanidad es tal que nadie puede alegar inocencia cuando anima directa o indirectamente a la violencia. Cuando se señala con la palabra asesino a quien lleva un lazo azul, se está incitando a que se descargue ese odio contra el portador del lazo. Cuando se condena a muerte a un escritor por el mero hecho de no compartir lo que éste escribe, se incita a que se descargue también ese odio contra sus traductores, editores e incluso lectores. Sin olvidar que resulta mucho más fácil poner al perro tras la pista del animal herido que apartarlo de él, y nadie puede asegurar que no habrá un fundamentalista más «ayatolista» que el propio ayatolah que un día cualquiera ejecute a Rushdie, aun en el caso de que Irán levante la condena.

Quizá convenga recordar que, tras cuatro siglos de lucha, nos hemos ganado el derecho a expresarnos libremente, incluso cuando nuestras opiniones desagraden a otros o las ajenas nos desagraden a nosotros. Y para ello ha sido necesario enviar a Dios al lugar que le corresponde: la conciencia de las personas. En ese combate ha sido esencial la aparición de corrientes humanistas en el seno de la Iglesia. Hoy el islam precisa de semejantes corrientes internas que envíen al Alá de la Guerra Santa al dominio de la fe privada, apartado de la vida pública.

Domingo 30 de marzo de 1997

ESCRITORES EN EL PUNTO DE MIRA. El mes pasado, el cerco de muerte que rodea desde hace años a Salman Rushdie se estrechaba un poco más con el anuncio de los inquisidores islámicos iraníes de que elevaban la recompensa por su asesinato. Hace dos semanas, un tribunal de la dictadura militar del general Sani Abacha acusaba de alta traición al escritor nigeriano y Premio Nobel de Literatura Wole Soyinka, lo que podría acarrearle la pena de muerte. Ahora Soyinka sucede a Rushdie en la presidencia del Parlamento

Internacional de Escritores, que surgió hace tres años como instrumento de defensa de la libertad de expresión. Una sucesión lógica, pues los casos de ambos escritores son las dos manifestaciones más claras de la saña con que el poder autoritario persigue ese derecho, y son también una muestra de la fuerza que conserva la palabra escrita en plena era de la imagen.

La persecución de escritores ha rebrotado cruelmente en esta última década del siglo, como atestiguan el exilio de la paquistaní Taslima Nasrin, la ejecución del nigeriano Ken Saro-Wiwa o el asesinato del argelino Tahar Yaut, entre otros casos. Soyinka vive su persecución desde su exilio en Estados Unidos, pero Rushdie, aunque habita en un país democrático como es Inglaterra, se ve obligado a permanecer en la clandestinidad, como si estuviera bajo la peor de las dictaduras.

Porque la dictadura que lo persigue no es la de un Estado constituido, y por lo tanto público y limitado por las leyes, aunque éstas sean arbitrarias o injustas, como sucede en el caso de Nigeria. Lo persigue la dictadura de un «Estado oscuro», constituido por las organizaciones secretas que operan en el seno de la sociedad, beneficiándose de la ventaja que les proporciona el respeto de los demás a las leyes que ellas violan: el «Estado oscuro» de los entramados terroristas. Lo paradójico en el caso de Rushdie es que el «Estado oscuro» del terrorismo fundamentalista islámico viene respaldado explícitamente por un Estado constituido: Irán.

Las palabras de condena a la persecución de ambos escritores por parte de los políticos occidentales suenan huecas cuando no se toman medidas eficaces contra los regímenes de Irán y de Nigeria. Una ineficacia a la que quizás no sea ajeno el hecho de que la permisividad ante la violencia oficial en los estados democráticos (como en los casos del atentado de los servicios secretos franceses contra Greenpeace, los crímenes del GAL español, la ensalzada carnicería de la guerra del Golfo, etcétera...) mina moralmente la capacidad de sus dirigentes para oponerse con determinación, y sin recurrir a nuevas violencias, al chantaje de los terroristas. Por ello, el puñado de ciudades en todo el mundo (entre ellas Valladolid, Almería y Barcelona) que se han constituido en ciudades-refugio para escritores perseguidos, siguiendo la iniciativa lanzada por el Parlamento Internacional de Escritores en su última reunión de Lisboa, viene a ser la última línea de defensa de la libertad de expresión en un tiempo de asesinos.

Miércoles 9 de julio de 1997

EL ROSTRO DEL MAL. Como escritor he tenido que enfrentarme en más de una ocasión al rostro del Mal. ¿Cómo describir la maldad? ¿Cómo caracterizar a un personaje maligno, qué gestos darle, qué mirada, qué apariencia? ¿Cómo serán sus pasos? ¿Quiénes serán sus amigos? Porque el Mal debe tener rostro. Al menos eso me repite incansablemente mi lejana educación cristiana, aunque haga mucho tiempo que descreo. Y he buscado modelos.

Muchas veces, por ejemplo, he imaginado, el rostro maligno del Olonés, el pirata del siglo XVII cuya extrema crueldad fue legendaria. Incluso he visto un supuesto retrato suyo colgado en las paredes del museo de la Inquisición de Cartagena de Indias: un rostro enjuto que despide maldad por todos los poros y que, sin embargo, no acaba de resultar creíble. Como tampoco el rostro de un genocida como Adolf Hitler, de mirada obsesiva y aspecto ridículo, termina de cuadrarme como rostro del Mal. Ambos rostros tienen algo anormal, excepcional, raro. Y el Mal no es una excepción en la historia de la humanidad. No es algo ajeno. El Mal ha estado y está presente en la vida de los seres humanos. Es un habitual. Una constante.

Después de tanto buscar, ayer me encontré por fin con el rostro del Mal en el periódico. Los rostros de los cuatro presuntos miembros de la organización terrorista ETA que han mantenido secuestrado más de quinientos días al funcionario de prisiones José Antonio Ortega Lara, me miraban desde el silencio de la página en blanco y negro con esos ojos un poco asombrados y asustados que tiene todo el que es retratado por la policía camino del calabozo.

No quiero caer en el patetismo, ni en el insulto a quienes actúan de una forma que no comparto y ni siquiera comprendo. No pretendo desahogarme con estos cuatro etarras, ni tranquilizarme afirmando que en sus facciones se ven la huellas de la maldad y del sadismo de su conducta. No. No hay nada de eso en sus caras. Los suyos son rostros normales, incluso amables en algún caso. Llevan barba (yo también), peinan canas (yo empiezo a hacerlo), tienen cierto aire de gente de izquierdas (yo lo soy). Nada en sus caras me irrita o repugna. Y eso es lo atroz.

En su novela *Plenilunio*, Antonio Muñoz Molina afirmaba que en los ojos de un asesino y violador no podía leerse el mal de sus actos: sus ojos son como los de cualquiera. Los rostros de estos cuatro presuntos etarras también son como los de cualquiera y por ello advierten sobre un peligro que acecha a cualquiera pues el fanatismo convierte a todo ser humano en la encarnación misma del Mal, en un sádico capaz de enterrar en vida a un semejante o de pegarle un tiro en la nuca mientras pasea de la mano de su hijo. O de torturarle hasta la muerte y enterrarle en cal viva. Cuesta aceptar que tal riesgo nos acecha a todos, pero es necesario para prevenirlo.

Hasta ayer, cada vez que oía a alguien decir que estaba dispuesto a hacer lo que fuera por su patria (por la libertad, integridad o salvación de su patria, sea ésta España, Euskadi, Serbia o Estados Unidos, ¿será por falta de patrias?), sentía un malestar indefinible, una sombra de temor, un brote de repugnancia. Una sensación que me costaba definir. Ahora sé de qué se trata: por un instante, mientras decía esas palabras, las facciones de esa persona se habían transformado en el rostro del Mal. Y es que las palabras, que tanto pueden curar, entretener o maravillar, también pueden preparar el alma para aceptar, aplaudir e incluso cometer los actos más horribles. Las palabras nunca son banales. Ello constituye una dura reflexión para un escritor y un aviso para todos.

Sábado 28 de noviembre de 1998

LA HORA DE LOS PISTOLEROS. La historia tiene alma de cobrador y más pronto que tarde termina por pasar factura. En ese momento, de poco sirven las versiones oficiales: la realidad llega con la fuerza de lo ineluctable. Durante las últimas semanas, la sociedad española está asistiendo a uno de esos retornos de la verdad, y las máscaras del teatro político andan por los suelos. La versión propagandística de la Transición de la dictadura franquista a la democracia ha saltado en pedazos. La violencia ha terminado por hacer sentir públicamente su verdadero peso en la configuración de la democracia española, y hoy el debate político en España tiene por protagonistas estelares a los terroristas: los matones del terrorismo independentista de ETA, que acaban de decretar una tregua indefinida, y los matones del terrorismo de Estado de los GAL, algunos de los cuales acaban de ingresar en prisión y cuyos partidarios han puesto sitio a la Justicia. Es la hora de los pistoleros.

Esos dos grupos de delincuentes no sólo marcan el ritmo político del país sino que incluso tienen numerosos seguidores. ETA cuenta con el apoyo del llamado Movimiento de Liberación Nacional Vasco, que incluye a la coalición de partidos independentistas radicales Herri Batasuna, que cosecha un 14 por ciento de los votos en el País Vasco. A los acusados de la creación de los GAL los defiende la dirección del partido socialista, PSOE, segunda fuerza electoral española, que está empeñada en presentarlos como héroes de la paz y víctimas de una extraña conjura.

Resulta difícil de entender cómo hemos llegado a una situación tan disparatada y moralmente enfermiza. Para hacerlo hay que desechar la versión oficial de la historia reciente de España y volver a contarse el cuento de nuestros últimos veinticinco años de vida en común. Debemos proyectar una mirada limpia de mentiras y de autocomplacencia y pronunciar una vez más aquellas palabras de la infancia que nos enseñaron a nombrar el mundo:

Érase una vez... un país traumatizado por el recuerdo de una guerra civil que había dado paso a una larguísima dictadura. El miedo, como una niebla espesa, lo envolvía todo. El miedo a hablar, a pensar, a actuar. El miedo a ser libre y a dejar de serlo una vez más. Pero sobre todo, el miedo a la guerra. Por evitar venganzas y violencias, la democracia española tuvo que pagar el precio de no depurar las instituciones represivas de la dictadura (policía, ejército, judicatura...) y ello le valió a la Transición el calificativo de pacífica. Sin embargo, no lo fue tanto.

Dos actos violentos marcaron la Transición política española: el asesinato del jefe de gobierno de la dictadura y hombre de confianza de Franco, el almirante Carrero Blanco, cometido por ETA en 1973 cuando aún vivía el anciano dictador, y el asesinato de un grupo de abogados del Partido Comunista de España y del sindicato clandestino Comisiones Obreras, cometido por pistoleros de la extrema derecha en 1977, dos años después del fallecimiento de Franco. El primero dejó al dictador sin sucesor ideológico, cosa que a la larga permitió el acceso a la presidencia del gobierno al reformista Adolfo Suárez. El segundo, gracias a la prudente movilización de los comunistas en respuesta a aquella provocación, dio pie a la legalización del PCE y a la adopción de un auténtico pluralismo político.

Pero si en ambos casos la clase política española fue capaz de reconducir los efectos de la violencia de forma positiva, pronto se reveló incapaz de poner fin a la larga serie de atentados terroristas que se convirtieron en terribles compañeros de la recién nacida democracia. En 1975, año de la muerte de Franco, hubo veintiséis muertos en atentados. En 1978, año de la aprobación en referéndum de la Constitución, hubo ochenta y cinco. En total, hasta este año de 1998, ETA ha matado a más de ochocientas personas mientras que los diferentes grupos terroristas vinculados al Estado han matado a casi un centenar.

Quienes recuerden los convulsos años de la Transición recordarán también cómo ambas formas de violencia han venido alimentándose mutuamente desde entonces, perpetuando así la cultura del odio que se acuñó en la guerra civil y se desarrolló durante la dictadura.

La violencia, pues, ha estado presente desde el primer momento de la Transición. Una violencia terrorista que se ha presentado siempre como un mal menor en comparación con la temida violencia general de la guerra. Una violencia circunscrita a la doble esfera del terrorismo de los grupos radicales (FRAP, GRAPO y, sobre todo, ETA) y del terrorismo de los grupos parapoliciales nacidos del mismo seno de un Estado que estaba en proceso de transición (el Batallón Vasco Español y sobre todo los GAL). Pero si la violencia etarra se ha mantenido activa hasta hoy, la violencia parapolicial acabó en 1987, cuatro años después de la llegada del PSOE al gobierno.

El resultado de esta situación ha sido el descrédito y la desconsideración de la ley por parte de algunas fuerzas políticas que se han servido de esas formas de violencia en pos de sus intereses, presentándolas como males inevitables cuando no necesarios.

En el mundo del Movimiento de Liberación Nacional Vasco se desprecia la más elemental de las leyes, la que prohíbe matar, y no sólo no se condenan los atentados de ETA sino que se ensalza sistemáticamente a los miembros de la banda que cometen o intentan cometer asesinatos y caen presos o muertos en enfrentamientos con la policía, y se los presenta siempre como héroes. Al mismo tiempo, el movimiento organiza una especie de Estado paralelo que se arroga el derecho a decidir sobre la vida y la muerte de los ciudadanos, de obligarles a pagar el llamado «impuesto revolucionario» y de propagar una cultura de odio étnico, un Estado sumido en las penumbras de la clandestinidad, sin control alguno, basado en la pura elocuencia de las armas y en la cínica reivindicación de los derechos que otorgan las mismas leyes constitucionales que trasgrede.

Desdichadamente, el gobierno de España no respondió con la prudencia y la sensatez que debería, hecho que ha quedado acreditado con la reciente condena a diez años de cárcel del ex ministro de Interior, el socialista José Barrionuevo, y de la cúpula política y policial de su Ministerio durante el primer gobierno de Felipe González.

El 16 de octubre de 1983, casi un año después de que el PSOE ganara las elecciones generales por mayoría absoluta, desaparecían en la ciudad francesa de Bayona dos jóvenes presuntamente relacionados con ETA: José Lasa e Ignacio Zabala. Pareció que se los había tragado la tierra. Dos días después, eran detenidos en esa misma ciudad francesa cuatro hombres que intentaban secuestrar al miembro de ETA José María Larretxea. Cuando fueron identificados en la comisaría de Bayona, los cuatro secuestradores resultaron ser ciudadanos españoles; por más señas, un capitán y dos soldados del ejército español y un policía. Tres semanas más tarde, el ciudadano francés Segundo Marey era secuestrado en su casa de Hendaya, junto a la frontera franco-española, al ser confundido con un miembro de ETA. Su secuestro fue reivindicado por un nuevo grupo terrorista anti-ETA llamado Grupos Armados de Liberación (GAL), que también asumió la responsabilidad de la desaparición de Lasa y Zabala. Una semana después, Segundo Marey era liberado con vida en esa misma frontera. Entre tanto, el gobierno español conseguía que la policía francesa devolviera a España al policía y a los militares españoles que estaban detenidos por el fallido secuestro en Bayona. Y en esa misma ciudad, a la semana de la liberación de Marey, era asesinado por unos desconocidos el miembro de ETA Ramón Oñaederra.

De esa forma brutal y chapucera comenzaban los crímenes de los GAL que, entre octubre de 1983 y julio de 1987, dejarían un saldo de veintiocho asesinatos y casi una veintena de heridos. Secuestros, bombas en coches y bares y tiros en la nuca fueron los métodos empleados por los GAL, idénticos a los usados por los etarras, y entre sus víctimas se contaron tanto miembros de ETA como simples ciudadanos vasco-franceses que nada tenían que ver con el terrorismo. Tal fue el caso del secuestrado Segundo Marey y también el de la última víctima del GAL: el pacifista español Juan Carlos García Goena, que se había refugiado en Francia para no tener que cumplir el servicio militar y a quien los terroristas del GAL confundieron con un terrorista de ETA.

Esta serie de crímenes, que merecería formar parte de la *Historia universal de la infamia* de Jorge Luis Borges, no obtuvo sin embargo la atención del gobierno de España (se aducía que al tratarse de crímenes cometidos en territorio francés no le competía al Ministerio del Interior investigarlos), ni siquiera cuando la prensa española, en especial *Diario 16*, empezó a publicar testimonios e indicios que implicaban a miembros de la policía española en la perpetración de algunos de aquellos delitos y en la contratación de los mercenarios para cometer otros.

Cada intento de esclarecer los crímenes de los GAL recibía de inmediato las críticas y la desautorización del gobierno presidido por Felipe González, que se escudaba en el sentimiento de espanto que producía la sangrienta actividad de ETA, cuya escalada de terror incluía atentados indiscriminados en calles y grandes superficies comerciales, con un gran número de víctimas, entre las que también se contaban niños: la respuesta del gobierno a los intentos de esclarecer el terrorismo del GAL era acusar sistemáticamente a sus promotores de favorecer con sus denuncias al terrorismo de ETA.

Pese a ello, las pruebas aportadas por la prensa obligaron a la justicia a tomar cartas en el asunto, y, en noviembre de 1987, un juez decretaba la orden de busca y captura contra el policía español José Amedo. Un mes después empezaban las diligencias de la fiscalía española que conducirían a un juicio en el que dos policías, el citado Amedo y Michel Domínguez, resultarían condenados a ciento ocho años de prisión por su participación en atentados de los GAL.

Una vez más, el gobierno de Felipe González —cuyo ministro del Interior, José Barrionuevo, se negó a declarar ante la justicia sobre el dinero de los fondos reservados del Ministerio que presuntamente se había destinado a sufragar las actividades de los GAL— reaccionó apoyando a los dos policías, cuya inocencia había defendido en todo momento. Así, se les adjudicó un régimen penitenciario que les autorizaba a salir de la cárcel pese a la gravedad de sus crímenes y a la larga duración de sus condenas, y se les asignó una cuantiosa pensión por cuenta del Estado. La prensa no tardó en suponer que se les daba esos tratos de favor en pago por su silencio, hipótesis que no debía de ir tan desencaminada cuando, al poco tiempo de que el nuevo ministro del Interior del último gobierno de Felipe González ordenara retirarles dicha pensión, ambos policías rompieron su mutismo de siete años y relataron ante el juez Baltasar Garzón cuanto sabían de los GAL, aportando además pruebas materiales que implicaban a altos cargos del Ministerio del Interior en la creación de los GAL y, más concretamente, en el secuestro de Segundo Marey.

Corría el año 1995 y una densa atmósfera de corrupción política envolvía a la administración de Felipe González y a su partido. Varios responsables de finanzas del PSOE habían sido procesados por el caso FILESA y acusados de financiación ilegal mediante el cobro de comisiones. La plana mayor del PSOE en la región de Navarra era procesada por el cobro de comisiones y malversación de fondos públicos. El que fuera director general de la Guardia Civil, nombrado por el gobierno de Felipe González, Luis Roldán, tras haberse lucrado con comisiones ilegales y con los fondos del Ministerio del Interior, emprendía una fuga al extranjero que terminaría rocambolescamente con su detención en Tailandia. El gobernador del Banco de España, Mariano Rubio, era procesado por delito económico. También era procesada por delito económico la directora del Boletín Oficial del Estado. Y otro ex ministro de Interior socialista, José Luis Corcuera, resultaba procesado a su vez por malversación de dinero público.

La reapertura del caso GAL, tras las declaraciones de Amedo y Domínguez, desató una feroz campaña de críticas al gobierno por parte de la oposición mientras Felipe González y su partido se enrocaban en la negación de los hechos. Primero se negaron a aportar los documentos de los servicios de inteligencia del Estado (el CESID), de cuya existencia se tenía constancia y que podían probar la relación de algunos miembros de la policía e incluso del gobierno con los GAL. Después se negaron a facilitar información sobre el uso de los fondos reservados del Ministerio del Interior. Y, por fin, se lanzaron a una campaña de desprestigio contra los jueces instructores del caso y los periodistas que lo habían investigado, particularmente, el juez Garzón y el periodista Pedro J. Ramírez, director del diario *El Mundo* y ex director de *Diario 16*. La campaña hablaba de una supuesta conjura organizada por el ex banquero Mario Conde, a quien el gobierno había llevado a los tribunales, y un resentido jefe del espionaje español, el coronel Perote, en colaboración con Pedro J. Ramírez y los jueces Garzón y Gómez de Liaño.

Pese a los esfuerzos del diario *El País* por defender las tesis del gobierno, no se aportaron pruebas de tal conjura, pero la campaña del PSOE logró que el debate sobre los actos delictivos cometidos en el entorno del gobierno y de la policía bajo el nombre de los GAL fuera sustituido por la sospecha acerca de las intenciones que escondían las personas que aportaban las pruebas de tales delitos. En conclusión: no importaban los hechos sino los propósitos.

El clima político acabó de enrarecerse cuando, presionados por la constante aparición de pruebas, la mayoría de los procesados por el secuestro de Segundo Marey (entre los que estaban el ex secretario de los socialistas en la provincia vasca de Vizcaya, un ex gobernador civil, el ex director general de seguridad del Estado, el ex jefe de la lucha antiterrorista, el ex jefe superior de policía de la ciudad de Bilbao y algunos otros policías más) decidieron reconocer su participación en la creación de los GAL y en dicho secuestro, al tiempo que implicaban en los mismos hechos al ex ministro Barrionuevo y al ex secretario de Estado para la Seguridad, Rafael Vera.

En ese momento los procesados que hasta entonces el PSOE había presentado como víctimas inocentes de la supuesta conjura pasaron a ser acusados de formar parte de la misma por dicho partido. El juicio siguió adelante, ahora bajo el nuevo gobierno de la derecha, que había ganado en las elecciones de 1996. Éste por fin se decidió a entregar a la justicia los documentos secretos que el Tribunal Supremo había requerido como pruebas de la implicación de los acusados del secuestro de Segundo Marey por los GAL. Y en 1998 el mismo Tribunal Supremo condenaba a prisión a todos los acusados, incluidos el ex ministro Barrionuevo y Rafael Vera. Ambos negaron su responsabilidad en los hechos, pero el tribunal los consideró máximos responsables del secuestro.

Entre tanto, la investigación y los procesos judiciales por otros crímenes de los GAL, como el asesinato del pacifista García Goena o la desaparición de Lasa y Zabala, habían seguido su curso. Y aquí la historia se convierte en un relato de horror, pues en 1993, casi diez años después de que la noche y la niebla se tragaran a José Lasa y a Ignacio Zabala en Bayona, un policía y un médico forense de Valencia probaron que los restos humanos de dos cadáveres sin identificar que habían sido hallados años atrás en una fosa, enterrados en cal viva, pertenecían a los dos presuntos miembros de ETA desaparecidos. Con la noticia llegó la terrible verdad. Se practicaron detenciones de algunos guardias civiles, uno de los cuales acabó confesando lo que sabía. Y lo que sabía era que Lasa y Zabala habían sido secuestrados por miembros de la Guardia Civil de Guipúzcoa, por orden del coronel Rodríguez Galindo y con la complicidad del gobernador civil Julen Elgorriaga. Que habían sido conducidos hasta un antiguo edificio público de San Sebastián, que estaba clausurado, donde habían sido torturados. Y que después fueron trasladados hasta Alicante, donde se les obligó a cavar su propia fosa antes de recibir un tiro en la cabeza. El testimonio de otros policías y las diligencias abiertas por los jueces condujeron al procesamiento del ya general Rodríguez Galindo (había sido ascendido por el gobierno de Felipe González a pesar de las sospechas que pesaban sobre sus métodos antiterroristas) y de Julen Elgorriaga, entre otros. El juicio se celebrará en los próximos meses.[1]

La insana influencia de la violencia terrorista sobre una democracia joven y endeble como la española se ha dejado sentir no sólo en el reguero de sangre y muerte de estos veinticinco años de terrorismo, sino también en la manera en que desde algunos sectores del Estado y del partido que ha estado más tiempo en el gobierno, el PSOE, se ha tendido a reproducir de forma mimética los métodos, actitudes e incluso los gestos del mundo terrorista etarra que se pretendía combatir.

Así fue como frente al terrorismo de ETA se contrapuso el terrorismo de Estado. Y a la utilización cínica de la ley por parte de Herri Batasuna, se contrapuso la utilización cínica de la ley por parte de altos cargos del Ministerio del Interior quienes, según todos los indicios, no dudaron además en lucrarse personalmente a costa del erario público. Pero, en el juicio y condena por el caso Marey, el mimetismo del gobierno ha rozado el ridículo. Los partidarios de ETA han llamado siempre por el nombre de pila o el apodo familiar a los terroristas detenidos o muertos (Mikel Goicoetxea, por ejemplo, aparecía en pintadas y carteles, simplemente como «Mikel», como si éste fuera el hermano, el amigo o el conocido del que leyera el cartel), con lo que se busca sin duda una identificación propia de clan. De igual modo, el ex ministro José Barrionue-

---

1. Finalmente, en julio de 2001, el Tribunal Supremo condenó a penas de entre 71 y 75 años de cárcel al ex general de la Guardia Civil Enrique Rodríguez Galindo, al ex gobernador civil de Guipúzcoa Julen Elgorriaga, al ex comandante Ángel Vaquero y a los ex guardias Enrique Dorado y Felipe Bayo, por la detención ilegal y el asesinato de los presuntos etarras José Antonio Lasa y José Ignacio Zabala. Los condenados recurrieron la sentencia ante el Tribunal de Derechos Humanos de Estrasburgo, el cual rechazó su recurso en noviembre de 2010, convalidando la sentencia de la Justicia española.

vo y el ex secretario de Estado Rafael Vera, a los que tanto Felipe
González como la dirección socialista siempre se referían públicamente por su nombre y apellido, pasaron a llamarse simplemente
Pepe y Rafa desde el momento mismo de su procesamiento. Y, al
igual que los familiares de los presos de ETA acuden a manifestarse
de forma periódica ante las cárceles donde cumplen condena los terroristas, desde que hace unas semanas Pepe y Rafa entraron en la
prisión de Guadalajara, apenas hay día en que no peregrinen hasta sus puertas varios centenares de militantes socialistas, por lo general en compañía de algún dirigente (han pasado casi todos, desde
González y el actual secretario general, Joaquín Almunia, hasta el
candidato a las próximas elecciones, José Borrell). Sólo que, en vez
de exigir amnistía para los condenados como hacen los proetarras,
los socialistas reclaman el indulto para sus dos compañeros.

Pero el discurso político de apoyo a los responsables del GAL va
más allá de las concomitancias reflejadas en el siniestro espejo de
sus adversarios. El día del ingreso de Pepe y Rafa, el también procesado general Rodríguez Galindo participó en la concentración
de apoyo y fue saludado con gritos de «Galindo, Galindo, Galindo», por los militantes socialistas que, puño en alto, protestaban
por la injusticia de que el Tribunal Supremo hubiera condenado y
encarcelado a sus dos compañeros de partido. Nadie en el PSOE
parecía recordar que varios de los otros condenados y encarcelados, que sí habían reconocido su crimen, también eran compañeros de su partido en el momento en que se cometió el delito. Y los
manifestantes también parecían haber borrado de su mente la imagen de los huesos retorcidos y agujereados de los dos hombres por
cuyo secuestro, tortura y asesinato está procesado el general cuyo
nombre coreaban.

En el extraño galimatías dialéctico en que el PSOE parece haberse adentrado tras el caso Marey, se acumulan razonamientos contradictorios que cuando menos conducen a la perplejidad. Mientras acusan al Tribunal Supremo de haber hecho un juicio político
y de haber emitido una sentencia injusta, afirman que no se quiere presionar a la justicia y que se acatan sus resoluciones. Sostienen
la inocencia de Barrionuevo y de Vera (el resto de los condenados

han desaparecido del mapa mental de la dirección socialista), pero al mismo tiempo protestan porque se les haya juzgado y condenado a ellos y no se haya hecho lo mismo con los ministros de Interior de los gobiernos centristas que precedieron al de Felipe González y bajo los cuales hubo también crímenes de grupos parapoliciales. Se afirma que Barrionuevo y Vera desconocían las acciones de los GAL, pero se dice también (lo acaba de declarar el presidente socialista de la región de Extremadura y miembro de la ejecutiva del PSOE) que «si Segundo Marey salió vivo de su secuestro es porque ambos (Pepe y Rafa) son buenas personas y cuando se enteraron de que estaba secuestrado dieron la orden de que se le pusiera en libertad». Se reclama una justicia despolitizada, pero se reprocha que no se le haya dado una «solución política» al caso Marey.

En medio de tal desorden dialéctico, con el PSOE, actualmente en la oposición, echado al monte de la descalificación del Tribunal Supremo, la organización terrorista ETA anunciaba hace unos días una tregua unilateral e indefinida, y el debate político nacional abandonaba el asunto de los GAL para centrarse en los terroristas vascos.

El argumento, esgrimido por el gobierno de Felipe González y por la dirección del PSOE, según el cual la investigación de los GAL tan sólo lograba fortalecer el terrorismo de ETA, se estrellaba contra la realidad de los hechos. Apenas dos semanas después del ingreso en prisión de la antigua cúpula del Ministerio del Interior, ETA declaraba la primera tregua indefinida de su historia y la esperanza de la paz tomaba cuerpo en la sociedad española.

Y es que, dejando a un lado los motivos psicológicos y de oportunidad y habilidad política, el esfuerzo de algunos jueces y periodistas, por devolver a la verdad y a la igualdad ante la ley el rango de valores comunes, ha terminado por acorralar a los partidarios de la violencia y de la utilización cínica de las instituciones. El mismo juez que dirigió la investigación del caso Marey, Baltasar Garzón, ha sido uno de los que más ha contribuido a perseguir las conductas de colaboración con banda armada que permitían al entorno de ETA apoyar a la organización terrorista impunemente. El juicio y condena a la anterior dirección de Herri Batasuna por intentar servirse de las plataformas publicitarias electorales para hacer propaganda de las amenazas de ETA; el cierre del diario independentista *Egin* por servir de tapadera y fuente de financiación y de información de ETA; y la desarticulación del entramado financiero de la banda terrorista, son acciones judiciales que han venido a consagrar un principio que el juicio de los GAL ha dejado claro finalmente: quien, invocando derechos que considera vulnerados o la defensa de la seguridad del Estado, secuestre, torture o asesine (o colabore o permita que se cometan tales delitos), lo haga en nombre del País Vasco o en nombre de España, con capucha negra o con tricornio, va a ser perseguido por la justicia. Por una justicia igual para todos. No es poca cosa.

Aún queda mucho por recorrer antes de que podamos asegurar que la violencia ha desaparecido del escenario político español. Hay quien habla incluso de una segunda Transición. Habrá que ver cuál es el precio a pagar por ello. En cualquier caso, nada va a ser igual en España.

Si la vida política española ha estado y de alguna manera sigue estando aún condicionada por los pistoleros es, ante todo, por la incapacidad de una clase política nacida con vocación de desmemoria y que, en nombre de la paz, muchas veces no ha dudado en cerrar los ojos a los abusos. Está por ver si en la nueva etapa que se inaugura sabrá obrar con mayor valentía, altura de miras y rigor intelectual, sin caer en la táctica del avestruz: enterrar la cabeza en la creencia de que ignorando la realidad, ésta acabará por desaparecer. La realidad es terca y la historia tiene nuevas facturas pendientes de cobro, entre ellas y no es la menor en este año que se cumple el centenario de la caída del Imperio español, la de la definitiva configuración de España como Estado. Un debate que reaviva las propuestas federales de la efímera Primera República española, en las postrimerías del siglo XIX, y que hoy vuelve de la mano de las reivindicaciones de nacionalistas vascos y catalanes, y de fuerzas de izquierdas como la coalición Izquierda Unida.

Mientras tanto, sólo cabe esperar que la paz, si se alcanza, logre expulsar del escenario político a quienes alentaron, permitieron o cometieron los crímenes que han enturbiados durante todos estos años la alegría de la libertad reconquistada. Ellos son los culpables de la inmensa pesadumbre causada por el miedo y el sufrimiento que generan sus actos, y del envilecimiento de la vida social (como atestigua, por ejemplo, el reino de terror impuesto en las calles del País Vasco por los jóvenes simpatizantes de ETA, que actúan en la tradición de las más puras escuadras fascistas y nazis de los años veinte). Y es precisamente su silencio el que los delata. ETA nunca ha pedido perdón por sus asesinatos, aunque muchas de sus víctimas fueran niños, jubilados o simples concejales. Tampoco Felipe González ni el PSOE lo han hecho por los crímenes de los GAL. Segundo Marey, a quien unos hombres encargados de velar por el cumplimiento de la ley y unos dirigentes políticos que se decían de izquierdas secuestraron y le hicieron pasar una semana de pesadilla, todavía debe estar esperando una disculpa. Pero a Lasa y a Zabala, como a las víctimas de la banda terrorista con la que ellos simpatizaban, ya no hay desgraciadamente manera alguna de compensarles.

II.
EN VOZ ALTA
(PAÍS VASCO, AÑO 2000)

NOS VEMOS LOS MIÉRCOLES. Lo que a mí me gusta es contar historias. Por eso quiero contarles la historia de esta columna de opinión. Hace tres años abandoné el periodismo activo, al que he dedicado veinte años de mi vida, para concentrarme en escribir novelas. Lo hice porque necesitaba tiempo pero también, a qué negarlo, por mi disgusto con el tipo de periodismo imperante en España. Fue una mezcla de necesidad y de muda protesta.

Hace diez días me hallaba de viaje por Francia cuando, durante una cena, el fotógrafo Daniel Mordzinski me pasó el teléfono móvil por el que estaba hablando y me dijo: «Acaban de matar a un periodista de *El Mundo* en el País Vasco».

Como he sido colaborador del diario *El Mundo* durante años, un escalofrío me recorrió la espalda al pensar en todos aquellos periodistas del diario que conozco y preguntarme sobre quién habría caído el zarpazo. La mujer de Daniel me nombró a José Luis López de Lacalle.[1] Yo había leído sus artículos, pero no lo conocía en persona. Sin embargo, el malestar que había anudado mi estómago no desaparecía. No hace falta conocer personalmente a alguien para lamentar su muerte, más aún cuando ésta es un aviso para navegantes que te atañe directamente. Un aviso que dice: cuidado con

[1]. El periodista José Luis López de la Calle, fundador del sindicato Comisiones Obreras y ex preso político bajo la dictadura de Franco, fue asesinado a la puerta de su casa, el 7 de mayo del año 2000, en el pueblo vasco de Andoain, por el pistolero etarra Ignacio Guridi Lasa, que le disparó cuatro tiros en la cabeza y el tórax.

lo que hablas, cuidado con lo que escribes porque te puede costar la vida.

Recordé mis años de universidad, todavía en tiempos de Franco, las incursiones de los Guerrilleros de Cristo Rey y el asesinato de los abogados laboralistas de Atocha. El miedo y la represión de la dictadura. Y me dije que si los fascistas de entonces no habían conseguido callarme, tampoco iba a hacerlo el nuevo fascismo de los nacionalsocialistas vascos. Había recibido su aviso y sólo tenía una respuesta: dar por zanjadas mis diferencias con el periodismo español y volver a la prensa. Una semana después, me propusieron escribir esta columna semanal en *El Mundo* y acepté de inmediato. Y aquí me tienen.

Les prometo no obsesionarme con ETA: por muy totalitaria que ésta sea, la vida es mucho más grande que ella. También les prometo no dedicarme a hablar de mí mismo: las historias de los otros son siempre más interesantes. Pero sí quiero dejar constancia de que cada línea que escriba en esta columna, hable de lo que hable, estará dedicada a José Luis López de Lacalle y a nuestro derecho a expresarnos libremente. Nos vemos los miércoles.

Miércoles 18 de mayo de 2000

HÉROES CIVILES. Una sociedad se define a sí misma por los hombres a los que elige homenajear, por los hombres a los que reconoce como héroes. Sus historias, sus hechos sirven de punto de referencia a la colectividad. Son el espejo en el que mirarse. La elección de los héroes es siempre un acto de pedagogía social, una propuesta de conducta.

No tiene nada de extraño que vivamos en un mundo corroído por las guerras, por la corrupción y la violencia. Basta ver la galería de los héroes en todos los países: se homenajea mayoritariamente a héroes guerreros y a los abanderados de la codicia o del dogma religioso, que generalmente han tenido un brazo armado.

En consecuencia, si se quiere apostar por una sociedad alternativa, no hay nada más necesario que la búsqueda de otros héroes.

En el País Vasco los hay, y bien activos, aunque no sean nombrados hijos adoptivos de sus pueblos. Son los centenares de ciudadanos que militan en Organizaciones No Gubernamentales como la Asociación de Amigos y Amigas del Sáhara, de Álava.

Hace una semana, veintiún miembros de esta Asociación regresaban de los campamentos de refugiados saharauis en Argelia, donde realizan su labor humanitaria desde hace más de una década. Construyen hospitales, llevan camiones y alimentos, ofrecen asistencia sanitaria y quirúrgica... Constituyen la conciencia de un país que parece haber olvidado a esos 180.000 exiliados saharauis que desde hace veinticinco años viven en condiciones extremas, a la espera de que la ONU, tan ferozmente intransigente en otras zonas del planeta contra quienes no acatan sus resoluciones, se decida por fin a hacer cumplir a Marruecos el mandato de convocar el referéndum en el Sáhara, pospuesto una y otra vez.

Los camioneros, médicos, ganaderos o técnicos de esta ONG desarrollan una labor que no sólo consiste en ayuda material: hacen sentir a esos miles de seres humanos que no están solos en el mundo. Y viajan a los campamentos de Tinduf sin ninguna ayuda de las instituciones, tomándose permisos sin sueldo en sus trabajos habituales, o durante sus vacaciones. Ellos no son guerreros. Son portadores de vida. Quizá algún día empiecen a ser considerados los héroes civiles de un País Vasco liberado de la losa militarista y de su macabra liturgia de la muerte.

Miércoles 8 de junio de 2000

EL CONFLICTO. El asesino, el torturador y el explotador pervierten el sentido de las palabras para enmascarar la vileza de sus acciones. Este domingo hemos asistido a un episodio más de lo que ETA y sus adláteres de Euskal Herritarrok denominan «el conflicto». Un gudari llevó a cabo una acción militar, que es la forma en que los defensores de la muerte en el País Vasco dicen que un pistolero de ETA cometió un asesinato. No se trata de una manera de expresarse diferente. El uso de un lenguaje cifrado por parte de ETA no sólo expresa su rotunda cobardía moral (no se atreven a nombrar lo que hacen) sino su proyecto de sociedad basado en la mentira, la manipulación y la exclusión.

Para encontrar semejanzas a la dialéctica etarra hay que remontarse a los fascismos europeos de los años treinta. Los años de la «dialéctica de los puños y de las pistolas», que decía José Antonio Primo de Rivera. Entonces, Mussolini se proclamaba revolucionario, como ETA. La Falange se proclamaba anticapitalista, como ETA. Y el Partido Nacional Socialista de Adolf Hitler se denominaba así, socialista, como ETA. Las radicales proclamas del fascismo chocaban con la realidad de las tropas de asalto nazis, que invadían calles y universidades agrediendo a los ciudadanos disconformes o a las minorías que consideraban «enemigas de la patria», como hacen ETA y sus cachorros de la *kalea borroka*. Los fascistas de entonces iban uniformados, hoy van encapuchados. Y ésa es la gran cuestión. ETA y Euskal Herritarrok no son fuerzas de izquierdas que han equivocado sus métodos ni fuerzas patrióticas, *abertzales*, que han errado el camino. Son la manifestación de un nuevo fascismo etnicista y carecen de cualquier patria que no sea la de la muerte. Euskal Herritarrok ha manifestado que «a este país le sobran las condenas de cualquier tipo». Una mentira más. En el País Vasco no sobran condenas, falta una, la única que puede de verdad ser útil: la condena de la violencia de ETA por parte de EH. Porque sólo a ellos pueden prestar oídos los pistoleros. Los demás, la gente como yo, no somos a sus ojos más que enemigos despreciables. Nuestras palabras no les alcanzan. ¿Hasta cuándo quienes de verdad se sienten de izquierdas en EH van a seguir apoyando con su silencio el proyecto nacionalsocialista en que se ha convertido la lucha de ETA?

Miércoles 15 de junio de 2000

¿PARA QUÉ SIRVE LA BELLEZA? Es una pregunta inevitable. De noche, una explosión hace temblar los cristales de la casa y al día siguiente todo son imágenes de destrucción y de miedo. En la televisión se suceden las atrocidades del mundo: guerras, violaciones, asesinatos, torturas, explotación y miseria. Y, mientras tanto, en el Museo de Bellas Artes de Bilbao se exponen las esculturas de un genio atormentado: Auguste Rodin. En un mundo así, ¿para qué sirve esa belleza? Y me refiero a la belleza creada por el hombre (el arte, la literatura), no a la belleza física, tan de moda, que no tiene mérito alguno y cuyo culto resulta a veces injusto.

Después del Holocausto y sus campos de exterminio, se dijo que ya no se podía escribir igual que antes. Y la crisis moral del arte ante el horror ha durado medio siglo, pero el horror sigue con formas nuevas. La belleza del arte grecorromano o egipcio nos hace revivir una armonía perdida. No la pánfila armonía de un mundo idílico, porque aquellos tiempos eran también brutales y sangrientos, sino la que nacía de una mayor vinculación del hombre a la naturaleza, con toda su crueldad. Hoy en día nuestra capacidad de destrucción es mayor y media humanidad vive en grandes ciudades, desligada del mundo real, pues las ciudades han sido la primera gran experiencia de realidad virtual.

Tampoco existe ya la inocente mirada del pasado. Hoy sabemos que los culpables de tanta crueldad no son divinidades feroces, los Júpiter, Thor o Yahvé de ayer, sino nosotros mismos. Aun así, pese a esa conciencia del horror, los seres humanos seguimos necesitando la belleza. Es como una sed del alma. No hay persona, por tosca y brutal que sea, que no busque algún tipo de belleza. Quizá porque necesitamos reconciliarnos con el mundo y con nosotros mismos. Por eso nos conmueven las esculturas de Rodin, que se retuercen y extreman como si tuvieran vida propia, porque la suya es una belleza convulsa que nos recuerda que incluso con lo peor que hay en nosotros (la violencia, el odio, las pasiones más bajas) puede hacerse algo bello si se proyecta en el arte. La belleza sirve, al menos, para dignificarnos. Y para devolvernos la fe en el ser humano.

Miércoles 22 de junio de 2000

VIDA MUERTA, PERO NO VENCIDA. «*Tu obstinado cadáver nos advierte/ que hay vida muerta, pero no vencida*». Son palabras escritas por el poeta Gabriel Bocángel en el siglo XVII y tienen hoy la vigencia de las grandes verdades. Hace unos días otro escritor, Javier Marías, escribía que si tras un asesinato los asesinos siguen insultando al asesinado es porque la muerte no les basta y quisieran poder «volver a matarlo una y otra y otra vez más».

Matar no es suficiente porque los muertos son cadáveres obstinados, siguen vivos en la memoria de los demás, en la tristeza de sus familiares, en la indignación de quienes asistimos a su cruel sacrificio. Los muertos nunca acaban de morirse. Ni siquiera se callan, porque su silencio es más elocuente que las palabras. Y siguen hablando desde las páginas que escribieron, desde los vídeos familiares con que festejaron la vida, desde las voces de quienes les conocieron.

Los nazis de ETA vuelven a matar porque las vidas que matan son vidas muertas, pero no vencidas. Matan porque su cobardía es más grande que su vida y sólo la pueden disfrazar de tragedia. Porque saben que sus palabras son débiles y sus razones ridículas y con ambas nunca conseguirán que los demás les quieran. Porque temen perder en juego limpio, sin excusas. Porque no se atreven a reconocer que tanto dolor ha sido en vano. Porque no tienen el valor de quitarse el disfraz del héroe y someterse al juicio moral de sus iguales. Y por eso, cada muerto que matan les mata a ellos por dentro. Viven en fuga, no de la policía, sino de sí mismos. Realizan actos tan terribles que no pueda haber vuelta atrás. Es una carrera hacia el abismo. Sin principios, sin piedad. Y al final de la fuga, en el infierno de su conciencia, les esperan los más de ochocientos seres humanos a los que han asesinado. Sus cadáveres obstinados.

Para los demás, la vida sigue. Invencible. Es verano. Este extraño crepitar de los seres humanos continúa. Amándose. Trabajando. Sufriendo. La sangre se limpia. El dolor se asume. Todo este daño no será más que una horrible anécdota en la historia. Los asesinos no construyen, no alimentan, no dan vida. No son nada.

Miércoles 29 de junio de 2000

MÁSCARAS. Durante una semana, en la bella ciudad italiana de Asti, escritores de Europa y de Latinoamérica han debatido sobre el papel de las máscaras en la literatura y en la vida. Allí se invocó una frase del novelista norteamericano Mark Twain («Todo hombre es como la Luna, tiene un rostro oscuro que nunca muestra a los demás») que sugiere que todo rostro humano es una máscara tras la que se esconde el lado oscuro del alma.

Los presentes en la reunión portaban sus máscaras cotidianas: Paco Ignacio Taibo II la de escritor mexicano, radical y jovial; Daniel Chavarría la de uruguayo exiliado en Cuba; Vázquez Montalbán la de intelectual de izquierdas escarmentado pero todavía tenaz; Santiago Gamboa la de escritor colombiano que denuncia ante los europeos las mil caras de la violencia que ha enloquecido a su país, desde el narcotráfico y los grupos paramilitares hasta una guerrilla convertida en negocio. Máscaras positivas que ayudan a vivir y a intentar comprender la vida.

Uno de los cinco escritores italianos que se esconden tras el seudónimo colectivo de Wu Ming contó su experiencia en una manifestación en Bolonia contra los Señores de la Globalización. Allí, de forma pacífica, la primera línea de manifestantes portaba mascarillas contra la contaminación y cascos de motos por si tenían que soportar la carga policial. Eran máscaras de supervivencia.

Pero se invocaron también las máscaras del poder, de todos los poderes. Esas máscaras de gente de orden tras las que se han refugiado los genocidas de América Latina y los gobernantes de Estados Unidos que les apoyaron. Las del poder económico. Y también las del poder de los grupos terroristas que se construyen como estados ocultos, como estados clandestinos, y que ejercen su represión de verdugos bajo la máscara de víctimas. Porque de un modo atroz muchas víctimas de ayer se convierten en verdugos de hoy, enmascarados de victimismo.

Y al final se invocaron las palabras de un texto de Bernardo Atxaga, titulado *Conversación entre Muerte I y Muerte II*, cuando un grupo de personas aparece en medio de la disputa entre ambas muertes y les grita: «¡Muerte I! ¡Muerte II! ¡Los que no estamos con vosotros no estamos en medio, sino en todas partes!». Porque ése es el propósito último de la literatura: hacer salir la verdad mediante la máscara mentirosa de la ficción, visitar el lado oscuro de la luna humana, dar cabida a los muchos hombres que habitan en cada hombre.

Miércoles 6 de julio de 2000

POR TELÉFONO. El teléfono es un prodigio cotidiano. Cual magos de antaño, marcamos una cifra cabalística y conjuramos a seres distantes en el espacio y en el tiempo. Un número de México, marcado al amanecer de hoy miércoles, nos trae la voz soñolienta de un amigo que no sólo está lejos sino que permanece todavía en la noche del martes. Nada es lo que parece. La voz que susurra a nuestro oído puede estar en las antípodas. El sol que ahora brilla sobre nuestra cabeza no alumbra por igual a todos los habitantes del planeta.

Pero muchas veces, el teléfono se convierte en la vida misma que se cuela en nuestra existencia. La Vida con mayúsculas, que es mucho más grande que nuestras pequeñas vidas individuales. Es la irrupción de los otros en nuestra privacidad. Una irrupción a veces deseada, provocada, como esas llamadas de amor que anudan a los amantes en la distancia, cuando el deseo sólo puede vestirse de palabras. Una irrupción inoportuna, en otras ocasiones, cuando por error alguien, un desconocido, se cuela en nuestro oído preguntándonos por otro desconocido. A veces, es el pasado ajeno el que viene a visitarnos, como aquellos hombres de voz ansiosa que durante meses telefonearon a la casa de Madrid que yo acababa de alquilar. Todos preguntaban por una misma mujer y mostraban igual azoramiento al saber que ya no vivía allí. Y no faltó quien me preguntara si los nuevos inquilinos seguíamos ofreciendo servicios de masaje.

Hay momentos en que el teléfono es portavoz de las mejores noticias: la consecución de un empleo, el nacimiento de un niño, la publicación de un primer libro... Otras veces, generalmente de madrugada, porque el dolor es tempranero, nos trae mensajes de muerte. Y las voces se crispan y lloran en nuestros oídos, porque hay palabras como lágrimas.

Pero hasta la semana pasada yo ignoraba que el teléfono pudiera ser también el recadero del infierno. Cierto que hay llamadas amenazadoras, que inoculan el miedo en el alma. Pero las llamadas que susurran al oído de la viuda insultos contra el esposo que acaba de ser asesinado sólo pueden venir del corazón podrido de hombres que, como decía Cervantes, «donde quiera que están, traen el infierno consigo». Son voces más allá del horror y la cobardía. Son voces de un odio que ni la muerte sacia. Son pura sed de mal.

Miércoles 13 de julio de 2000

LAS HISTORIAS QUE NOS HACEN. Contra lo que pueda parecer, la historia no es cosa del pasado sino del presente. Para comprobarlo basta ver el escándalo que ha producido el informe de la Real Academia de la Historia sobre la enseñanza de esta materia. Y eso es así porque los seres humanos construimos nuestra sentimentalidad sobre la memoria, sobre los relatos. Precisamente la historia, las novelas y la memoria privada tienen en común que se organizan como relatos. La memoria privada nos dice quiénes somos, cuáles son nuestros afectos. La historia nos relata el pasado colectivo, mejor dicho, la memoria de ese pasado colectivo. Y la novela nos cuenta un relato que se construye con materiales de ambas memorias: de la privada (ya sea propia o ajena) y de la colectiva. De manera que bien puede decirse que ese conjunto de memorias, de relatos, nos forman como personas: individual, colectiva e imaginariamente.

El problema es que la memoria suele ser mentirosa. Y el historiador se ve obligado, además, a trabajar con los errores y las mentiras de los testimonios de otras épocas (cartas, crónicas, documentos oficiales...).

El riesgo de que la mentira nos forme no se combate desde la desmemoria, que suele ser refugio de políticos que desean que nadie recuerde sus promesas, ni mucho menos oponiendo a las falsedades de la historia oficial las nuevas mentiras de una falsa memoria que reinventa el pasado, como suele suceder con los discursos nacionalistas, y que choca frontalmente con la realidad, con los vínculos sociales, culturales y afectivos que el tiempo ha ido tejiendo entre los pueblos. El camino pasa por comprender que no existe una verdad absoluta, por aceptar la diversidad de historias que nos forman y por buscar en la comparación entre ellas los diversos hilos con que ir tejiendo una identidad colectiva y propia que parta de la realidad de los seres humanos que vivimos este presente y no de los fantasmas mentirosos que los poderosos de un signo o de otro (los del dinero, los gobiernos o las armas) quieren proyectar en el pasado para justificar sus desmanes de hoy.

Miércoles 27 de julio de 2000

EL CONSEJO DE UN AMIGO. Una semana más mis buenos propósitos de hablar de algo que no sea ETA y sus fechorías se estrellan contra la brutalidad de los acontecimientos. Le pregunto a un amigo qué puedo escribir sobre el asesinato de Jáuregui que no suene a ya dicho, a palabras huecas. Y mi amigo me responde que escriba de otra cosa, que escriba de la vida. Me gusta el consejo: escribir de la vida... Pienso en una amiga francesa que acaba de visitar Bilbao y en su fascinación por la villa, por los chipirones en su tinta del Víctor Montes y por el Museo Guggenheim, pero entonces me acuerdo del ertzaina que fue asesinado junto al florido perro que hay a la entrada del museo.

La vida. Pienso en mi amigo y en su consejo. Tiene razón. Él sabe de la vida: dentro de pocos meses va a ser padre. La vida sigue, pese a todo. Recuerdo los paseos por su Algorta natal, las noches de risas y conversaciones. Y de repente me vuelve el ruido de la explosión del coche-bomba de hace unos días en Getxo, como el seco gruñido de una bestia.

Pienso en otra pareja de amigos con los que «poteaba» en Tolosa hace unas semanas. En su juventud, él fue uno de los primeros miembros de ETA y a veces dice cosas como: «Entonces matamos a aquellos guardias civiles». Yo le miro, receloso. «¿Es que tú has matado alguna vez a alguien?», le pregunto. «Con mis manos no», me responde, «pero yo estaba de acuerdo con que se hiciera y ahora no puedo fingir que nada tenía que ver con ello». Me admira su valor, porque hace falta ser valiente para reconocer los propios errores y horrores. «Si pudiera regresar a aquellos años, ahora que sé el dolor que esa lucha armada ha generado, no volvería a hacerlo», añade. Y el eco de esa memoria escarmentada me devuelve a Juan María Jáuregui, que también tuvo un juvenil sueño heroico en la ETA de finales de los sesenta, y en quien la ETA del 2000 acaba de asesinar a su propio pasado. Sus verdugos estuvieron bebiendo en la barra del café mientras le observaban. Un poteo asesino. Mi amigo getxotarra tiene razón: hay que escribir de la vida. Lo malo es que ETA nos ha contaminado de muerte la vida y hay que tener el valor de denunciarlo.

Miércoles 3 de agosto de 2000

«FREEDOM FOR THE BASQUE COUNTRY». El paisaje playero vasco se ha visto decorado estas últimas semanas por un sinfín de carteles de gran formato en los que puede leerse: «Freedom for the Basque country». Se trata sin duda de una campaña de marketing ideológico desplegada por los promotores del último grito en persuasión publicitaria: el tiro en la nuca. Porque la publicidad es la pasión del mundo etarra. Bombas como anuncios. Asesinatos como campañas de impacto del producto político de moda, ya se llame HB o EH. Los creativos de ETA trabajan sin cesar en sus sangrientos spots, sin olvidar la tradicional propaganda callejera, en la que emplean una idea ya clásica en el siglo XX y que formuló con claridad el ministro nazi Goebbels: una mentira, si se repite un número suficiente de veces, termina por convertirse en verdad.

En ese empeño, al igual que las huestes de Hitler tildaban de «extranjeros» a los ciudadanos alemanes que disentían de sus ideas ultranacionalistas, los seguidores de ETA usan peyorativamente la palabra «españoles» para extranjerizar verbalmente (paso previo a la expulsión física) a quienes no comulgan con su visión totalitaria. Como aquellos nazis, éstos acusan a sus víctimas de crímenes inexistentes mientras presentan los que ellos cometen como heroicos actos de patriotismo. Aquéllos marcaban las casas de sus víctimas con estrellas de David, éstos con dianas que anuncian su próxima ejecución.

No es esto, sin embargo, lo único que los nuevos nazis vascos tienen en común con los nazis alemanes de antaño: para ambos la muerte es un negocio. Por eso cada atentado suyo es en realidad un cruel folleto que conmina a los empresarios a invertir en su producto financiero: el llamado impuesto revolucionario.

Pero basta ver a los portavoces de EH en la televisión, denunciando la supuesta opresión del pueblo vasco, para comprobar que el negocio de muerte de ETA se desarrolla en un país democrático. ¿Qué libertad reclaman entonces? Sin duda la de continuar sin trabas con su macabra empresa, la licencia para matar como camino de acceso al poder. Algo que ninguna sociedad civilizada puede conceder y menos aún después de un siglo que ha demostrado bien a las claras el horror y la inutilidad del uso político del asesinato. Desgraciadamente, algunos no sólo no aprenden nada de la historia sino que se esfuerzan en repetir lo peor que hay en ella. Por puro interés.

Miércoles 10 de agosto de 2000

LOS COLABORACIONISTAS. Todas las dictaduras se asientan sobre el uso del terror contra la ciudadanía, pero sobreviven porque son capaces de generar una activa colaboración con sus crímenes de una parte de esa ciudadanía. Así funcionaron la Alemania nazi, la Unión Soviética estalinista y la España franquista. Así funciona el País Vasco etarra. Las torvas figuras de los secuestradores, los torturadores y los asesinos sólo pueden desarrollar con plena eficacia su brutal cometido con la ayuda de quienes señalan con el dedo a las víctimas y les proporcionan los datos necesarios para localizarlas. Son los que cubren de pintadas las casas de los no nacionalistas o publican revistas en las que se dan los datos para localizar a policías, tal y como ha sucedido en la comarca navarra de Sakana. Son los colaboracionistas de los nuevos nazis vascos. Los cobardes de entre los cobardes.

Los alcaldes de EH de Sakana, en vez de denunciar la publicación de esos datos, protestan por los registros que ha efectuado la policía en busca de sus autores. No quieren que les atosiguen y creen que dicha publicación ha recibido un «eco desmedido». Total, ¿qué puede haber más inocente que hacer públicos los coches y los movimientos de los policías en un país donde se queman vehículos de las fuerzas de seguridad o se les coloca bombas lapas? ¿Qué delito puede haber en difundir dichos datos en los ambientes del Movimiento Nacional vasco, de cuyas filas salen los terroristas que colocan las bombas o arrojan los cócteles molotov?

Los colaboracionistas siempre son inocentes. Ellos no fueron. Ellos no sabían. Ellos sólo dijeron. ¿El humo de los hornos crematorios? No lo olieron. ¿La muerte del concejal del pueblo? «Es lamentable, pero yo no sé nada». O peor aún: «Algo habría hecho». Después, a llevar a los niños a las manifestaciones para que aprendan a gritar «¡ETA mátalos!» desde pequeñitos y, con suerte y heroísmo, a matarlos personalmente de mayorcitos.

Y en medio de todo esto, Arzallus llama «enemigo» a la prensa. En un país donde se asesina a periodistas por ser «enemigos del pueblo vasco». ¿Puede haber una declaración más inocente? Como llamar extranjeros y usureros a los judíos en la Alemania nazi. Son sólo palabras, ¿verdad?

Miércoles 17 de agosto de 2000

LA DICTADURA PERFECTA. Esta vez los asesinos han ido a buscar a su víctima hasta el mostrador de su negocio, cual matones de la era de Al Capone. Hay que reconocer que la propuesta de Herri Batasuna de «socializar el sufrimiento» se está cumpliendo a rajatabla. El País Vasco se adentra paso a paso en una situación dictatorial paradójica, mientras sus gobernantes practican el arte de Don Tancredo, a la espera de que el toro pase de largo o cambie de opinión, y llueven las descalificaciones mutuas, cargadas de lógica ira porque es mucho el dolor socializado por los ejecutores de las propuestas de Herri Batasuna. Pero el problema de fondo está en la definición de lo que es el mundo de ETA. Porque mientras se siga considerando que ETA y su entorno están formados por patriotas vascos que han equivocado el camino, resultará imposible la actuación conjunta de las fuerzas democráticas. No en vano la propia ETA se ha encargado de trazar una línea divisoria prometiendo muerte a unos y preservando de la misma a otros (salvo que medie el dinero, que tira mucho).

La sociedad vasca vive hoy una dictadura perfecta en la que una minoría que ejerce el poder (el mayor de los poderes, el de decidir sobre la vida y la muerte de los demás) disfruta de todos los beneficios del Estado de Derecho (asistencia legal, posibilidad de denunciar abusos, derecho de reunión y manifestación, libertad de movimientos, régimen de visitas penitenciario, etcétera…) a la vez que se los niega radicalmente a sus víctimas. ¿Qué letrado defendió al concejal Indiano antes de que se dictara su sentencia de muerte? ¿Qué régimen de visitas tuvo Ortega Lara? Y, por cierto, si a alguien le parece que una cárcel de Andalucía está lejos, ¿qué dirá de un zulo que no es que esté en otra provincia sino que se encuentra en ninguna parte, en la tierra del secreto? Para colmo, las víctimas de sus crímenes son sistemáticamente tachadas de «asesinos», mientras sus asesinos son homenajeados.

Arnaldo Otegui se expresa con la maestría dialéctica de su antecesor alemán. Hitler hablaba de solución final. Otegui de aumento del sufrimiento. Debería meterse a poeta. Pero si no queremos asistir impotentes a su sangrienta retórica, el único camino es el de articular un frente antifascista en el País Vasco, porque ése es el verdadero problema político: que estamos sufriendo el ataque de un movimiento nazi que trata de imponer por las armas su ideario totalitario.

Miércoles 24 de agosto de 2000

GULLIVER EN EL PAÍS DE LOS EUSKOS. Cuando Gulliver abandonó el país de Liliput para regresar a su Inglaterra natal, una repentina tormenta le obligó a buscar puerto en una tierra verde y montañosa a la que algunos llaman el país de los euskos. Sus gentes, amantes del buen comer y mejor beber, laboriosos y discutidores, sienten gran apego por su tierra, pero se hallan sumidos en una terrible y extraña pelea. La raíz de esa pelea es una cuestión metafísica que parece preocupar enormemente a los mandatarios de ese reino: ¿qué es ser eusko? Lo que lleva aparejada la cuestión de ¿quién es, pues, eusko? Porque parece evidente que a los ojos de tales mandatarios no todos los habitantes del país de los euskos son euskos. Cuando Gulliver quiso averiguar cómo podía identificarse a un eusko, dado que toda la población tiene similares características físicas, los mandatarios le dijeron que euskos eran aquellos que se sentían euskos. Frase enigmática donde las haya, mas como todos los ciudadanos se sentían euskos, los mandatarios concluyeron que no bastaba sentirse, había que hacerlo de acuerdo con el modo de sentirse eusko de los propios mandatarios, que para eso representaban al país.

Pero lo que más sorprendió al ilustre viajero, y fue motivo de su pronta partida, fue la pésima costumbre que practicaban algunos de los más exaltados partidarios de las ideas de los mandatarios del país: el asesinato de aquellos a los que consideraban falsos euskos. Una costumbre que le recordó lo que había visto en Liliput. Al igual que hacía allí el Emperador después de cada cruel ejecución, aquí el diputado portavoz de los exaltados sicarios pronunciaba unas palabras en las que expresaba su inmensa tristeza y compasión por la pérdida de tantas vidas. Y, como en Liliput, nada atemorizaba tanto a la gente como esas manifestaciones de condolencia; «y es que habían observado que cuanto más se exageraban, tanto más inhumano era el crimen y más inocente la víctima». Cuando Gulliver abandonó el país de los euskos se dijo: «hasta los caballos serían más humanos y razonables que estos mandatarios». Cosa que pudo comprobar cuando visitó el país de los houyhnhnms. Pero ésa es otra historia.

Miércoles 31 de agosto de 2000

A LA CALLE, QUE YA ES HORA. Me imagino que admitir que lo que uno piensa y hace no es propio de gente de izquierdas sino de nazis debe de ser muy difícil. A la palabra nazi se asocian solda-

dos alemanes desfilando con cruces esvásticas bajo la mirada géli-
da de Adolf Hitler. Desde luego, los pistoleros etarras y sus seguidores del Movimiento Nacional no son soldados alemanes ni lucen
cruces esvásticas ni tienen por líder a un tipo bajito, con bigote y
uniforme militar. El problema es que todo eso no es más que apariencia, decorado. Lo sustancial del nacional-socialismo no era el
símbolo de la bandera, el uniforme de sus seguidores o el rostro de
su líder. Lo sustancial era que constituía una ideología totalitaria
con un discurso social pseudoizquierdista, una exaltación de la supremacía racial y una práctica violenta que incluía la intimidación
a los disidentes, el asesinato y, una vez alcanzó el poder, el exterminio. Y es en sus contenidos en los que hay una enorme similitud
entre aquellos nazis y los nuevos nazis de ETA y su entorno. Porque
el Movimiento Nacional vasco tiene el mismo carácter totalitario
(la eliminación física del adversario es la mejor prueba), el mismo discurso pseudoizquierdista y una voluntad de exclusión que
apunta claramente a un objetivo de limpieza étnica. Y una similar
práctica de intimidación y asesinato de los disidentes.

Por eso, y por mucho que a Arnaldo Otegui le moleste, hay que
comparar sus ideas con las de Hitler. Porque es necesario superar
el miedo y llamar en voz alta a las cosas por su nombre. Como hicieron la semana pasada los manifestantes donostiarras que dis-
putaron pacíficamente las calles a quienes, en la mejor tradición
del «Viva la muerte» del legionario Millán Astray, dan vivas a ETA
y reclaman sus crímenes («ETA, mátalos»). Porque aunque luzca
arete de pirata en la oreja y vista vaqueros y camiseta, un fascista
es un fascista.

El País Vasco recuerda hoy tristemente los años setenta, cuando los guerrilleros de Cristo Rey campaban por sus respetos sem-
brando el terror. Los antifascistas de entonces cantaban los versos
de un poeta vasco: «A la calle, que ya es hora». Y supieron ganar la
calle para la libertad. El próximo sábado, en San Sebastián, los antifascistas de hoy podemos empezar a ganarla de nuevo.

Miércoles 7 de septiembre de 2000

LA TRANSICIÓN VASCA. Fue como entrar en el túnel del tiempo. Al final de la manifestación del pasado sábado en defensa de las leyes básicas del Estado de Derecho (la Constitución y el Estatuto), por los altavoces se oía cantar a Labordeta, a Paco Ibáñez y a Raimon, que reclamaba la paz con «la cara al vent». Eran las canciones de los mítines de los años setenta, cuando el dictador agonizaba y con él expiraba su régimen. Hace cinco días, el grito unánime en San Sebastián fue «¡Libertad!», el mismo que hace veinticuatro años se coreó en la plaza de toros de Madrid, donde Tierno Galván dio el primer mitin político autorizado. Cuando uno oye de nuevo esas palabras y esas canciones, las siente tan actuales que se le hace un nudo en el estómago. Porque no es un acto de nostalgia sino de inteligencia. Es la llamada urgente de la memoria que nos recuerda que entonces, como el sábado, los fascistas atacaban cobardemente a los desprevenidos manifestantes al término de las concentraciones; una memoria que nos remacha que entonces había barrios de Madrid que eran «territorio nacional» de la extrema derecha, como lo es hoy el casco viejo donostiarra de los nuevos nazis vascos. Una memoria que insiste en recordarnos la unidad de la oposición contra el franquismo. Porque la unidad de los ciudadanos demócratas fue y es imprescindible, incluso a pesar de sus representantes políticos.

Una unidad en defensa de las víctimas del terror y de las leyes que nos permiten defender nuestros derechos. Aunque los dirigentes del PNV se indignen porque la ciudadanía no apoye su intento de construir una nación con los fascistas. Aunque los dirigentes de Izquierda Unida sigan sin enterarse de que una alianza antifascista está por encima de las diferencias entre izquierda y derecha. Aunque el nazi Otegui ensucie el nombre de Mandela y la palabra democracia con su retórica mentirosa bajo la atenta y siniestra mirada de Josu Ternera. Aunque los dirigentes del PP y del PSOE no sepan estar siempre a la altura de las circunstancias. Porque no es una cuestión de partidos ni de nacionalismo sino de decencia. Una decisión simple y dura: la de plantar cara al nuevo nazismo. Del apoyo de los ciudadanos a esa decisión dependerá que concluya al

fin la necesaria Transición política vasca a la libertad. Aunque sea
con veinticinco años de retraso.

Miércoles 14 de septiembre de 2000

MANERAS DE PROCEDER. Eran las siete menos veinte minutos
de la tarde del lunes, el salón de actos del Instituto Cervantes de
Milán estaba lleno a rebosar y fuera llovía con rabia. En el estra-
do, el filósofo Fernando Savater, víctima de la represión durante el
franquismo, hablaba de la nueva dictadura bajo la que vive buena parte de la ciudadanía vasca: la que imponen, con el miedo y el
asesinato, ETA y sus seguidores. Pese al ingrato asunto del que se
ocupaban, las palabras de Savater no habían perdido la chispa de
su ironía: «Pertenecer a una nación no es lo mismo que ser nacionalista, de la misma manera que tener apéndice no es lo mismo que
tener apendicitis». Y el público rio con ganas; era una reacción li-
beradora, un arrebato de humor ante tanto horror. Entonces sonó
mi teléfono móvil y una voz amiga me comunicó que los pistoleros
de ETA acababan de matar otra vez.

Es extraño cómo resuena la muerte en la distancia. Desde Italia, el discurso nacionalsocialista del mundo etarra adquiere su verdadera dimensión: una verborrea ridícula que si no se acompañara
de crímenes, agresiones y amenazas sería para llorar de risa. Mientras ETA mata, Euskal Herritarrok califica de «incomprensible e
inaceptable» la quema de Radio Euskadi en Bayona. Qué raro...
¿No se suponía que condenar la violencia era inútil, que sólo cabía
hablar de la «dura expresión del conflicto político»? En el mismo
comunicado estaba la respuesta a esa pregunta. Los dirigentes de
EH, en su jerga de Cantinflas de la política, aseguraban que la quema era «un ataque que se sitúa totalmente ajeno a nuestra lectura
y manera de proceder». Evidentemente, la violencia que los nuevos
nazis vascos no condenan es la que sí consideran propia de su manera de proceder. Más claro, imposible.

Las palabras de Savater, expresión de la memoria democrática
de quienes lucharon contra la dictadura franquista, eran más que

palabras. Eran una invitación a combatir los prejuicios, la irracionalidad y la intolerancia. Palabras para hacer pensar. Y frente a ellas, las otras, las de quienes como Arnaldo Otegui buscan enmascarar el rostro totalitario y despiadado de los asesinos, resonaban como estúpidos balbuceos. Tras las palabras de Otegui hay una pistola dispuesta a refrendarlas matando. Tras las de Savater debe haber una manifestación clara y en voz alta de apoyo de la ciudadanía, porque para defender la libertad de todos hay que empezar defendiendo a quienes arriesgan la vida por ella.

Miércoles 21 de septiembre de 2000

LOS MEDIOS SON EL FIN. Hace casi quinientos años que el pensador inglés Tomás Moro escribió en su libro *Utopía* la siguiente frase: «Me repugna ser más feliz mediante procedimientos que aborrezco». Es la frontera que la ética traza a la política, su límite: el fin no justifica los medios. Una frontera que, desdichadamente, han atravesado de forma sistemática gobiernos, organizaciones clandestinas e individuos en los últimos cinco siglos. Hace diecisiete años, el gobierno de Felipe González la trasgredió permitiendo, cuando no alentando (ahí están las condenas a José Barrionuevo, Rafael Vera, Galindo y Elgorriaga como ejemplo), los crímenes de los GAL. Y, desde hace más de tres décadas, ETA y su entorno la vienen violando con un brutal balance de casi ochocientos asesinatos, incluidos los de varios niños, miles de heridos (algunos lisiados física o psicológicamente de por vida), decenas de torturados mediante secuestro y miles de familiares destrozados por el dolor. Hace más de una década que desaparecieron los GAL (mérito que se atribuyó Felipe González sin explicar nunca por qué, dado que decía ignorar quiénes los formaban y no movió un dedo para perseguirlos) y ya han empezado a ser juzgados y condenados algunos de sus responsables.

Pero ETA sigue matando. No se trata de tozudez o ceguera. Es una opción política. Porque no sólo el fin no justifica los medios sino que, si no se pone remedio pronto, los medios terminarán por convertirse en el fin mismo. Es la lógica del horror. El Terror del que la Revolución Francesa echó mano para defender los derechos del hombre que encarnaba dicha revolución acabó siendo una brutal dictadura que negaba esos mismos derechos. Y la lucha armada de ETA contra el franquismo se ha convertido en una máquina asesina que aterroriza a los ciudadanos de un país democrático.

El terror tiene una lógica interna que conduce al totalitarismo. A ella se atienen los etarras y quienes les defienden, homenajean y apoyan. Por eso cuando Euskal Herritarrok se aflige por un asesinato (lo que en su jerga llama «consecuencia dolorosa del conflicto»), no llora sino con las lágrimas del cocodrilo que acaba de devorar a su víctima. Por eso sus ideas no son legítimas, porque buscan acabar con la libertad de los demás para construir su felicidad, su «democracia vasca» (como Franco buscaba su «democracia orgánica»). Por eso resulta tan estúpido afirmar que el mundo etarra está dominado por la locura. Ellos saben muy bien lo que hacen y lo que quieren. No están locos, son nazis y actúan en consecuencia.

Miércoles 5 de octubre de 2000

EL CARNET DE LA VERGÜENZA. Por fin Udalbiltza va a servir para algo más que para consumir fondos públicos municipales: entregará carnets de ciudadanía vasca a los vascos que, según reza la solicitud, no se consideren ciudadanos españoles ni franceses. Ahora que ha decidido certificar la pureza vasca de la ciudadanía, Udalbiltza debería integrarse en el Consejo Regulador de Denominaciones de Origen, junto a los productores de carne de ternera culona asturiana o de vinos de Rioja. Vasco cien por cien, sin mezclas adulterantes. Cabe preguntarse si cuando estos vascos quintaesenciales entren en el mercado laboral va a atreverse alguien a contratar a vulgares ciudadanos contaminados de extranjería, pues el propósito de este carnet no se limita a la mera exaltación de la pureza euskalduna, sino que es el embrión de una verdadera depuración de Euskadi. Ya lo señalan sus promotores de HB. Gracias a él podrá hacerse nada menos que un «censo patriótico», un listado de verdaderos vascos del que resulten eliminados los indeseables que no acepten tener el carnet. Y según ellos esos patriotas que no se consideran ni españoles ni franceses podrán ejercer el derecho a voto en las elecciones constituyentes en que se decidirá si Euskadi debe ser independiente o no de España y de Francia. Unas elecciones que bastará con convocarlas para ganarlas, habida cuenta que quienes no desean la independencia estarán excluidos del censo y pasarán al fin a ser lo que realmente son: extranjeros en la tierra en que han nacido o en la que residen desde hace años.

Así las cosas, la campaña que HB ha hecho casa por casa en Guipúzcoa es un aviso más que una promoción: gran ocasión, pidan hoy su carnet de Udalbiltza y eviten convertirse en los apestados de mañana. Luego, cuando toda la inmundicia moral, la mezquindad política y la crueldad xenófoba que se esconden tras esta aparentemente folklórica iniciativa se hagan patentes, por favor, no vengan diciendo que ustedes no lo sabían, como aquellos alemanes que votaban alegremente al partido nazi en los años treinta. El carnet que les ofrecen no les acredita como vascos sino como abyectos promotores de la limpieza étnica. Así de claro. Ustedes verán si es eso lo que desean.

Miércoles 12 de octubre de 2000

SOSPECHAS Y CERTEZAS. Tres días después del último asesinato de ETA, hablar de un caso de tortura protagonizado por agentes de la Guardia Civil puede parecer inapropiado, pero no lo es. Se trata del mismo problema: la defensa del Estado de Derecho. Porque la libertad sólo puede sostenerse si la justicia persigue con celo todos los crímenes, los cometa quien los cometa. En eso consiste la supremacía ética y política del sistema democrático sobre la arbitrariedad violenta de los nuevos nazis de ETA y su entorno. El sistema democrático español reconoce los derechos de cualquier ciudadano, y dispone de mecanismos para exigir su cumplimiento y el castigo de quienes los violan. Por eso el caso de María Cruz Atxabal, detenida en 1996 como presunta colaboradora de ETA y absuelta en 1998 por la Audiencia Nacional, debe convertirse en ejemplar.

Pues lo que está en juego en casos como el suyo es la supremacía de la democracia frente al terror.

Hace unos días, Atxabal denunció en televisión que cuatro miembros de la Guardia Civil la habían torturado en 1996. Con el rostro desencajado, los ojos espantados y la voz temblorosa expresaba un miedo y un nerviosismo que ni el mejor actor del mundo alcanzaría a fingir. Era la imagen misma de una persona destruida, como en su día lo fuera el rostro aturdido de Ortega Lara al abandonar el infierno donde había permanecido más de quinientos días. Cuatro años ha tardado Atxabal en recuperar cierto equilibrio psicológico que le permitiera presentar una denuncia que no expresa rencor sino el deseo de acabar con la enfermedad de odio que aqueja al País Vasco. Es cierto que los miembros de ETA suelen denunciar torturas inexistentes, pero también lo es que el ex general Galindo y sus hombres sufren condenas por secuestro, tortura y asesinato. Y si hay razones para sospechar de la complicidad del entorno *abertzale* con los crímenes de ETA (ahí está el caso Muñoa), las hay asimismo para tomar en consideración la denuncia de Atxabal. En todo caso, mientras el crimen es la regla en el mundo etarra, la tortura es la excepción en la Guardia Civil. Pero esa excepcionalidad no puede convertirse en impunidad. Por dignidad democrática. Por pura justicia.

Miércoles 19 de octubre de 2000

COMPARACIONES. La vida cultural francesa anda sobresaltada por el agrio debate que han abierto las opiniones del escritor Renaud Camus sobre judíos y musulmanes. Para monsieur Camus, la «excesiva» presencia de intelectuales judíos y de origen árabe en los medios de comunicación franceses atenta contra la esencia de Francia. Por supuesto, él no se considera racista, simplemente cree que esas gentes no pueden percibir ni expresar la profundidad de la cultura francesa. No importa que lleven media vida en Francia, o que hayan nacido allí, o que sus familias lleven arraigadas quinientos años en el país: se trata de extranjeros que contaminan la verdadera identidad francesa. Quizá sólo sean ideas, pero son ideas que matan.

Las opiniones racistas, sexistas y xenófobas han sido siempre el primer paso hacia el crimen, porque antes de animarse a matar hay que aprender a odiar. De este modo no tiene nada de raro que últimamente la prensa francesa haya informado de numerosos atentados antisemitas ni que hace unos días el diario *Libération* sacara horrorizado el titular: «Gritos de "Muerte a los Judíos" en Estrasburgo». Entre los numerosos autores que han alzado la voz contra estas ideas está Antoine Spire que acaba de publicar un libro demoledor. En él reivindica la Francia real, formada por el conjunto de sus ciudadanos con independencia de credo, sangre u origen, frente a esa idea de la patria como una esencia excluyente. Y aunque uno recuerde con desaliento la frase escrita en los años treinta por Dürrematt («¡Qué tiempos estos en que hay que luchar por lo evidente!»), conviene comparar la experiencia europea de hoy con la del pasado, si no se quiere repetir sus horrores.

En una ocasión le oí decir al joven poeta croata Velibor Colic, exiliado en Estrasburgo tras desertar de la guerra de Bosnia, decir: «Durante años nos reímos en los cafés de Sarajevo de los ridículos discursos de los fascistas serbios, croatas y bosnios, que se disfrazaban de nacionalistas, pero un día se hicieron con el control del país y las calles se llenaron de muertos». Qué razón tenía. Y qué chistosas son también esas historias sobre el RH negativo, el DNI euskaldún, la forma del cráneo de los vascos y las chifladuras históricas sobre invasiones del País Vasco que nunca existieron. Pero lo cierto es que no tienen ninguna gracia porque hace ya mucho que las calles se llenan de muertos y esas historias están manchadas de sangre, como la hoja de un cuchillo.

Miércoles 26 de octubre de 2000

VERGONZOSAMENTE HUMANOS. Cada vez que estalla la violencia, cada vez que un ser humano mata a otro ser humano, se dice que nos hallamos ante hechos inhumanos. Diariamente, las noticias informan sobre maridos que matan a sus esposas, hijos que asesinan a sus padres, narcotraficantes que acribillan a miembros de bandas rivales, soldados que disparan sobre civiles, guerrilleros que ejecutan rehenes, terroristas que ponen bombas en las calles..., un rosario de horrores que resuenan como una letanía en telediarios y radios. Las noticias refieren torturas, secuestros, violaciones..., un espantoso recuento de atrocidades. E, invariablemente, se dice que quienes cometen semejantes tropelías son animales, bestias salvajes. Pero no lo son. Son hombres, y no sólo en cuanto especie, sino también, de forma mayoritaria, en cuanto género.

Fueron seres humanos quienes empalaron a turcos en los Balcanes, crucificaron a cristianos en Roma, quemaron a brujas en Alemania y planearon los campos de exterminio nazis; y lo son quienes hoy gasean a presos en Estados Unidos, apalean a magrebíes en Andalucía, disparan sobre adolescentes en Gaza y ponen bombas a periodistas y a niños en el País Vasco. La crueldad y la violencia forman parte de la condición humana; no son excepción, sino regla; a veces se dan de forma minoritaria, pero como el interminable listado de crímenes y guerras a lo largo de la historia atestigua, hay muchas ocasiones en que aparecen de forma mayoritaria. Pues en todo ser humano existe un instinto agresivo que es necesario aprender a dominar y que caracteriza nuestra sociedad, nuestra cultura.

Por ello, el hecho de considerar a los asesinos, los violadores y, los torturadores como anomalías, como enfermos patológicos, no sólo es erróneo sino también arriesgado, pues impide ver los verdaderos peligros de la violencia. Los psicópatas existen, por supuesto, pero representan una atroz anécdota. Y hay muchos otros seres humanos sanos que son capaces de lo peor con tal de conseguir sus fines. Matan y aterrorizan para lograr lo que no podrían conseguir por otros medios. Es el caso de ETA y de su Movimiento Nacional Vasco, que contemplan el asesinato como un instrumento para lograr fines políticos, en una terrible alianza entre los instintos agresivos del hombre y las ideas que los justifican. Y lo hacen por puro interés. Son humanos, vergonzosamente humanos.

Miércoles 2 de noviembre de 2000

CARNAVAL EN EUSKADI. La ola de frío de este otoño que ya quiere ser invierno no sólo ha afectado al caudal de ríos y pantanos y dejado en evidencia las deficiencias de las infraestructuras públicas, también ha anticipado una cierta mentalidad invernal entre algunos ciudadanos del País Vasco. Como si nos hallásemos en pleno febrero, los dirigentes de Euskal Herritarrok y sus compañeros de ETA se han dejado llevar por un auténtico espíritu de carnestolendas y han decidido anticipar el Carnaval en Euskadi. ETA ha logrado su cuota de protagonismo reivindicando asesinatos y acusando de terroristas a los medios de comunicación. Y Arnaldo Otegui, en su oratoria cantinflesca, se ha confesado satisfecho de que en la vida política se hable de lo que a él le interesa. Sin duda los muertos resultan rentables. Aunque no debe de estar tan satisfecho cuando se ha visto en la necesidad de manifestarse contra el franquismo y proclamar que «nosotros somos los hijos de los rojos». Ya se sabe que, en Carnaval, uno se viste de lo que no es y da la sensación de que conforme la opinión pública vasca va percibiendo el carácter nacional-socialista del mundo etarra y de su Movimiento Nacional, éstos han decidido combatir el frío del desamor disfrazándose de antifranquistas, a ver si se les nota menos la xenofobia, el totalitarismo y el propósito de limpieza étnica que conforman su política.

Pero los disfraces de carnaval no son más que eso, máscaras. Y siempre tienen algo de parodia. Vestirse de antifranquista activo, veinticinco años después de la muerte de Franco, es como manifestarse contra Napoleón Bonaparte. Un brindis al sol. Es fácil ser antifranquista cuando ya no hay franquismo, lo difícil es ser antifascista cuando está surgiendo un nuevo fascismo, el que encarna ETA. Así que, de seguir la ola de frío, cabe esperar una próxima manifestación de E. H. contra las fuerzas del Eje Roma-Berlín, alguna concentración contra la guerra del Vietnam y una huelga de hambre por la libertad de Mandela. Y mientras tanto, les veremos incluyendo a terroristas en sus candidaturas y homenajeando a los asesinos etarras en sus pueblos natales. Lo patético es que ellos son el último vestigio del franquismo y ya no saben qué inventar para seguir disfrazándose de víctimas.

Miércoles 9 de noviembre de 2000

ECOS MEXICANOS. Escribo estas líneas mientras espero que los altavoces del aeropuerto mexicano de Guadalajara anuncien la salida de mi vuelo. Dentro de doce horas estaré de vuelta en España, después de una semana de feria del libro en la capital del estado de Jalisco. La feria ha conseguido que se encuentren escritores que viven distanciados por fronteras políticas y, así, españoles, mexicanos, colombianos o argentinos se han sentado a una misma mesa sin que se interponga entre ellos la moderna y sanguinaria divinidad de la Identidad. Cada cual ha podido reconocerse en lo ajeno y aprender a disfrutarlo: desde la cortesía de la charla de los colombianos al incendiario sabor de unos tacos mexicanos.

Uno de esos puntos de encuentro ha sido el restaurante del hotel Hilton, donde el cocinero vasco Pablo San Román ha dado un recital de buena cocina con sus kokotxas en salsa verde, sus chuletones con pimientos de Gernika y sus rabos de toro a la cordobesa. Pero hasta la ciudad de Guadalajara y entre palabras literarias han llegado también otros ecos del País Vasco que, oídos en tierra americana, cobran una nueva dimensión. La campaña de Amnistía Internacional para exigir a los etarras Ternera, Kantauri y Kubati el fin de los atentados de ETA coloca por fin a la dictadura del miedo impuesta por los nuevos nazis vascos en el lugar que le corresponde: en el infame elenco de violadores de derechos humanos donde les acompaña el quejoso Pinochet. El historiador Antonio Elorza lo ha explicado con claridad en la prensa de Guadalajara: «La cultura que promueve ETA es la muerte de la razón, una manera de acabar con el pensamiento». Y desde el otro lado del charco, la áspera voz de Xavier Arzallus ha venido a confirmar la nociva y contagiosa eficacia con que esa cultura totalitaria anula el pensamiento, al declarar que Mayor Oreja tiene «mentalidad de ratón porque ve trampas en todas partes».

Desde este aeropuerto de Guadalajara, cuando son las cinco de una soleada tarde mexicana, resulta asombroso lo gracioso que le parece al gato nacionalista el miedo que sienten los ratones que cazan sus congéneres.

Miércoles 16 de noviembre de 2000

IRRESPONSABLES. Lo más interesante de las ideas es que, en cierto modo, parecen poseer vida propia: siempre tienen consecuencias insospechadas. Desde hace cuatro décadas, la cultura contemporánea ha proclamado la juventud como valor supremo. Lo joven vende. Se alaba la juventud de los líderes políticos. Se viste de manera juvenil. La música popular se ha convertido en música de jóvenes (incluso de eternos jóvenes, como esos rockeros cincuentones). La vejez, desde luego, ha caído en un auténtico descrédito. Hemos pasado del Senado clásico a la apoteosis del *college* anglosajón.

Esa idea, que tanto tiene de apuesta por lo nuevo y por el dinamismo, ha traído sin embargo algunas consecuencias insospechadas. La primera de ellas es la desmemoria. Un joven necesita mitos, no historia. En un organismo joven (en este caso una sociedad que se pretende joven) prima la acción sobre la reflexión. La acción se nutre de la actualidad, como respuesta a los acontecimientos; la reflexión exige del análisis de la experiencia, pero ¿qué experiencia tiene una sociedad que se presenta como nueva?

La segunda consecuencia es la irresponsabilidad. Lo joven, en tanto que nuevo, se presenta como necesaria confrontación, natural, inevitable, con lo viejo. No se es responsable de ser joven, mientras que la vejez (probablemente por un sentido cristiano de culpa y pecado) sí aparece como responsable del mundo existente. Una sociedad que se quiere joven actúa impulsivamente, pero en ella nadie está dispuesto a asumir la responsabilidad de sus actos. El culpable siempre es el otro o la vida misma. O quienes nos precedieron. El etarra considera que el culpable de la muerte del hombre al que dispara es el mismo muerto. En ese contexto moral, las palabras de Arzallus, de Pepe Rei o de Otegui señalando a los periodistas como enemigos del nacionalismo, en plena caza del periodista, son de una irresponsabilidad criminal.

Miércoles 23 de noviembre de 2000

¿DEBE IZQUIERDA UNIDA NEGOCIAR CON LOS NAZIS? No es una pregunta retórica, sino que plantea la verdadera dimensión del problema político del País Vasco, que sí existe, pero que no es el pretendido enfrentamiento entre España y Euskadi que predican Arzallus y Otegui, sino la confrontación entre un emergente fascismo etnicista y la defensa de la libertad. Que el Partido Nacionalista Vasco, en cuyos orígenes políticos e ideológicos está la raíz del racismo (para confirmarlo basta leer los textos de Sabino Arana, en que se trata a los emigrantes «españoles» poco menos que de ratas: sucios, vagos, inmorales…), sienta la tentación de construir Euskadi en compañía de los nuevos nazis de ETA y de HB puede tener una cierta, aunque penosa, explicación. En todo caso, supone el triunfo de la tradición más integrista e intolerante del partido frente a la tradición democrática y pactista que encarnó el propio Sabino Arana en los últimos años de su vida, cuando parecía haberse curado de las repugnantes ideas xenófobas que en el pasado había defendido apasionadamente. Lo que no tiene ni pies ni cabeza es que una formación de izquierdas como Izquierda Unida, que proviene del marxismo democrático, del pensamiento laico y de una tradición internacionalista y solidaria, ande deshojando la margarita de la negociación con los nuevos nazis vascos y, entre tanto, se desentienda de las iniciativas políticas encaminadas a defender los derechos de los ciudadanos vascos.

Vaya por delante que he votado a Izquierda Unida desde su fundación (antes fui votante y militante del PCE), porque como en los últimos tiempos el debate de las ideas se ha sustituido por la descalificación personal quizá alguien esté tentado a relacionar mis palabras con la mano oscura del PP o con la guerra sucia del PSOE. Ni lo uno ni lo otro. Aunque lo cierto es que esos dos partidos han planteado una iniciativa política que sitúa el problema vasco en su justa dimensión.

Más allá de la oportunidad o no del Pacto de Lizarra (cuya manipulación por ETA ha sido reconocida por la misma organización), la verdad es que desde que la banda volvió a matar tras el paréntesis de la tregua, los objetivos políticos del pacto han muerto también. Empeñarse en mantener la colaboración con EH como objetivo prioritario supone más que un error político. Es dar pábulo a las esperanzas de ETA de que volviendo a asesinar puede conseguir igualmente sus objetivos. Pero el problema es todavía mayor porque, aun en el caso de que no hubiera muertos, los objetivos de ETA seguirían siendo repugnantes, ya que presuponen una limpieza étnica del País Vasco. Algo en lo que coinciden con el planteamiento soberanista del PNV.

¿A qué espera Izquierda Unida para distanciarse de ellos? Si no lo hace, su futuro político va a ser bien triste.

Miércoles 7 de diciembre de 2000

ES HORA DE DESPEDIRSE. La vida es movimiento. Todo cambia. La naturaleza, los sentimientos, los gobernantes, las ideas… Y esos cambios conforman el relato del mundo, la historia. Cuando se miran las ideas y se toma en consideración su trayectoria, es decir, el modo en que han ido desarrollándose a través del tiempo, se está más cerca de llegar a entenderlas en lo que realmente son.

Hace más de treinta años, cuando toda España sufría el yugo de la dictadura de Franco, algunos jóvenes nacionalistas vascos decidieron empuñar las armas para luchar por la independencia de Euskadi. Pero desde entonces el mundo ha cambiado. Ya no hay dictadura en España. Ya no hay terrorismo vinculado al Estado y algunos de los principales responsables del que hubo en el pasado han sido juzgados y condenados. El pueblo vasco ha mostrado su voluntad en elecciones que han conformado un mapa político abierto y plural. Aun así, ETA sigue matando. Cuando una actitud se mantiene, incluso negando la realidad, no significa que las ideas que la alumbraron sigan vigentes sino que esas ideas, de manera encubierta, han cambiado. Así, ETA se ha transformado en un nuevo movimiento fascista, de igual modo que del seno de la izquierda surgieron algunos de los elementos de los fascismos de la década de 1920: por sectarismo ideológico, por práctica totalitaria y por exacerbación del patriotismo en un sentido xenófobo y etnicista. Una transformación objetiva, más allá de los sentimientos de quienes en ETA o en EH se consideran de izquierdas.

Esta idea es la que he intentado exponer en los artículos que vengo publicando cada miércoles desde el asesinato de José Luis López de Lacalle. Artículos que pretendían hablar de la vida, pero que han acabado hablando de ETA porque la vida en el País Vasco está marcada por la muerte que administran estos nuevos nazis.

Empieza un nuevo siglo y tengo la sensación de que mis palabras vuelven una y otra vez sobre las mismas ideas. Ya están dichas. Ojalá que hayan servido para algo. Creo que es el momento de ceder este espacio a otras voces que puedan aportar nuevos enfoques al necesario debate por la libertad en el País Vasco. Es hora de despedirse. Hasta pronto.

III.
LA PLEAMAR DE LA VIOLENCIA
(2001-2015)

CRÓNICAS DEL NUEVO NAZISMO. Lo mío es contar historias. Es lo que me gusta y es probablemente para lo único que sirvo. Sin embargo, antes de empezar a contar estas historias no me queda más remedio que dibujar el mapa mental en el que se desarrollan, pues son relatos de dolor y de muerte y antes de librarse en el atroz mundo de los hechos, todos los conflictos se generan en el aparentemente inocuo universo de las ideas.

No hay nada más irresoluble que un falso problema. Los esfuerzos que se hacen para solucionarlo resultan inútiles, en el mejor de los casos, cuando no abiertamente contraproducentes. Pero cuando el error de diagnóstico afecta a situaciones que ponen en peligro la existencia de los seres humanos —ya sean individuos o grupos sociales—, a esas dos posibles consecuencias hay que añadir una tercera: el propio carácter dinámico de la realidad hace que el problema no sólo se mantenga, sino que lo agrava debido a la propia vitalidad del organismo biológico o social. Esto tanto sirve para describir las consecuencias de aplicar un tratamiento de antibióticos a un cáncer de pulmón como para contar lo que ha sucedido en el País Vasco con el empecinado mantenimiento del fenómeno terrorista después de la instauración de la democracia en España en 1977.

El llamado nacionalismo vasco democrático —el Partido Nacionalista Vasco (PNV) y su escisión Eusko Alkartasuna (EA)— hace hincapié en que la existencia de ETA responde a un problema político de fondo: el conflicto entre un territorio conquistado y sin Estado, Euskadi, y un Estado, España, que niega los derechos históricos de dicho territorio.

Los sucesivos gobiernos democráticos españoles, tanto de la derecha (UCD y PP) como de la izquierda (PSOE), han considerado la subsistencia de ETA no como manifestación de un problema político sino como un caso de orden público y delincuencia organizada de tipo mafioso.

Y el nacionalismo vasco radical vinculado a ETA (el llamado Movimiento de Liberación Nacional Vasco que ahora incluye a la propia ETA, a la ilegalizada coalición de partidos Batasuna y al sindicato LAB, entre otras organizaciones llamadas abertzales, es decir, patriotas) defiende que la lucha armada de ETA es necesaria y legítima porque Euskadi vive bajo una dictadura impuesta por España, que es continuadora de la de Franco y que imposibilita la manifestación de la soberanía nacional vasca.

Los tres diagnósticos de la realidad descritos nacen de motivaciones e intereses bien distintos y tienen consecuencias prácticas radicalmente diferentes, pero comparten algo: los tres pretenden dar respuesta a un problema falso. Por tanto, quienes sustentan dichos diagnósticos aplican desde hace décadas unos remedios a la situación del País Vasco que en algunas ocasiones, las menos, no sirven para nada, pero que en la mayoría de los casos resultan terriblemente contraproducentes.

Los sectores pro-ETA han convertido el asesinato, el secuestro, la extorsión y la amenaza en sus principales armas políticas. El llamado nacionalismo vasco democrático, pese a condenar públicamente la violencia, practica una política de alianzas a largo plazo con los sectores pro-ETA para construir conjuntamente una Euskadi independiente (es el precio que considera que debe pagarse por la renuncia a la violencia). Y durante una década (de 1977 a 1987) los diferentes gobiernos españoles permitieron, cuando no alentaron, la actuación de grupos parapoliciales que se enfrentaron a ETA con sus propios métodos (secuestros y asesinatos) en territorio francés, a semejanza de la represión vivida en Francia durante los años del terrorismo de las OAS. La suya ha sido una forma de represión contra la delincuencia organizada que bien podría calificarse de oportunista e hipócrita, además de inmoral, pues se eligió aplicar ilegalmente la pena de muerte, prohibida por la Constitución española, para no pagar el precio político que habría supuesto su reinstauración legal.

Sin embargo, durante la década de 1990 el Estado español cambió sustancialmente su diagnóstico del problema vasco y empezó a aplicar otros remedios, primero desde poder judicial y luego desde el mismo gobierno. Los grupos parapoliciales desaparecieron hace ya quince años y muchos de sus organizadores, en concreto los del GAL, fueron detenidos, juzgados y condenados; entre ellos, el mismísimo ex ministro de Interior del gobierno socialista, José Barrionuevo, y el ex general de la Guardia Civil, Enrique Rodríguez Galindo.

Paralelamente y desde la aprobación en referéndum del Estatuto de Autonomía, el País Vasco ha sido gobernado durante dos décadas por el nacionalismo vasco democrático y disfruta de una de las mayores cotas europeas de autogobierno político, económico, tributario, policial y cultural. Sin embargo, en ese mismo periodo la violencia de ETA se ha hecho más intensa (setecientas de las casi ochocientas personas asesinadas por ETA lo fueron después de la llegada del PNV al gobierno autónomo vasco) y la alianza del movimiento que apoya a la banda terrorista con PNV y EA ha cuajado en un proyecto común para la independencia de Euskadi.

Semejante contradicción puede parecer extraña, pero no lo es tanto, pues una vez más su aparente rareza procede de un error de diagnóstico.

Otros autores más doctos que yo en politología y análisis de conflictos sabrán encontrar explicaciones a este fenómeno. Yo, como escritor, voy a limitarme a ofrecer a los lectores algunas pinceladas narrativas de lo que está sucediendo en el País Vasco, y al final veremos cómo es el retrato que se ha formado. En ocasiones las pinceladas tienen los colores de las historias ajenas de sucesos y palabras de las vidas de otros; pero también hay pinceladas elaboradas con mis propios colores, con la memoria de los ocho años que pasé en un País Vasco tan hermoso como terrible. Estoy convencido de que cuando los hechos se despojan de la retórica máscara de palabras que suele acompañarlos, cuando las historias hablan por sí solas, es más fácil acercarse a la verdad. Ése es el poder de la literatura. Confío en que esta vez sirva para algo más que para entretener.

Misión cumplida. Era una mañana de primavera como tantas otras en el País Vasco: gris y lluviosa. Un hombre alto, de nariz grande y pelo canoso, sale del bar donde desayuna todas las mañanas y se dispone a recorrer, al amparo de un paraguas rojo, los trescientos metros que separan el bar de su casa. Poco antes de llegar a la altura de su portal, se cruza con un muchacho, de poco más de veinte años de edad y vestido con un chubasquero, que viene andando en sentido contrario. El hombre se detiene delante de los cristales de un portal, deja en el suelo la bolsa de periódicos que llevaba en la mano y saca las llaves para abrir la puerta mientras todavía mantiene abierto el paraguas. En ese momento, el muchacho con el que acaba de cruzarse se le acerca por la espalda y le dispara dos tiros de pistola. El hombre se desploma y el joven vuelve a dispararle dos veces más: una en la sien y otra en la nuca. Después se va a toda prisa, acompañado por otro joven que ha presenciado la escena desde lejos mientras mantenía una actitud vigilante. Delante del portal sólo quedan un cuerpo ensangrentado y sin vida, una bolsa llena de periódicos de diferentes tendencias políticas y un paraguas abierto que parece un incongruente objeto surrealista escapado de un cuadro de Chirico o de Magritte.

Eran las nueve y media de la mañana del 7 de mayo de 2000 y un pistolero de ETA acababa de asesinar ante su domicilio, en el pueblo guipuzcoano de Andoain, al periodista de sesenta y dos años de edad José Luis López de Lacalle. Su asesino, Iñigo Guridi, confesaría a la policía meses después, cuando fue detenido, que en realidad no sabía quién era López de Lacalle: se limitaba a cumplir órdenes. Es probable que sí supiera que López de Lacalle escribía en el diario *El Mundo del País Vasco* y que pertenecía al Foro de Ermua, una organización pacifista fundada tras el asesinato a manos de ETA de un joven concejal del pueblo guipuzcoano de Ermua. Pero lo que ignoraba por completo era que acababa de culminar una misión represiva cuyo origen se remontaba a la dictadura de Franco.

En la década de 1960, José Luis López de Lacalle era militante del Partido Comunista de España y participó en la fundación del sindicato clandestino Comisiones Obreras. La persecución que llevaba a cabo el Régimen contra la oposición democrática había conducido al fusilamiento del dirigente comunista Julián Grimau en 1962, y las voces de protesta se acallaron con una feroz represión. José Luis López de Lacalle fue detenido, torturado y condenado a pena de prisión. Pasó cinco años en las cárceles de Franco. Pero no consiguieron doblegarlo. Sólo cuatro tiros a traición, treinta años después, culminarían la labor de reducirle al silencio.

Unos meses después, los militantes de la coalición de partidos Euskal Herritarrok (nombre que tenía entonces la actual Batasuna) desfilaban por las calles de Bilbao dando vítores a ETA y portando pancartas en las que acusaban a la democracia española y a los «demócratas», término que ellos utilizan en sentido despectivo, de practicar un franquismo enmascarado.

Descenso a las mazmorras. A Miguel Ángel Blanco, que así se llamaba el concejal del PP en Ermua secuestrado, lo encontraron tirado en un bosque con dos disparos de pistola en la cabeza. Poco se sabe del lugar en que lo mantuvieron oculto sus secuestradores durante las cuarenta y ocho horas que tardaron en cumplir su amenaza de ejecutarle, aunque sí se ha averiguado que su verdugo, Javier García Gaztelu, vomitó después de obligarle a arrodillarse y de reventarle el cerebro. La causa fisiológica de ese vómito es una cuestión pendiente de explicación pues no tuvo al parecer relación alguna con la actitud moral del asesino, que a los dos años del crimen formaba parte de la cúpula dirigente de ETA y dirigía la terrible oleada de asesinatos que sucedió a una tregua de la banda (entre septiembre de 1998 y finales de 1999) que el grupo terrorista aprovechó para reorganizarse. Precisamente fue el tal Gaztelu quien ordenó al ignorante Iñigo Guridi el asesinato de José Luis López de Lacalle.

Sí sabe más de las condiciones de vida —sería más exacto decir de muerte en vida— de otro de los secuestrados por ETA: el funcionario de prisiones José Antonio Ortega Lara. Cuando la policía consiguió rescatarlo, llevaba 532 días encerrado en un agujero inmundo. 532 días. 12.768 horas. 766.080 minutos. Sin ver nunca la luz del día. Sin un solo paseo al aire libre. Recluido en un habitáculo de tres metros de largo por dos y medio de ancho y un metro ochenta de alto. Un cubículo húmedo excavado debajo de una fábrica. Sin agua para lavarse. Obligado a convivir con sus propias defecaciones durante buena parte del día. Como en la más atroz de las mazmorras medievales. Siempre con el temor de ser asesinado. Minuto tras minuto. Hora tras hora. Día tras día. Una interminable tortura.

A agujeros similares habían ido a parar anteriormente otros secuestrados, como los empresarios Aldaya y Delclaux, pero el caso de Ortega Lara fue el más terrible. Cuando salió del agujero, el 5 de julio de 1997, su aspecto era el de un náufrago despavorido. Un hombre que había sido expulsado de la sociedad humana no por los caprichos del mar sino por la voluntad de otros hombres. Flaco, de caminar inseguro, mirada perdida, gesto angustiado y barba larga y enmarañada. Parecía salido de una fotografía de los campos de exterminio nazis. Un superviviente del infierno.

Una semana después de la liberación de Ortega Lara por la policía, ETA secuestraba a Miguel Ángel Blanco y ponía como condición para no ejecutarlo en cuarenta y ocho horas el inmediato cambio de la política penitenciaria del gobierno y, en especial, que éste reagrupara a todos los presos de ETA en cárceles del País Vasco, para evitar así a sus familiares las molestias y contratiempos de los largos desplazamientos cuando fueran a visitarlos.

El héroe racista. Esos dos secuestros produjeron, tanto en el País Vasco como en el resto de España, un clamor de indignación y también un sentimiento generalizado de estupefacción. El hecho de encerrar a un hombre como a una rata y el de matar a otro como a un perro revelaban un odio inconcebible. Una de las víctimas era un oscuro funcionario de prisiones y la otra un simple concejal de pueblo que tocaba en un grupo de música en sus ratos libres. Nada en sus biografías justificaba semejante inquina. ¿De dónde salía tanto odio?

Una tarde del mes de septiembre de 1999, todavía en plena tregua, tuve la suerte de compartir con unos amigos una larga excursión por la ría de Gernika, un largo y hermoso estuario, situado en la provincia de Vizcaya, cuyos humedales albergan una de las más importantes reservas biológicas de España. Habíamos pasado la jornada en barco, recorriendo canales, contemplando garzas, cormoranes e incluso el destello azul de algún martín pescador. Al atardecer, atracamos en el pequeño muelle del pueblo de Pedernales —Sukarrieta, en lengua euskera— y decidimos dar un paseo. A menos de cien metros del agua se alzaba la tapia de un cementerio. A través de la puerta enrejada pude distinguir una tumba separada de las demás y emplazada en un lugar prominente del camposanto.

—Es la tumba de Sabino Arana, el fundador del nacionalismo vasco— me informaron.

Íbamos a seguir el paseo cuando vi apoyada contra la tapia del cementerio una piedra enorme a la que, según me explicaron, se subían muchos visitantes para poder ver mejor la tumba de Arana, cuyos restos habían sido trasladados a aquel lugar después de permanecer ocultos durante los años del franquismo.

Me subí a la piedra y miré alrededor: el paisaje, verde y frondoso, un cielo azul surcado de vez en cuando por las fugaces siluetas de los patos, el pequeño camposanto y la tumba rústica, cubierta por un *lauburu* —la cruz gamada del nacionalismo vasco cuyos brazos giran en sentido contrario a los de la esvástica nazi— y bañada por la luz. Era una estampa romántica. Un remanso de paz. Un paraje idílico cuya acogedora calma hacía aún más terribles las palabras que Sabino Arana, el hombre al que allí acudían a homenajear los nacionalistas, había escrito un siglo atrás:

«¿Qué es, pues, lo que respecto de la pureza de la raza se contiene en el programa nacionalista? Puede reducirse a los siguientes puntos:

»1) Los extranjeros podrán establecerse en Bizkaya bajo la tutela de sus respectivos cónsules: pero no podrán naturalizarse en la misma. Respecto de los españoles, las Juntas Generales acordarán si habrían de ser expulsados, no autorizándoseles en los primeros años de independencia la entrada en territorio bizkaino, a fin de borrar más fácilmente toda huella que en el carácter, en las costumbres y en el idioma hubiera dejado su dominación.

»2) La ciudadanía bizkaina pertenecerá por derecho natural y tradicional a las familias originarias de Bizkaya, y en general a las de la raza euskeriana […] y, con las restricciones jurídicas y territoriales que se señalaran, a las familias mestizas euskeriano-extranjeras. […] La diferencia del lenguaje es el gran medio para preservarnos del contacto con los españoles y evitar así el cruzamiento de las dos razas […], aquí padecemos mucho cuando vemos la firma de un Pérez al pie de unos versos euskéricos u oímos hablar nuestra lengua a un cochero riojano, a un liencero pasiego o a un gitano. […] Si a esa nación latina la viésemos despedazada por una conflagración intestina o una guerra internacional, nosotros lo celebraríamos con fruición y verdadero júbilo. […] Les aterra el oír que a los maestros maketos se les debe despachar de los pueblos a pedradas. ¡Ah, la gente amiga de la paz! Es la más digna del odio de los patriotas».

Las palabras de Sabino Arana hablaban con el lenguaje del odio y de la supremacía racial. En ese momento pensé que era a un hombre con esas ideas a quien los llamados nacionalistas vascos democráticos rendían homenaje. Que había muchas instituciones públicas y calles que llevaban su nombre. Que el principal organismo cultural del PNV se llamaba Fundación Sabino Arana. Que el actual líder del PNV, Xavier Arzallus, afirmaba que los nacionalistas eran los verdaderos vascos y que el pueblo vasco tenía características raciales propias, como la forma del cráneo, el grupo sanguíneo y el Rh. Pensé, con tristeza, que las sociedades se definen a sí mismas por los hombres a los que eligen homenajear, por los hombres a los que reconocen como héroes. Y me dije que también las plantas carnívoras necesitan, para sobrevivir, un terreno en el que poder hundir sus raíces.

¡ETA, mátalos! Mientras volvía a casa, todavía pensando en la tumba de Sabino Arana, recordé algo que me había sucedido una tarde que paseaba por la ciudad de Bilbao dos años antes. Delante

de unos grandes almacenes vi que había una concentración de personas, me acerqué y descubrí que era una concentración en favor de la liberación de Ortega Lara, que llevaba ya más de un año secuestrado. En aquella época, todos los miércoles, a la misma hora, los grupos pacifistas se concentraban en ciudades y pueblos del País Vasco para exigir su liberación. Yo solía participar en esas concentraciones en el pueblo donde entonces vivía, Leioa, pero tras tantos meses de repetir el mismo acto, ese día se me había olvidado. Me sumé a los concentrados y me di cuenta de que enfrente, separados por apenas dos metros, había un grupo de partidarios de ETA. Eso era algo que sucedía en todas y cada una de las concentraciones pacifistas. Los proetarras organizaban concentraciones en los mismos lugares y a la misma hora. Pero mientras las pacifistas transcurrían en silencio y mostraban tan sólo una pancarta en la que se pedía la paz, los proetarras, que portaban retratos de los terroristas encarcelados, proferían continuas consignas en las que tildaban de asesinos al gobierno y a los pacifistas concentrados frente a ellos. Y, por lo general, solían despedir a los pacifistas, una vez que éstos daban por concluidos los quince minutos de su concentración, con el grito que se oye en todas las manifestaciones convocadas por Batasuna o por Gestoras Pro-Amnistía: «¡ETA, mátalos!». Aquella vez sucedió lo mismo. Vociferantes y agitando banderas de Euskadi, nos desearon la muerte. Es una sensación extraña tener enfrente, apenas a dos metros de ti, a alguien que te señala con el dedo y desea que te maten. Más aún si, como aquel día, ese alguien es un niño hermoso y sonriente, rubio y con los ojos azules, de poco más de cinco años y aupado a hombros de su padre que te señala con su dedito y pide a ETA que te mate, en una plegaria espantosa. Aquella pobre criatura estaba siendo amamantada con odio y recibía una lección espeluznante: no hace falta que tu adversario diga algo que te disguste sino que merece la muerte incluso si permanece en silencio, por ser quien es, por pensar lo que piensa; ya se encargarán las pistolas de ajustarle las cuentas.

Aquel día y como en todas las demás concentraciones, la policía autónoma vasca, que depende del gobierno del PNV, no hizo nada: se limitó a escuchar y contemplar cómo nos amenazaban de muerte.

La última palabra. La verdad es que las pistolas no pararon de hablar. Durante meses, a lo largo del año 2000, ETA dio su particular despedida al sangriento siglo XX ejecutando a una persona por semana. Mataron a un concejal independiente que se había presentado en las listas del PP y que tenía un kiosco de golosinas: le pegaron cuatro tiros detrás del mostrador. Pusieron una bomba en el coche de un cocinero de San Sebastián, que preparaba la comida para la Comandancia de Marina de la ciudad, y le convirtieron en un amasijo de carne y sangre. Le pegaron un tiro en la cabeza a José Ramón Recalde, un dirigente socialista que había sido consejero de Educación en el primer gobierno autónomo vasco, cuando PNV y PSOE gobernaron juntos, y que había generalizado la enseñanza de la lengua euskera en el País Vasco, pero milagrosamente salió vivo. También la librería de su mujer, en San Sebastián, sobrevivió primero a los destrozos de los falangistas y después a la llamada kale borroka (lucha callejera) por los seguidores de ETA. Los mismos seguidores que incendian diariamente oficinas bancarias, queman autobuses, arrojan cócteles molotov y dan palizas a los vecinos que protestan por sus destrozos, queman las tiendas o los coches de los militantes socialistas o del PP y llenan las calles del País Vasco con pintadas en las que aparece una diana con el nombre de alguien, como anuncio de su próxima muerte.

Por fin, ETA mató también a Juan María Jáuregui, un ex dirigente del PSOE que había sido gobernador civil de Guipúzcoa y que había contribuido desde su cargo a que se realizara la investigación sobre los grupos paramilitares de los GAL. Además, Jáuregui, que había sido militante de ETA en los años sesenta, todavía bajo la dictadura de Franco, y militante del PCE después, se había declarado partidario en numerosas ocasiones del diálogo con el nacionalismo vasco para encontrar una salida a la violencia. Aquel asesinato dejaba claro que para los pistoleros son las armas las que tienen la última palabra.

Y es que las palabras de los otros parecen molestarles mucho. Casi tanto como los muertos que han matado. Porque no sólo los asesinan sino que después los vilipendian. Llamándoles traidores o agentes de la policía o fascistas. Escribiendo insultos sobre sus tumbas (cuando no colocan alguna bomba en el mismo cementerio). Llamando por teléfono a sus viudas o a sus huérfanos para decirles que su esposo o su padre merecían morir por ser un perro españolista y un enemigo del pueblo vasco. Y es que para ETA matar no es suficiente; los terroristas también intentan borrar la memoria de sus víctimas y empujar al exilio del País Vasco a las personas que defienden una sociedad que honre a las víctimas del terror en vez de a racistas como Sabino Arana.

El nuevo exilio. Uno de esos exiliados tiene el pelo largo, rizado y canoso, y el aire rebelde de un veterano de los años sesenta. Podría ser un Moustakis. Es Imanol, uno de los principales cantautores vascos. Un hombre que hace unos meses anunciaba que se marchaba a vivir fuera del País Vasco, harto de los años de continuas amenazas por haber cometido el delito de rendir homenaje a una ex dirigente de ETA, Yoyes, que decidió abandonar la lucha armada y fue asesinada de un tiro en la cabeza por sus ex compañeros de armas. Y por atreverse a cantar en castellano además de en euskera.

Ese camino del exilio fuera de España es el que van tomando muchos otros intelectuales vascos, como los profesores Manuel Portillo y Mikel Azurmendi, sobre los que pende una sentencia de muerte. Otros han tenido que trasladarse a Madrid u a otras ciudades españolas, como el escritor Jon Juaristi, actual director del Instituto Cervantes; o viven intermitentemente en el País Vasco rodeados de guardaespaldas, como el filósofo Fernando Savater, que en su día fue perseguido por el Régimen de Franco y expulsado de la universidad, y que ahora es promotor de Basta Ya, otra de las plataformas pacifistas del País Vasco.

Y algunos, como Aurora Intxausti y su marido Juan Palomo, periodistas de Bilbao contra los que ETA realizó un atentado fallido (les colocaron una bomba con metralla en el portal de su casa para que explotara cuando salían en compañía de su hijo de dieciocho meses de edad, pero el detonador falló), simplemente han desaparecido del mapa, se han esfumado, como tuvo que hacer Salman Rushdie en su día.

El huevo de la serpiente. Y vamos llegando al final de esta historia hecha de historias. Ya hay bastantes trazos en el dibujo, suficientes para que empiece a emerger una imagen. Un nutrido grupo social practica la violencia de manera sistemática. Asesina, amenaza, secuestra, extorsiona… Y no sólo a personas concretas sino a otro grupo social, a aquellos que o bien se manifiestan públicamente contrarios a sus intereses o pertenecen a cierto colectivos (policía, periodistas, profesores universitarios, etcétera…), o son considerados *maketos*, extranjeros, por su origen o por su falta de «patriotismo vasco». Ese grupo violento dispone de pistoleros pero también de una organización paramilitar que crea el terror a diario en la calle; sus miembros se cubren la cabeza con un pasamontañas a modo de uniforme. Su ideario es ultra-patriótico. Se definen a sí mismos como nacionalistas y socialistas. ¿No les dice algo todo esto? ¿No les suena conocido?

Imaginen a las tropas de asalto del partido de Hitler unos años antes de tomar el poder. Uniformados. Violentos. Destruyendo y marcando con estrellas de David los comercios de los judíos, a los que acusaban de extranjeros y corruptores de la pureza de la raza alemana. Ahora, quítenles la decoración de época. Déjenles crecer el pelo, cambien sus uniformes militares por blue jeans y camisetas y cúbranles la cabeza con un pasamontañas. Sustituyan las estrellas de David o las cruces gamadas que pintan en las paredes por dianas, pintadas sobre los cristales de una tienda o en el muro de una vivienda, en las que aparece escrito el nombre de su futura víctima. Son los mismos. Con trajes diferentes, con maneras distintas, pero con la misma voluntad totalitaria.

Para encontrar semejanzas con la dialéctica de ETA hay que remontarse a los fascismos europeos de los años veinte, antes de que éstos llegaran al poder. Los años de la «dialéctica de los puños y las pistolas», que decía el fundador de la Falange española, José Antonio Primo de Rivera. Entonces, Mussolini se proclamaba revolucionario, como ETA. La Falange se proclamaba anti capitalista, como ETA. Y el Partido Nacional Socialista de los Trabajadores de Alemania, de Adolf Hitler, se denominaba así, socialista, como ETA. Las proclamas redentoras del fascismo chocaban con la realidad de sus tropas de asalto, que invadían calles y universidades agrediendo a los ciudadanos disconformes o a las minorías que consideraban «enemigas de la patria», como hacen ETA y sus grupos de la *kale borroka*. Pero entonces hubo muchos que no supieron ver lo que era el fascismo y se sumaron a él, desde posiciones de izquierdas, creyendo que estaban alentando una nueva revolución. Y también hoy ésa es la actitud de algunos. ¿No hemos aprendido nada del siglo XX? ¿Vamos a volver a cerrar los ojos ante el huevo de la serpiente de los nuevos fascismos del siglo XXI, hasta que otra vez sea demasiado tarde?

ETA y Batasuna no son fuerzas de izquierda que han equivocado sus métodos ni fuerzas patrióticas que han errado el camino. Son la manifestación de un nuevo nazismo etnicista, del que ya hemos tenido ejemplos recientes en los Balcanes, y no tienen otra patria que la muerte. Y, al igual que predicaba su predecesor Goebbels, fundamentan su discurso político sobre la mentira.

En España ya no hay más dictadura que la que ETA impone desde la sombra a la ciudadanía vasca. Y la impone porque hace años que ETA dejó de ser la organización que luchó contra el franquismo y se transformó en otra que se alimenta del sectarismo ideológico y de su propia dinámica violenta, pero también de las mentiras históricas creadas por el llamado nacionalismo vasco democrático y del racismo y la xenofobia que están en el mismo origen de dicho nacionalismo.

Ése es el auténtico problema del País Vasco y parece claro que su solución no pasa por llegar a un acuerdo con los nuevos nazis (una especie de tratado de Múnich en miniatura) y menos aún por dejar que éstos participen activamente en la construcción de una Euskadi independiente que pretenden étnicamente pura, sino por una decidida política de alianzas democráticas que tenga como primer objetivo acabar con la amenaza de este nuevo totalitarismo. Y ésa es una tarea que incumbe a los amantes de la libertad no sólo en el País Vasco y en el resto de España, sino en toda Europa, porque hay en otras tierras otros huevos de la serpiente que aguardan el resultado de la experiencia vasca para eclosionar.

NI SIQUIERA EN LA GUERRA VALE TODO. Probablemente estas líneas no servirán para nada porque cuando las armas hablan nadie escucha las palabras, sobre todo las que no se gritan. Pero en estos momentos no son los insultos ni las arengas los que aportan las palabras más útiles. Es en situaciones como la que atravesamos, tras la matanza del 11 de septiembre y durante los bombardeos de Afganistán, cuando más necesario resulta pensar antes de hablar y hablar antes de actuar. Estas líneas pretenden ser sólo eso: la expresión de algunas reflexiones acerca de nuestros actos.

El riesgo de la violencia es generar una espiral de odio de la que sólo suele salirse tras un sangriento ritual de destrucción. El odio alimenta la violencia que a su vez produce más odio. Empapados de odio, los terroristas de Nueva York y Washington asesinaron a varios miles de personas y en aras del odio despertado por aquella masacre, y respaldado por la opinión pública, el gobierno de Estados Unidos se ha lanzado a la guerra.

No hay que ser muy astuto para comprender que esta guerra, con sus inevitables cifras de muertos y mutilados, alimentará el odio contra Estados Unidos y sus aliados entre numerosos sectores de las poblaciones musulmanas. Para algunos analistas y para muchos políticos occidentales, ése es el precio que debemos pagar para acabar con el terrorismo. En mi opinión es un precio injusto y probablemente inútil, pero no voy a discutir aquí quién tiene la razón. Ellos han elegido la guerra y el tiempo será el encargado de mostrar las consecuencias. El problema es que esos mismos analistas y políticos, que exigen a los demás que paguen un precio en vidas, sangre y destrucción, no están dispuestos a pagar el precio político de sus decisiones. El debate parlamentario español sobre la guerra de Afganistán ha sido un triste ejemplo de ello.

El presidente José María Aznar se ha comprometido a informar a las Cortes antes de enviar tropas. Todo un gesto de buenas maneras que tiene mucho de mascarada, porque hay que hacer más: a las Cortes hay que consultarlas, pues son ellas las únicas que pueden autorizar la declaración de guerra. La guerra es demasiado importante para que quede librada a la mera voluntad de un gobierno. Es la nación, a través de sus representantes y con la firma del jefe del Estado, quien tiene que tomar esa decisión. Así lo exige la Constitución española.

Que se pretenda que no estamos ante una declaración de guerra sino ante una «operación internacional en el marco de la OTAN» es un insulto a la inteligencia de la ciudadanía. Porque se trata de una guerra. En primer lugar, así la ha definido quien la ha declarado: el presidente de Estados Unidos. En segundo, así es percibida unánimemente por la opinión pública mundial. Y, en tercero: lo que está teniendo lugar en Afganistán son los clásicos actos de guerra realizados por militares, no por policías.

Quizá sea un nuevo tipo de guerra, pero nuestra Constitución es taxativa: «Al Rey corresponde, previa autorización de las Cortes Generales, declarar la guerra y hacer la paz». En Kosovo, Aznar actuó al margen de la Constitución al hacer participar a unidades del ejército español sin la autorización de las Cortes, usurpando así además la función del jefe del Estado. Ahora vamos camino de repetir el mismo ceremonial de ilegalidad y connivencia.

Cabe preguntarse por qué hombres dedicados a la política, sin duda inteligentes, se arriesgan a violar las leyes. No creo que se trate de una repentina vocación delictiva sino de la manifestación de una forma perversa de entender la política. Se quiere hacer la guerra pero sin asumir la responsabilidad de hacerla. Una guerra que sea una guerra pero que no se llame guerra. Como si al esconder la palabra los actos perdieran trascendencia. La razón de este escamoteo verbal no es otra que evitar asumir el coste político que acarrea una declaración de guerra. Cuando se declara la guerra, se percibe su trascendencia y luego cabe exigir responsabilidades. Si se presenta como un embrollo internacional, las responsabilidades se difuminan. Y eso no es más que pura cobardía política.

Los partidarios de la guerra tienen que exponer sus propósitos y recabar la autorización de las Cortes. Si no lo hacen, el terrorismo logrará su verdadero fin, aparte de causar daño y destrucción: socavar el Estado de Derecho y fortalecer a quienes consideran la libertad y los derechos de los ciudadanos como moneda de canje cuando la seguridad nacional está amenazada. Si se supone que esta guerra se libra en defensa de esas libertades, al menos sus partidarios deberían tener la honestidad de actuar legalmente, porque ni siquiera en la guerra vale todo.

Viernes 23 de noviembre de 2001

PARÁBOLA DEL SORDO QUE SABÍA ESCUCHAR. En los países en que el analfabetismo está erradicado, subsisten, sin embargo, los analfabetos funcionales, aquellas personas que saben leer las palabras pero que, por falta de práctica, son incapaces de entender cabalmente su sentido en un texto. A ese fenómeno cultural habría que añadir otro moral, el de los sordos funcionales.

En medio del ruido informativo reinante en nuestra sociedad, estamos desarrollando una especie de sordera selectiva que nos impide entender cabalmente las palabras que nos hablan de la dureza de la condición humana. Por eso el asesinato del periodista Julio Fuentes,[1] cuya vida se llevó esta semana el vendaval de muerte que asola Afganistán, es más que un drama o una noticia. Es una parábola.

Julio Fuentes era sordo de un oído. Trabajé con él durante años en la revista *Cambio 16* y recuerdo su gesto mecánico de llevarse la mano a la oreja para ajustarse el audífono. Porque él quería escuchar. Como si se rebelara contra el estruendo de un mundo caótico y violento, él se empeñaba en llegar al corazón mismo de las guerras para poder oír las palabras que las armas acallaban.

«Me gustan las causas perdidas», solía afirmar y, sin duda, la de los inocentes es la más perdida de todas. Las voces de las víctimas de la violencia eran las que Julio Fuentes recogía en sus crónicas. Víctimas civiles que otros reporteros de guerra califican de inadmi-

1. El periodista Julio Fuentes fue asesinado en Afganistán, junto a la periodista italiana María Grazia Cutuli, el cámara australiano Harry Burton y el fotógrafo afgano Azizula Haidari, el 19 de noviembre de 2001 durante una emboscada en algún punto de la ruta que va de Kabul a Jalalabad.

sibles o de anecdóticas, según quien las cause. Para él, sin embargo, todas eran iguales: piezas sacrificadas en el tablero donde juegan los poderosos.

Me gustaría pensar que su muerte habrá servido al menos para que sus palabras, las que hablaban del dolor humano pero también de la grandeza de los hombres frente a la adversidad, sean ahora escuchadas. Aunque dudo que sea así. Nuestros oídos están atrofiados por una barahúnda de palabrería vana. Julio Fuentes es un rostro sonriente y amable en la pantalla del televisor y, quizá, un comentario horrorizado a la hora de comer: «Hay que ver, qué espanto de sitio». Sin recordar, probablemente, que en estas calles europeas que recorremos diariamente se mataban nuestros abuelos hace tan sólo sesenta años.

Las sociedades humanas llevan en su seno un demonio de violencia siempre al acecho, y sólo las palabras de quienes nos recuerdan su existencia pueden ayudar a prevenir su influencia. Julio Fuentes era sordo, pero sabía escuchar. Y contarlo: «He estado en muchas guerras y siempre es igual, son los civiles quienes sufren las consecuencias, por activa o por pasiva». ¿No habría que escucharle?

Sábado 29 de septiembre de 2002

EL NIÑO DE LA BICICLETA. No puedo dejar de preguntarme por el futuro del niño de la bicicleta. Le vi hace un par de días, en una foto de la agencia AP. Es un vecino del pueblo guipuzcoano de Zaldibia, no aparenta tener más de doce años de edad y contempla, apoyado en su bicicleta, la fotografía del terrorista Hodei Galarraga, colgada en el portal de la casa de la familia de éste. Hay una bandera vasca sujeta a la barandilla de la escalera de acceso al edificio y otra ikurriña pegada a la pared. Me recuerdan aquella pleamar de banderitas rojas y gualdas de los fastos franquistas, como si todo el mundo necesitase que le metieran la banderita nacional por las narices para no olvidar el famoso «orgullo patrio».

Hace unos años, una amiga rusa me contaba un chiste de moda en Moscú, después de la caída del Muro de Berlín: «Llevamos en alto las banderas para no tener que verlas». Desgraciadamente, parece que en el País Vasco todos los cuellos están bien torcidos para no perder de vista esos trapitos multicolores que justifican tanta sangre, tanto odio y tanto dolor.

No puedo dejar de preguntármelo: ¿qué será del niño de la bicicleta? El alcalde de su pueblo ha decidido, respaldado por los concejales de Batusuna, declarar a Galarraga hijo predilecto de la villa. Todo un ejemplo. Ahí se ve al héroe, con su melenita y su sonrisa de chulito de herriko taberna, feliz y satisfecho de sí mismo antes de verse convertido en picadillo por la misma bomba que estaba dispuesto a colocar para acabar con la vida de algún pobre desgraciado. He ahí el futuro: convertirse en un miserable capaz de asesinar a otros y tan necio como para volarse a sí mismo en pedazos.

Mientras tanto, el presidente del gobierno vasco decide plantear ahora la autodeterminación y respaldar con los hechos el chantaje de ETA: independencia a cambio de vida. Como si la voluntad del pueblo vasco pudiera expresarse libremente bajo la dictadura del miedo impuesta por los nuevos nazis *abertzales*. Ibarretxe se ha quitado la máscara. Final del baile. El problema para él no es el fascismo etarra sino la soberanía. Los asesinos son homenajeados, las víctimas están bien calladitas y quien discrepa huele a rancio franquismo. Mientras tanto, algunos intelectuales bienintencionados escriben un artículo contra la ilegalización de Batasuna. Yo miro la foto del niño de la bicicleta y no puedo estar de acuerdo con ellos. Es más, me pregunto por qué se ha tardado tanto en ilegalizarla. Recuerdo aquel viejo refrán cargado de sabiduría: los caminos del infierno están empedrados de buenas intenciones. Y sólo espero no tener que escribir del niño de la bicicleta dentro de unos años, cuando sea su rostro el que reciba abyectos homenajes.

Domingo 10 de noviembre de 2002

DE PURA JUSTICIA. Ayer, el Foro Ermua concedió al juez Baltasar Garzón el premio a la convivencia cívica que lleva el nombre del periodista asesinado por ETA José Luis López de Lacalle. No se trata de una noticia más de las muchas que se relacionan con la violencia en el País Vasco. Tampoco es un acto social más de reconocimiento de méritos. Hay algo simbólico en este hecho que trasciende la anécdota informativa. Hay una voluntad de resistencia y también un propósito ético: devolver la dignidad a las víctimas del terror no mediante la exhibición impúdica de su sufrimiento ni con reclamaciones de venganza, sino a través de la justicia. Por eso hay una profunda lógica democrática en que dicho premio haya ido a parar precisamente a las manos de un juez.

Pero no de un juez cualquiera sino de aquel que desde hace años viene abriendo nuevas vías a la posibilidad de que la ley persiga efectivamente a quienes atentan contra las vidas y las libertades de los ciudadanos en cualquier parte del mundo. Baltasar Garzón se atrevió a investigar a los GAL aun al precio de una infame campaña de desprestigio personal desatada por quienes, desde las esferas de poder del entonces gobernante partido socialista, sentían que la verdad sobre aquellos crímenes de Estado podía perjudicar sus intereses políticos. Él fue también quien revolucionó el orden jurídico internacional con la detención del dictador Augusto Pinochet en Londres, sentando las bases para acabar con la impunidad de los crímenes cometidos por el poder político. Es un proceso en marcha, cuyos resultados finales están por ver, pero al menos ya hoy muchos de los genocidas de Chile y Argentina se ven obligados a vivir recluidos en sus propios países, porque saben que más allá de las fronteras que todavía les amparan vergonzosamente no les espera otra cosa que la obligación de cumplir con la justicia por sus actos. Y ha sido también el juez Garzón quien se ha atrevido a decir en voz alta, y a demostrar lo que todo el mundo sabía: que ETA no son sólo sus comandos sino un entramado formado por organizaciones legales y alegales que la alimentan, apoyan y financian.

Durante años se ha especulado con las intenciones que mueven a este juez a realizar sus investigaciones. Se le ha acusado de afán de protagonismo, de afán de poder... de todo. Pero lo cierto es que gracias a él hoy los defensores del tiro en la nuca (lleven capucha, sombrero de plato o corbata) tienen la vida más difícil. Dicen que la política es el arte de lo posible. Quizá la justicia sea el arte de lo necesario. Era necesario empezar a poner coto a los desmanes del poder, ya sea éste legal o fáctico, y el juez Garzón lo ha hecho. ¿Cuáles han sido sus motivos? Ni lo sé ni creo que importen. Con sus actos la democracia está hoy mejor defendida. Que se premie semejante contribución es de pura justicia.

Viernes 24 de enero de 2003

COMBATIR AL FASCISMO. Uno de los principales motores de la historia es la mentira. Su papel ha sido fundamental en acontecimientos históricos de la trascendencia del Holocausto judío, por ejemplo, en el que los embustes acerca de las actividades de los judíos ayudaron a crear la mentalidad colectiva necesaria para que una nación como Alemania se arrojara en brazos del horror. Algo similar sucede hoy en el País Vasco, donde los embustes pretenden presentar a los verdugos de ETA como víctimas y aparentar que existe un conflicto entre España y el país Vasco cuando lo que hay es un problema de totalitarismo etnicista. Es asombroso comprobar cómo la telaraña de mentiras urdida por los defensores de ETA condiciona todavía el punto de vista de muchos ciudadanos de izquierdas europeos. Por eso, para que el lector francés pueda juzgar la ilegalización provisional del grupo político Batasuna, acordada por el juez Garzón y solicitada por el Parlamento español, más allá de los prejuicios y lugares comunes acumulados por treinta años de mentiras sistemáticas, creo necesario recordar algunas cosas.

La primera de todas las mentiras es considerar a ETA y su entorno como un movimiento de liberación nacional. Nada más lejos de la realidad. Su retórica pseudo izquierdista está emparentada con la que usaron en su día Mussolini o el partido Nacional Socialista Alemán y, como en estos casos, detrás de ella no hay más que odio étnico y terror. Hoy, como entonces, se atacan librerías, se dan palizas en las universidades y en las calles, se amenaza a los disidentes. Y se mata. Estamos pues ante un nuevo tipo de fascismo que se esconde tras la máscara de un falso movimiento de liberación.

La segunda mentira es una media verdad, que suele ser peor. Se dice que Batasuna va a ser ilegalizada por no condenar los asesinatos perpetrados por ETA. Ésa es una de las razones que se esgrimen pero hay más, mucho más, porque Batasuna no sólo no condena esos asesinatos sino que enaltece, alaba y homenajea a quienes los cometen. En los pueblos donde dicho partido gobierna se nombran hijos predilectos de la ciudad a los terroristas que fallecen, y se los considera un ejemplo para la población. Cada vez que se detiene a un terrorista, los militantes y dirigentes de Batasuna organizan manifestaciones para protestar por esa detención. Exigen que sean amnistiados (de hecho crearon una organización denominada Gestoras Pro-Amnistía) y empapelan las calles de las ciudades con carteles y pintadas en las que se les llama «Nuestros soldados» y se reclama su liberación. Practican un verdadero culto colectivo a la muerte y al asesinato. Yo mismo he podido comprobarlo en los años que he vivido en el País Vasco: cada vez que Batasuna salía en manifestación sus militantes coreaban a gritos por las calles las consignas de «Viva ETA», «Xakurra pim, pam, pum» («Policía, pim, pam, pum», en graciosa onomatopeya de una explosión) y «ETA, mátalos» (cuando pasaban ante la sede de algún partido no nacionalista o cuando se manifestaban frente a las concentraciones que realizábamos los pacifistas).

Los seres humanos no nacen con vocación de asesinos. Los asesinos se forman mucho antes de disparar el primer tiro, cuando se les hace desear las acciones que acabarán cometiendo y se van poniendo los medios para que puedan llevarlas a cabo. Transformar a un niño en un asesino requiere una pedagogía del terror, una educación en el crimen. Y ésa es la tarea que realiza Batasuna. En sus locales y tabernas se reparte propaganda que propaga el odio. Allí se guardan muchas veces los materiales para hacer explosivos caseros que se utilizan después en la llamada kale borroka, o sea, en las incursiones violentas de las modernas tropas de asalto pro etarras que aterrorizan a los ciudadanos del País Vasco. Muchos de los militantes de Batasuna pasan información a ETA sobre las costumbres diarias de las futuras víctimas de sus atentados. Muchos de los miembros de Batasuna han sido detenidos y condenados por pertenecer a ETA. Y en los órganos de dirección de Batasuna hay miembros condenados de ETA que nunca se han arrepentido de sus actos, de igual modo que Batasuna suele incluir en sus candidaturas electorales a miembros de ETA encarcelados que están pendientes de juicio. Es decir, no sólo no condenan lo que hace ETA sino que trabajan activamente para que pueda seguir haciéndolo.

¿Debe defender un hombre de izquierdas francés que se sufrague con dinero público a un partido político que realiza semejantes tareas de apoyo a un grupo terrorista? ¿Qué razón hay entonces para oponerse a que sean ilegalizados quienes defienden el derecho a pegar tiros en la nuca, poner coches bombas, dar palizas callejeras, hacer chantajes o secuestrar? ¿Razones de eficacia? Ciertamente, reducir la política a la eficacia es tan nefasto como supeditarla exclusivamente a la moral. Una política de mera eficacia lleva al abuso. Una política fiada tan sólo a la moral conduce al fanatismo. Es importante encontrar un punto de equilibrio. Perseguir a Batasuna y a cuantos contribuyen a preparar política e ideológicamente a los asesinos es moralmente necesario, porque con ello se defienden libertades esenciales: las de seguir vivo y opinar. Pero además puede ser eficaz, pues entorpece la formación de nuevas hornadas de fascistas.

A partir de ahora se acabó la impunidad para quienes defienden el odio étnico y el asesinato (expresado eufemísticamente como el derecho a «utilizar todos los medios de lucha», ya se sabe que los nazis siempre han sido dados a expresiones metafóricas como «dar una solución final a la cuestión judía»). Esa gente carga sobre sus conciencia más de ochocientos asesinatos, entre ellos una docena de niños, y más de dos mil heridos, muchos de ellos aquejados de mutilaciones y minusvalías que les acompañarán toda la vida. Estas cifras explican por qué la sociedad española, a través de su Parlamento, ha dicho basta a una situación que si se ha mantenido durante décadas ha sido tan sólo por la esperanza de que surgiera una voz desde las filas de Batasuna que lograra llevar a ETA hacia la paz. Dicha voz no ha aparecido.

Después de veintitrés años de vida legal, Batasuna (antes Euskal Herritarrok, antes Herri Batasuna) sigue siendo el semillero de

ETA, su colaborador político, su vocero, su defensor. Se dice que con la ilegalización no se va a conseguir nada. Está por ver. En todo caso, la democracia tiene derecho a defenderse políticamente del fascismo y está claro que el otro camino no ha llevado a ninguna parte. Y por lo menos los cómplices de los asesinos ya no podrán pasearse por las calles con esa chulería amenazadora con que llevan años haciéndolo. Sólo eso ya supone conquistar un pequeño espacio de libertad y de dignidad para un pueblo oprimido por el terror. Hace sesenta y seis años, las democracias europeas dejaron solo al pueblo español en su lucha contra el fascismo, en nombre del pragmatismo. Ojalá que la historia no vuelva a repetirse hoy cuando se combate contra esa nueva expresión de nacional-socialismo que representan ETA, Batasuna y el conjunto de organizaciones que las apoyan. Porque no se trata sólo de terrorismo (el terrorismo en este caso es un medio, un instrumento), se trata de una verdadera amenaza totalitaria que está enterrando a la sociedad vasca en una dictadura del miedo. Se trata de un combate que concierne en primer lugar a la izquierda.

Domingo 2 de febrero de 2003

EL PLACER DE LA GUERRA. La larga Guerra Fría se vivió en el imaginario colectivo en blanco y negro, como una interminable secuencia de *El tercer hombre*. El mundo se dividía en dos colores, en dos ideologías que lo tragaban todo y no dejaban espacio para los matices. Se estaba con unos o con otros y quien no estaba con unos es porque estaba con los otros. Esa división tan simplificadora de la realidad supuso muchas veces el sacrificio brutal de quienes, como Salvador Allende o Alexander Dubcek, intentaron buscar caminos alternativos para sus países, Chile y Checoslovaquia, respectivamente. Pero pese a todo se logró poner en marcha un movimiento de los países no alineados, con Yugoslavia y Suecia a la cabeza, que contribuyó a limitar el poder de las superpotencias.

Tras la caída del Muro de Berlín y el fin de la Unión Soviética, la gran sorpresa ha sido que la percepción oficial de la realidad, en vez de tornarse multicolor, llena de posibilidades, más sutil, dúctil y finalmente más real, se ha convertido en un filme en blanco y negro del que se han eliminado incluso las gamas de grises. No creo que sea casual que las dos primeras tragedias que acompañaron el proceso de desaparición del bloque comunista europeo fueran precisamente el asesinato del líder socialdemócrata sueco Olof Palme,[2] justo al inicio, y la desintegración de la antigua Yugoslavia con su rosario de guerras atroces como colofón.[3] En un mundo que pasaba de un precario equilibrio entre dos superpotencias al dominio imperial de una sola, las cabezas visibles de la no alineación eran eliminadas súbitamente. Una casualidad demasiado casual.

Allí donde muchos creímos ingenuamente que habría de comenzar un nuevo periodo de distensión y cooperación internacional no han hecho sino surgir nuevas guerras que parecen hijas del aberrante cruce entre barbarie y modernidad. Las nuevas tecnologías han terminado por convertir la guerra en un espectáculo más de la televisión, casi al modo del teatro de mimo del imperio romano, donde se ejecutaba a algún condenado a muerte en el escenario en que cada vez uno de los personajes de la obra debía morir. Ahora sí que estamos ante un realismo sucio. El nuevo armamento ha recibido calificativos como bombas «inteligentes», que serían para echarse a reír si no fuera porque sabemos que esa supuesta inteligencia deja el terreno lleno de cadáveres despanzurrados. Los militares aparecen, cultos y atareados, delante de pantallas de ordenador, como si la guerra no fuera otra cosa que un juego colectivo de Play-Station.

Pero el horror de estas nuevas guerras radica en que en ellas no se busca preservar a los civiles sino evitar las bajas entre la propia tropa. La brutalidad de la guerra se adjudica en exclusiva al enemigo. No hay más víctimas que aquellas que el enemigo asesi-

2. Olof Palme fue asesinado el 28 de febrero de 1986 mientras paseaba por las calles de Estocolmo. En esa época, el régimen comunista polaco se tambaleaba ante la ola de huelgas del sindicato Solidaridad, en lo que fue el inicio de la caída del bloque soviético. El crimen nunca ha sido resuelto.

3. Eslovenia y Croacia se independizaron en 1991. Macedonia y Bosnia-Herzegovina, en 1992. La antigua Yugoslavia quedó reducida a la unión de Serbia y Montenegro, hasta que en 2006 esta última se independizó también.

na (las que nosotros matamos son accidentales «daños colaterales»), ni más responsabilidad que la del adversario, culpable absoluto de cuanto mal acaezca, tanto si lo ha producido él como si es resultado de nuestras acciones. Así, libres de culpa, espectadores de una tragedia televisada como si fuera un partido de fútbol, los ciudadanos del imperio (incluidos los que habitamos en alguna lejana provincia del mismo) somos invitados a disfrutar del placer de la guerra en nuestros bares, tertulias familiares y eventos públicos. Porque hacer la guerra es para nosotros una causa justa y nada puede ser más placentero que defender el bien y la verdad. No es extraño que el secretario de Estado norteamericano parezca disfrutar con la guerra, como le reprochaba hace unos días el general Schwarzkorpf, héroe de la primera guerra del Golfo. La suya es la satisfacción del artista: está escribiendo una tragedia y dispone de un planeta entero para representarla.

Domingo 13 de abril de 2003

POR FAVOR, NO LO OLVIDEN. La guerra se está acabando, al menos la guerra de la que tenemos noticia a diario, la que ocupa cinco o seis páginas en cada periódico. Porque luego continuará la otra, esa que ya no es política ni informativamente interesante y de la que sólo se habla de tiempo en tiempo, como en Afganistán. Dentro de unos días será decretada oficialmente la posguerra y corremos el riesgo de que vuelva a ser verdad la frase terrible que escribió Karl Kraus al término de la Primera Guerra Mundial: «Los hombres toleran que haya guerra, pero no que la haya habido». Es el riesgo del olvido. ¿A quién le apetece recordar esta colección de horrores? Y, sin embargo, recordar es lo único que puede redimirnos, en cuanto españoles, de la abyección colectiva en que nos ha sumido el gobierno.

Porque en esa tendencia al olvido es en lo que confían los canallas que han organizado esta guerra. Soportan las críticas de hoy con la seguridad de que pronto serán cosa del pasado y acabarán por olvidarse. Nuestros gobernantes belicistas saben que no tienen nada que temer de un ejército como el iraquí, infinitamente inferior a la maquinaria militar estadounidense e inglesa. A quienes temen es a sus propios ciudadanos, a nosotros, que en las elecciones les entregamos o les negamos el poder que necesitan para llevar a cabo sus propósitos.

Por eso, no olviden el rostro satisfecho de Aznar en las Azores, cuando se puso plazo a la declaración de guerra. No olviden el cuerpo sin brazos de Alí, el niño que perdió sus extremidades y a su familia sin saber que lo suyo era tan sólo «un lamentable incidente». No olviden la pierna amputada del cámara de Tele 5, José Couso, ni que nuestro gobierno no ha querido exigir a las autoridades estadounidenses una investigación sobre su muerte. No olviden el rostro desencajado de Julio Anguita tras conocer la muerte de su hijo, ni los rostros desesperados de los civiles iraquíes que perdieron familias enteras a manos de los marines en controles de carretera. Ni el Ferrari del hijo de Saddam. Ni las multitudes hambrientas en Um Qasr. Ni aquellos bidones de pesticidas que quisieron hacer pasar por armas químicas. Ni las calles de Bagdad cubiertas de cascotes. Ni la bandera americana cubriendo la cabeza de la estatua de Saddam, seguramente por aquello de que «Irak es para los iraquíes». Ni las sonrisas que intercambiaban Bush y Blair cuando discutían el futuro de Irak tras la guerra. Ni las declaraciones del jefe de inspectores de la ONU cuando afirmaba que a Estados Unidos le entraron las prisas bélicas al ver que Irak empezaba a colaborar de verdad en las inspecciones. No olviden que cada vez que se dispara una bala en Irak, suena una caja registradora en las oficinas de las empresas armamentísticas de Estados Unidos, de Inglaterra... Y no olviden que el botín de guerra, esos jugosísimos contratos para reconstruir un país que previamente hemos reducido a escombros, ya se repartía entre los buitres de las multinacionales incluso antes de que empezara la batalla. A esa repartición es a la que quiere apuntarse el gobierno español, no lo olviden. Pero, sobre todo, no olviden que ésta ha sido la manera en que el señor Aznar ha querido que España «aumente su presencia en el mundo»: a costa de la vida de seres humanos inocentes y de mentir como un bellaco. En unas semanas comienzan los procesos electorales que sirven a los señores de la guerra como excusa para ignorar después la opinión de la inmensa mayoría de sus ciudadanos. Es ahí donde podemos pararles los pies. Por favor, no lo olviden.

Domingo 8 de junio de 2003

MENTIRAS. Ya lo dice el refrán: no hay peor ciego que el que no quiere ver. Y podría añadirse que no hay costumbre más frecuente entre los seres humanos que la de negarse a ver lo que nos inquieta, lo que nos molesta. Quizá en ella radique la explicación de las reacciones que en los últimos días se vienen produciendo ante la misteriosa desaparición de las armas de destrucción masiva cuya existencia sirvió de justificación para la guerra en Irak.

Han pasado las semanas y dichas armas no aparecen por ninguna parte, a pesar de que las buscan incesantemente una verdadera legión de expertos de las tropas invasoras, cuya objetividad, por cierto, nadie pone en duda, porque hacerlo supondría situarse de nuevo en el plano de la incomodidad.

Poco a poco, sin embargo, en la opinión de los líderes de Estados Unidos y de Inglaterra empieza a abrirse paso una pregunta cuya respuesta ha estado en la calle desde el principio: ¿Y si las citadas armas no existieran y la información manejada por Bush y Blair fuera falsa o estuviera manipulada? Porque ahora resulta que un informe del Pentágono señalaba la falta de pruebas de la existencia de las armas de destrucción masiva antes de la guerra, y el que fuera jefe de inspectores de la ONU, míster Blix, no se cansa de repetir que no halló rastro de tales armas y que las autoridades iraquíes habían comenzado realmente a cooperar con los inspectores justo poco antes de que el trío de las Azores decidiera invadir Irak.

No hace falta ser muy perspicaz para comprender que precisamente esa colaboración de las autoridades iraquíes fue el detonante de la guerra, pues con tal actitud se corría el riesgo de que se esfumara la gran excusa esgrimida por Estados Unidos y sus satélites para hacerse con el control de la reserva petrolera de Irak y de una zona geoestratégica fundamental en el Medio Oriente.

A la pregunta que ahora comienza a hacerse la clase política, con comisiones de investigación incluidas —«¿Nos mintieron?»—, la opinión pública ha respondido ya con un rotundo sí. Pero ¿de dónde sale esa certidumbre? Quizá del hecho de que los pueblos guardan todavía un poco de memoria y saben que la historia de la humanidad ofrece una colección completa de embustes y engaños perpetrados desde el poder para justificar acciones que convenían a intereses no declarados. Desde el hundimiento del *Maine*, que sirvió para que Estados Unidos declarara la guerra a España e impidiera que Cuba alcanzara la independencia al margen del control norteamericano, hasta las supuestas confesiones de los disidentes comunistas que fueron utilizadas por Stalin para consagrar su régimen de terror en la Unión Soviética. El hecho de desconfiar del poder no es fruto del resentimiento ni la manifestación de una psicosis social, como pretenden hacer creer los que están dispuestos a comprar cualquier explicación que los poderosos ofrezcan. Desconfiar del poder es una muestra de salud mental y democrática, es actitud inteligente. Al fin de cuentas, quienes están dispuestos a cometer la atrocidad de matar a seres humanos para lograr sus objetivos, por muy legítimos que éstos puedan parecerles, ¿por qué habrían de tener empacho alguno en mentir? ¿Qué importa una mentira cuando se está dispuesto a matar? La pregunta pendiente es si aquellos líderes, como nuestro belicoso Aznar o como Berlusconi, que se apuntaron con entusiasmo a la tesis de Bush y Blair, lo hicieron con un cínico afán de aprovecharse de un engaño que conocían o si fueron engañados ellos mismos. En cualquiera de los dos casos lo cierto es que su permanencia en el gobierno resulta muy arriesgada para sus ciudadanos, porque tan indeseable es ser gobernado por un sinvergüenza como por un necio.

Viernes 25 de julio de 2003

LA ESCORIA DEL TERROR. Una de las cosas que los políticos suelen olvidar es que toda acción política, independientemente de su bondad o legalidad, es una acción pedagógica. Los dirigentes de una sociedad no sólo la representan, para bien o para mal, sino que la educan ofreciendo sus actos como ejemplo. De ahí la importancia que los hechos tienen en la política, más allá de las palabras. Y aunque a veces los actos no logren su objetivo, establecen un ejemplo a seguir.

Esa labor pedagógica la ejercen tanto el gobierno como la oposición, tanto el Estado como las organizaciones subversivas. También los terroristas. En realidad los grupos terroristas llevan esa pedagogía a un extremo atroz: el culto a los hechos como único argumento. Matando demuestran que pueden matar y que por lo tanto existen, que tienen un poder que ejercen sin límites ni piedad, y que están en situación de condicionar la vida colectiva. Es la pedagogía del terror según la cual las reglas de la sociedad son violables, nadie está a salvo de la violencia y sólo la negación violenta de la realidad permite modificar ésta. Una pedagogía que divide a la población entre adeptos y enemigos.

Pero el efecto más terrible del terror, más allá de las muertes y del sufrimiento, es que corrompe las relaciones sociales. El terror introduce la vara de la violencia en la rueda de la democracia. Por eso el mayor éxito de un grupo terrorista radica en arrastrar al Estado de Derecho hacia acciones que violen su propia legalidad, como son la tortura, la creación de grupos paramilitares o la desaparición de ciudadanos sospechosos. Por eso el mayor éxito de ETA, en España, fue la creación de los GAL por parte de miembros del aparato del Estado. Cada secuestro, cada bomba, cada asesinato de los GAL era para el mundo etarra la demostración de la justeza de su lucha, pues se trataría de un combate de terror contra terror.

Ahora bien, ¿qué pedagogía ofrecían a la ciudadanía los GAL con sus actos? En primer lugar, que el derecho resultaba inútil para combatir al terrorismo y debía acudirse al ojo por ojo, y que existía un desprecio olímpico hacia la Ley y la Justicia. Ni más ni menos que lo mismo que propugna ETA. Los GAL funcionaron como la otra cara de ETA, su reverso. Y resulta llamativo ver cómo la pedagogía terrorista logró arrastrar al PSOE y a su gobierno a actitudes que en cierto modo eran un reflejo de las del mundo etarra. Que el ex ministro del Interior José Barrionuevo y otros altos cargos del Estado se convirtieran en secuestradores o que mandos de la lucha antiterrorista acabaran participando en el secuestros y asesinatos, son pruebas de esa siniestra emulación, de ese viaje al otro lado del espejo.

Pero fue precisamente durante los juicios a tales dirigentes cuando el mimetismo de la dirección del PSOE con el mundo etarra resultó tan penoso como sorprendente, cuando se estableció una siniestra pedagogía difícilmente aceptable por una ciudadanía democrática. Los discursos de los líderes socialistas se esforzaban en contextualizar los delitos de sus dirigentes procesados, como si la existencia de ETA justificara cualquier acción, de igual modo que en Batasuna se contextualiza «el conflicto» vasco para negarse a condenar los crímenes de los terroristas. Y a todo ello añadieron constantes acusaciones contra los jueces, tildados de injustos cuando no de servir a intereses espurios, tal y como hacen ETA y Batasuna sistemáticamente.

El fuego de la violencia terrorista ha amainado en los últimos años, cuando con la ley en la mano se ha puesto verdadero cerco a su mundo, pero ha dejado la escoria de su terrible pedagogía. La que lleva al presidente Aznar a violar la Constitución embarcando a España en una guerra ilegal con la amenaza terrorista como excusa, la que hace que delincuentes probados como Barrionuevo gocen todavía de un protagonismo en la vida política y tengan el descaro de pretender presentar como víctimas a los verdugos. Ahora Barrionuevo exige que se ponga en libertad al ex general Galindo y de paso arremete contra la actual dirección del PSOE, en un desvergonzado intento de aprovechar las aguas revueltas de la cruzada antiterrorista internacional para convertir las sentencias por sus crímenes en papel mojado. Pero aquellas sentencias constituyeron una necesaria pedagogía de igualdad ante la ley. Ojalá que las exigencias de Barrionuevo no encuentren oídos en el gobierno ni en su partido porque, a veces, entre la escoria quedan algunas brasas escondidas y el mal viento de una decisión injusta puede reavivar el fuego de la violencia.

Viernes 29 de agosto de 2003

LA DESCONFIANZA ES UNA VIRTUD DEMOCRÁTICA. El Ministerio de Defensa español sigue siendo una fuente de sobresaltos. Una nueva fuga de información ha permitido saber que el infatigable equipo de asesores del ministro elabora un borrador de la Ley de Movilización que pretende que todos los ciudadanos españoles mayores de edad puedan ser movilizados forzosos en caso de «conflicto armado, situación de amenaza o agresión a la seguridad de España y de sus aliados». ¡Qué empeño por militarizar España! Ahora se trata de transformar a la población entera en tropa guerrera para salvar la patria no sólo en caso de guerra sino ante peligros muchos más difusos. ¿Cómo se define una «situación de amenaza»? ¿Quién lo decide? El verdadero problema es que, incluso si la ley no sale adelante ahora tal como se ha anunciado, las ideas que la sustentan son las que se manejan con entusiasmo en un ministerio singularmente delicado: el que juega con la vida y la muerte. Ideas peligrosas que ponen sobre el tapete un debate que va más allá de las propuestas concretas: ¿hasta dónde se puede llegar invocando la salvación de la patria y cuál es el margen de confianza que la ciudadanía debe conceder a sus gobernantes en las situaciones excepcionales?

Porque la invocación de la patria en peligro ha sido desde antiguo la excusa esgrimida por el poder para acallar y controlar la sociedad. Fue la amenaza de la división espiritual del país la que invocaron los Reyes Católicos para implantar en el año 1480 la Inquisición española, cuyo reinado de terror duró más de tres siglos. La patria asediada por ejércitos enemigos llevó a Robespierre a crear los Tribunales Revolucionarios, en 1793, los cuales acabaron «guillotinando» cualquier forma de disidencia. En la naciente Unión Soviética, la guerra civil fue la excusa para acabar con el pluripartidismo e instaurar un sistema de partido único que duró setenta años. Y en 1938, el Congreso de Estados Unidos estableció la Comisión para las Actividades Antiamericanas, cuyo principal objetivo era perseguir a los simpatizantes nazis, pero que varios años después se convirtió, bajo la dirección del senador MacCarthy, en una inquisición que instauró de hecho un régimen autoritario en el seno de la democracia estadounidense durante más de una década, bajo la excusa de perseguir a los comunistas.

En todos los casos, la invocación de la patria en peligro, acompañada de medidas extraordinarias que alteraban el orden legal establecido, ha dado lugar a terribles abusos de poder. Y bien cabe decirse que, al fin de cuentas, ésa es la vocación de todo poder, incluidos los democráticamente elegidos: acumular cada vez más influencia y eliminar los obstáculos que encuentra en su ejercicio. Una tendencia que ningún ciudadano consciente debería ignorar pues supone una amenaza constante a la libertad.

En el caso actual, resulta particularmente inquietante que el Ministerio de Defensa pretenda que el gobierno disponga de tal modo de las vidas de sus ciudadanos en casos de excepción, cuando el presidente Aznar ha dado pruebas fehacientes de que, para él, la excepcionalidad es un chicle que puede estirarse hasta que en su definición quepa cualquier cosa: una guerra fraguada sobre mentiras, como la de Irak, por ejemplo. Y tampoco ha dudado en violar la propia Constitución Española metiendo al país en una guerra con el pretexto de que los compromisos internacionales avalan esa decisión.

Es frecuente, en la promoción del liderazgo político, que la credibilidad del dirigente de turno sea alabada o criticada. Toda una inconsciente revelación de las aspiraciones del poder, porque la credibilidad es la capacidad de convencer a los demás de las intenciones de uno, pero no implica en absoluto que esas intenciones sean auténticas ni que sean honestas. Es pues una virtud teatral. El mensaje está claro: se nos invita a aceptar la comedia que el líder representa. A la ciudadanía le queda decidir si está dispuesta a vivir la política como un teatro y a convertirse, en consecuencia, en espectador de un destino amañado. Por eso la desconfianza sistemática hacia el poder es una virtud democrática y una necesidad cuando es de la guerra, ni más ni menos, de lo que se discute. Aunque se la disfrace con otro nombre. Un pueblo no puede darse el lujo de pecar de ingenuo ante las decisiones de sus gobernantes, porque la lección suele aprenderse con sangre.

Domingo 14 de septiembre de 2003

NI SOMBRA DE ARREPENTIMIENTO. Sobrecogen las imágenes de dolor de los ciudadanos neoyorkinos reunidos en la Zona Cero de Manhattan para recordar a las víctimas del atentado de las Torres Gemelas. Es un dolor ordenado, discreto, lleno de símbolos y de respeto. Todo lo contrario del dolor que la televisión trae también de otras zonas cero del mundo, derruidas por los disparos del ejército de los Estados Unidos o de sus aliados de Israel. Escombros, mujeres desesperadas, gestos convulsionados de rabia, cuerpos ensangrentados y llevados a hombros apresuradamente. Caos, miseria y miedo. Y en medio de unas y otras, la imagen del pasado que viene a poner el punto sobre las íes de tan diversos infiernos: la del bombardeo del Palacio de la Moneda, en Chile, durante el golpe de Estado que acabó con el gobierno y con la vida de Salvador Allende en 1973.

Porque si las víctimas de las Torres Gemelas eran inocentes, el sistema político de su país no lo es. Los sucesivos gobiernos de Estados Unidos, a lo largo del siglo XX y en los inicios del XXI, han sido responsables directos de la desdicha, la muerte y el sufrimiento de millones de seres humanos a lo largo y ancho del atribulado planeta Tierra. Desde crímenes en masa, como las dos bombas nucleares arrojadas sobre población civil en Japón con el pretexto de adelantar el fin de la Guerra Mundial, hasta la formación de torturadores de las más diversas dictaduras latinoamericanas en sus escuelas militares, los gobiernos de Estados Unidos han recurrido a todas las formas de terror posibles en su lucha contra sus adversarios militares o políticos. Durante décadas pertrecharon a la extrema derecha europea y americana, arrasaron con napalm buena parte de la península de Indochina, organizaron, financiaron y apoyaron decenas de golpes de Estado, violaron el derecho internacional invadiendo países o financiando invasiones (Nicaragua varias veces, Panamá, Granada, Cuba en la bahía de Cochinos). Auparon al poder a genocidas como Pinochet o Videla y apoyaron a dictadores como Batista. Impidieron que se pusieran en práctica las resoluciones de la ONU sobre los derechos del pueblo palestino y ampararon las matanzas perpetradas por el ejército de Israel en el Líbano. Sembraron una cosecha de odio planetaria, injiriéndose en los asuntos de otros países en su pulso prolongado con la Unión Soviética, que mantuvo similares políticas de signo contrario en el bloque comunista (con su apoyo a los golpistas húngaros y checos o la invasión de Afganistán). Y para ello no dudaron en fabricar verdaderos monstruos de crueldad, como Osama Bin Laden o el general Noriega, o en apoyar a otros como Saddam Hussein, en virtud de la regla según la cual los enemigos de mis enemigos son mis amigos. Una regla que es un verdadero monumento a la estupidez humana, como bien han demostrado los hechos. O quizá sea algo peor: una muestra de un oportunismo despiadado que se niega a considerar la gravedad de las consecuencias de unos actos que pueden parecer convenientes en un momento dado.

El mundo hierve de odio y Estados Unidos es uno de los principales responsables de que sea así. Hace treinta años su gobierno se encargó de dejar bien claro que no pensaba aceptar ningún cambio social por la vía pacífica, como pretendía Allende. Con tan pírrica victoria no ha conseguido otra cosa que abrir las puertas a la desesperación de la violencia. Hoy todos cargamos con sus consecuencias, pero ellos no muestran ni el menor asomo de arrepentimiento. Peor para todos.

Domingo 12 de octubre de 2003

SI EL CHE VIVIERA... Los mitos de nuestro tiempo son mitos de juventud y de rebeldía. Aquellos héroes de las postrimerías del siglo XX que se han convertido en iconos de referencia colectiva no sólo tuvieron una vida atormentada y conflictiva sino que fallecieron prematuramente. Tal es el caso de James Dean, encarnación de una juventud incómoda. También el caso Marilyn Monroe, cuya autodestrucción constituye en cierto modo un postrer acto de rebeldía, una trágica manera de escapar del papel de muñeca moderna que la ahogaba. Y desde luego lo es también el de Ernesto «Che» Guevara, el héroe de la revolución cubana, de cuya muerte como guerrillero en Bolivia se cumplen treinta y seis años esta semana.

Cuando fue asesinado en la población de La Higuera por los militares del ejército boliviano que le habían hecho prisionero, el Che tenía treinta y nueve años, de modo que su vida mitológica lleva camino de ser tan larga como lo fue su vida biológica. Más aún, se diría que la vitalidad del mito del Che no ha hecho más que crecer y goza hoy de mejor salud que nunca. Pero, como suele suceder, el mito desfigura la realidad de la peripecia humana que le dio origen.

El Che se ha convertido en un símbolo multiuso, omnipresente en cualquier ciudad del mundo. Insignias, pegatinas, camisetas, gorras, pósters, lencería, publicidad de tabaco o de bebidas, encendedores... El rostro del revolucionario argentino está por todas partes y encarna la imagen misma de una Cuba que, en su caso y paradójicamente, va más allá de la Revolución por la que murió. Este gran estómago que llamamos capitalismo, capaz de digerirlo todo, ha convertido la imagen del Che en un negocio más de la era de las imágenes.

Pero el Che representa mucho más que una foto. El uso y abuso de su nombre y rostro permiten encontrarlo sobre el pecho de un hincha ultra de fútbol, de un cabeza rapada, de un sindicalista de izquierdas, de una cantante de rock o de un aspirante a terrorista vasco. ¿Qué pensaría el Che si se levantara de su tumba? Hombre riguroso en la disciplina revolucionaria, es posible que considerara todo ello excesivo. Nunca pareció tentarle el poder, al contrario de otros compañeros de revolución, como dejó bien claro al abandonar el gobierno y la isla y partir rumbo a la aventura boliviana. Pero el haberse transformado en San Ernesto de la Izquierda (como irónicamente le llama el trovador cubano Frank Delgado) podría ser demasiado tentador. Con toda seguridad el hecho de verse invocado por los nuevos nazis del terrorismo vasco le revolvería las tripas. Claro que la gran pregunta es otra: ¿qué habría sido del Che si viviera? Quizá, como especula Frank Delgado en su concierto grabado en La Habana en 1997, «*fuera un arquetipo / de ese tipo que alimenta su leyenda / un redentor*», pero quizá se hubiera transformado en «*un ornamento sin talento / un represor del sentimiento / una escoria que viviendo de su historia / inmoviliza las ideas*». Porque la revolución que alumbró ha ido oscureciéndose con el tiempo, esa criatura que todo lo cambia y transforma.

¿Y si el Che viviera? Una pregunta sin respuesta, pero no gratuita. Los hombres no estamos hechos a la medida de nuestros sueños y es fácil que acabemos atropellados por ellos. Por eso es bueno devolver a los héroes su condición de hombres, apearles del pedestal del mito y contemplarles en su contradictoria humanidad para aprender de ellos. Es la única manera de no sustituir la alienación del poder establecido por una alienación nueva. Eso quizá no sea interesante para los fabricantes de camisetas, pero debería serlo para la izquierda.

Sábado 25 de octubre de 2003

LOS INQUISIDORES DE LA LIBERTAD. Hace unos días visitaba con unos amigos la Conciergerie de París, la antigua prisión en la que pasaron sus últimos momentos muchas de las víctimas del Terror durante la Revolución Francesa. Entre los retratos de Robespierre, Danton y Desmoulins vi también el de madame Roland. Cuando fue condenada a la guillotina, Manon Roland, una mujer valiente y apasionada defensora de la misma Revolución que la mandaba al patíbulo, cuentan que murmuró una frase que, desdichadamente, sigue teniendo una tremenda actualidad: «Libertad, ¡cuántos crímenes se cometen en tu nombre!». No se trataba de una abjuración de sus ideales democráticos sino del lúcido lamento de quien advertía que los más altos principios pueden embarrarse en el fango de la intolerancia. Ese mismo día, vi por televisión las declaraciones del presidente Bush sobre Irak, en las que prometía al pueblo iraquí perseverar en su lucha por la libertad, y me pregunté cuántos iraquíes no murmurarán con fatalidad hoy la misma frase que madame Roland.

Las tres palabras de la divisa «Libertad, igualdad, fraternidad», tras dos siglos de uso y abuso, casi han perdido su sentido. En nombre de la libertad y de la igualdad, contrapuestas cual si fueran antónimos, se cometieron todo tipo de crímenes durante la Guerra Fría. Y en nuestro mundo posmoderno y neosecular, en nombre de la fraternidad, rebautizada como solidaridad, se han perpetrado aberraciones morales y semánticas del tipo «guerra humanitaria».

Si se quiere que palabras como libertad vuelvan a ser instrumentos de progreso para la humanidad es indispensable limpiarlas de las excrecencias intolerantes que han ido deformándolas. Y para ello quizá el primer paso sea reconocer que han existido y existen verdaderas inquisiciones perpetradas en su nombre. Porque la intolerancia anida en cualquier ecosistema ideológico. Existe una intolerancia de la libertad como han existido intolerancias de Dios, de la Justicia o de la Igualdad. Y todas ellas se nutren de un mismo principio: se justifican con las mejores intenciones (salvar almas, defender derechos humanos, redimir a los hombres de la pobreza) y se caracterizan por la aplicación inmisericorde de unos principios abstractos situados por encima de los hombres concretos. Se mata, persigue y destruye por el bien de aquellos a los que se mata, persigue o destruye. En otras palabras, se emplea cualquier medio porque se considera que el fin que se persigue autoriza a ello.

Cuando los fines perseguidos son manifiestamente odiosos (racismo, xenofobia, discriminación sexual), no resulta difícil percibir lo que esa actitud tiene de inquisitorial. El problema es cuando los fines que se proclaman son aquellos que uno puede compartir, aquellos que uno considera buenos para la sociedad. La dificultad está en oponerse a quien practica la intolerancia en nombre de la tolerancia. Y no me estoy refiriendo a los necesarios recortes de libertad que la defensa de la libertad impone a quienes atentan contra ella (recortes que se establecen por vía legal y que tienen su mejor y más acertada expresión en la persecución legal de los entornos terroristas, como el caso de Batasuna). Me refiero a quienes recurren al espantajo de la guerra, que es la violación misma del derecho internacional, como instrumento de defensa de dichos valores.

Lo peor de la intolerancia es que resulta extremadamente contagiosa. E incluso quienes batallan contra ella en ciertos ámbitos pueden caer en sus malos vicios en otros. Un ejemplo de esto es el de la premiada Susan Sontag, que sigue empeñada en obligar a Gabriel García Márquez a pronunciarse sobre la situación de Cuba en los términos que ella cree oportunos. Sus requerimientos tienen mucho de conminación y parten de una certidumbre de estar en posesión de la verdad que no deja de ser inquietante. La realidad es siempre mucho más matizada que los principios morales, y si éstos son necesarios para orientarse en ella no menos cierto es que pueden llevarnos a peligrosas simplificaciones si se consideran como los únicos instrumentos de debate y medida. Entre los derechos humanos está también el de debatir cuando y con quien uno quiera. Exigir estatutos de limpieza de sangre democrática no es más que la manifestación de una mentalidad inquisitorial, aunque dicha inquisición se realice en nombre de la libertad.

Martes 25 de noviembre 2003

EL TERMÓMETRO MORAL DEL ANTISEMITISMO. Desde hace ya cinco siglos, uno de los indicadores más eficaces de la salud política y moral de nuestra sociedad (me refiero no sólo a la española sino a todas las que cabría denominar de cultura cristiana, de Rusia a Argentina) es el grado de antisemitismo presente en ella. Más aún, el antisemitismo se ha convertido en el verdadero termómetro moral de los tiempos modernos. Baste pensar que a finales del siglo XIX fue el caso Dreyfus (en el que se acusó injustamente a un oficial judío del ejército francés de espiar para Alemania, lo que dio pie a una violentísima ola antisemita) el que cambió la fisonomía política de Francia y dio lugar al nacimiento de la palabra intelectual, para definir a los escritores y artistas que tomaron partido en el debate.

No es pues de extrañar que la reacción del presidente Chirac haya sido ahora, cuando aumentan las agresiones a la comunidad judía francesa (los actos contra los judíos representaron los dos tercios del total de los actos racistas cometidos en Francia en el año 2002), la de promover la «represión ejemplar» de cualquier acto antisemita. Porque si el antisemitismo señala el grado de enfermedad moral de nuestra sociedad, la capacidad de respuesta de las autoridades da idea también de hasta qué punto el organismo social tiene preparadas sus autodefensas. Por eso han sonado las alarmas, políticas y mediáticas, en el seno de la Unión Europea, después de la reciente publicación de una encuesta según la cual el

59 por ciento de los europeos considera que «Israel es el país que más amenaza la paz mundial», seguido a corta distancia de Irán, Corea y Estados Unidos.

La memoria atroz de cinco siglos de antisemitismo militante, desde que los Reyes Católicos expulsaran a la comunidad judeo-española no convertida, da motivos más que sobrados para estar alerta. De los progroms polacos o rusos de los siglos XVIII y XIX hasta el genocidio nazi, la comunidad judía europea ha sido diezmada sin piedad y su persecución ha representado una amputación cultural cuyas nefastas consecuencias todavía hoy pagamos. Una persecución que fue, entre otras cosas, la negación violenta de esa posible Europa trasversal, por encima de las fronteras nacionales, por la que hoy aboga afortunadamente la Unión Europea.

El problema es que la historia no se detiene y es necesario no detener el pensamiento. El antisemitismo de hoy se da en un contexto social, moral y político radicalmente diferente al de otras épocas. En primer lugar, porque hoy existe el estado de Israel. En segundo, porque tras el Holocausto el antisemitismo ha pasado a ser una actitud residual dentro de las sociedades occidentales. El caso español es paradigmático de ese cambio de mentalidad: el Defensor del Pueblo, Enrique Mújica Herzog, pertenece a una familia judía. Y no encuentro imagen más hermosa y reparadora históricamente que la de un judío que defiende los derechos del pueblo de cuyo seno fue expulsada su comunidad hace quinientos años. Si bien no hay que minimizar los riesgos del antisemitismo y la necesaria persecución de sus posibles brotes, cabe aclarar que no es ya ése el gran problema político y moral de nuestro mundo.

La opinión manifestada en la encuesta europea no tiene que ver con el pueblo judío sino con el estado de Israel. Y el uso que el gobierno de Sharon ha hecho de ella revela cuál es el verdadero problema. Uno de los tristes males de la condición humana es la frecuente utilización del dolor de las víctimas de ayer para justificar a los verdugos de hoy. Tal es el caso del Estado de Israel. Como Estado constituido y miembro de la comunidad de naciones, Israel debe estar sujeto a crítica y por ello no puede considerarse sistemáticamente antisemita a todo aquel que censure sus políticas. Por la misma lógica, cabría decir que la mayoría de los europeos encuestados son anti-musulmanes (que, dicho sea de paso, es otra nefasta actitud de nuestra sociedad cuyas raíces vuelven a remontarse al pasado español, con la expulsión tantas veces olvidada de la comunidad morisca española, ciento diecisiete años después de la expulsión de los judíos), anti-asiáticos o anti-norteamericanos. Más aún, es la actual política del gobierno de Israel, con su represión y apartheid contra el pueblo palestino, como ha señalado el prestigioso historiador israelí Avi Shlaim, la que más activamente está contribuyendo a reavivar las brasas del antisemitismo residual europeo. Denunciar esa política no sólo no es un acto antisemita sino que representa el mejor homenaje que puede rendirse a las víctimas del antisemitismo. Porque el Estado de Israel no es el pueblo judío. Y confundirlos no sólo es una manipulación interesada, es también una irresponsabilidad.

Jueves 11 de marzo de 2004

LAS RAÍCES DEL TERROR. La televisión sigue emitiendo imágenes de los vagones del tren reventados y los cuerpos cubiertos por mantas. Una y otra vez vuelven los rostros aturdidos de los supervivientes de las bombas que hace unas horas han sembrado el caos en Madrid. Es difícil tomar distancia ante el terror cuando el ruido de las explosiones todavía resuena en los oídos y el dolor aturde. Pero es necesario porque uno de los mayores peligros de la violencia es precisamente ése: que anula el pensamiento y lo reduce todo a pura emoción. La masacre de esta mañana en Madrid ha traído el terror en estado puro al corazón de España y, por ende, al de Europa. Su brutalidad ciega, su inesperado horror, causan en un primer momento un estupor similar al que despiertan las catástrofes naturales; sin embargo, el terror no es fruto del destino ni del azar, sino resultado de una voluntad humana de odio y destrucción. El terror nace de la actividad de los hombres, tiene raíces, pasado, historia. Y es importante situarlo en esa perspectiva para poder escapar de su trampa irracional, pues sólo desde la razón puede combatírsele.

Dos son las hipótesis sobre la autoría de la masacre que se manejan en estas primeras horas: de un lado, la organización terrorista vasca ETA; del otro, la organización terrorista islámica Al Qaeda. Las raíces históricas de ambos terrorismos en España son bien distintas.

ETA es una organización que actúa desde hace treinta años y tiene ya en su haber casi mil asesinatos y más de tres mil heridos y mutilados. ETA nació en los años sesenta, en plena dictadura de Franco, como expresión radical del pensamiento nacionalista vasco. Criticada por sus métodos violentos, pero justificada en parte por su lucha contra la tiranía, ETA fue considerada dentro y fuera de España, hasta el advenimiento de la democracia, como una organización de extrema izquierda. Sin embargo, la llegada de la libertad, en medio del lento y contradictorio proceso de la Transición política, entre 1975 y 1977, no sólo no detuvo la actividad violenta de ETA sino que dio pie a unos años de incesantes y brutales atentados que mantuvieron en jaque a la joven democracia española y estuvieron a punto de dar al traste con ella, al convertirse en la justificación para el intento de golpe de Estado organizado en 1981 por sectores del ejército y de la Guardia Civil. Además, la existencia hasta el año 1987 de un terrorismo de Estado organizado por altos cargos militares y políticos del Estado español, no sólo puso en jaque también al Estado de Derecho, sino que contribuyó a mantener, por reacción, la base social de la organización terrorista que pretendía combatir.

Nacida en el seno del movimiento nacionalista vasco, cuyo partido más representativo es el PNV, ETA bebió en un principio de dos fuentes ideológicas: el patriotismo vasco, que ya en su origen de finales del siglo XIX tenía un fuertísimo componente racista y xenófobo, y la estrategia guerrillera del Che Guevara. Como le ocurre a todo organismo vivo, el tiempo no ha pasado en vano para ETA. Su empecinamiento en el uso de la violencia, ignorando los cambios políticos y sociales habidos en España (que pasó de una dictadura a una democracia y estableció un sistema de autonomías que proporcionó al País Vasco unas cotas de autogobierno como nunca había tenido en su historia), ha generado, bajo las mismas siglas de ETA, una organización que bien poco tiene que ver con aquella que luchó contra Franco. Trágica prueba de ello es el hecho de que muchas de sus víctimas actuales y de las personas que viven bajo su amenaza en el País Vasco son precisamente antiguo militantes de la ETA antifranquista, que abandonaron el terrorismo con la llegada de la democracia. La ETA de hoy ha generalizado la violencia y la amenaza permanente contra cualquier forma de disidencia del pensamiento nacionalista, imponiendo una auténtica dictadura del miedo. Su culto a la muerte, su actitud represiva y totalitaria y el sustrato xenófobo de su acción (que busca una limpieza étnica del País Vasco) la han convertido en la expresión de un nuevo fascismo. Debido a ello, junto a la desaparición del terrorismo de Estado y a la persecución judicial de quienes lo organizaron, su base social ha ido decreciendo constantemente. Las reformas legales que en los dos últimos años han castigado al entramado político y social que apoyaba y proporcionaba militantes y dinero a ETA, han terminado por debilitarla al punto que su final ha pasado de ser un simple sueño a una hipótesis razonable.

En cuanto a Al Qaeda, la verdad es que hasta la guerra de Irak su actuación en España se había limitado a la utilización del territorio español como base de preparación de sus acciones, entre ellas el terrible ataque del 11 de septiembre de 2001. España es destino de emigración de cientos de miles de ciudadanos musulmanes, por razones geográficas, dada la proximidad de su costa a la de Marruecos. Pero España ha sido desde hace siglos también una referencia para el mundo árabe por razones históricas. Durante setecientos años fue el territorio en el que coexistieron, a veces en paz y muy a menudo en guerra, reinos cristianos y musulmanes. Precisamente, la construcción nacional española se realizó sobre la expulsión de la comunidad judía, en 1492, y de la comunidad musulmana, en 1609. Desde entonces, esas dos raíces amputadas de la identidad española han pesado como heridas sobre la cultura y la historia de España, y se han prolongado a través de la guerra del imperio español contra los turcos y en la dominación colonial sobre Marruecos.

Sin embargo, durante la segunda mitad del siglo XX, el Estado español ha ido rehaciendo vínculos con ambas culturas, manteniendo buenas relaciones con el mundo árabe y reconociendo al Estado de Israel, hasta el punto de haberse convertido en un activo mediador de los conflicto de Oriente Próximo. Una política a la que puso drástico punto final el presidente Aznar al alinearse con Bush y Blair y declarar la guerra a Irak en la célebre reunión tripartita de las Azores.

Dos terrorismos pues de raíces bien distintas. Uno agonizante, el de ETA, gracias a la acción política, social y judicial de la sociedad española. Otro que no ha hecho más que comenzar tras el cambio de la diplomacia española hacia el mundo árabe, que ha supuesto la implicación de España en la guerra de Irak. Como es obvio, la valoración política de la masacre de Madrid será bien diferente según sea uno u otro el autor de la misma.

Lunes 15 de marzo de 2004

MADRID, VÍCTIMA DEL HORROR Y DEL ERROR. Si hay algo que causa espanto es la capacidad de los seres humanos para generar sus propias desgracias. Como si no fuera bastante la manera brutal con que la vida tantas veces nos lacera y aniquila, en el seno de la humanidad abundan los fabricantes de desdichas, los creadores de infiernos, los mensajeros de la muerte y del odio. La peor amenaza de sus obras no es, contra lo que pudiera parecer, el dolor que generan sino su insidiosa capacidad para despertar en el corazón de sus víctimas los mismos sentimientos de violencia, odio y brutalidad que les animan a ellos. Por eso lo acaecido en Madrid en estos trágicos días del 11 al 14 de marzo tiene una importancia que va más allá de la actualidad informativa e incluso de las fronteras de España, porque la respuesta del pueblo español a los atentados que han dejado casi doscientos muertos y más de mil quinientos heridos no ha sido un grito de odio ni de guerra, sino la reclamación de paz y la exigencia de sensatez a sus gobernantes.

No es fácil controlar las emociones cuando se contempla el sacrificio de tanto inocente. E inocentes eran las víctimas de Madrid, ciudadanos que acudían un día más a su trabajo en una línea de

trenes de cercanías que conecta con el centro de la capital los arrabales obreros, entre ellos el barrio del pozo del Tío Raimundo (en
cuya estación murieron sesenta y siete personas), cuna del movimiento obrero madrileño y reducto comunista desde los años de la
dictadura de Franco. Trabajadores españoles y también trabajadores extranjeros, doblemente víctimas por sus adversas condiciones
sociales (muchos de ellos carecían de papeles en regla) y por haber
recibido en su cuerpo un castigo que, en la mente de los asesinos,
iba dirigido contra el gobierno de España, el mismo que hasta ese
momento los había mantenido en la ilegalidad con una política de
inmigración cicatera.

Es España es un país tristemente acostumbrado a levantarse con
la mala noticia de una matanza terrorista, pues los terroristas son
asesinos madrugadores: a esas horas logran mayor presencia en los
medios de comunicación. Vidas por publicidad, ése es su macabro
trueque. El 11 de marzo, las radios y las televisiones anunciaron el
atentado en medio de la confusión, pero casi de inmediato comenzó a cundir la sensación de que nos hallábamos ante algo diferente.
Tantas bombas colocadas en trenes llenos de trabajadores, sin que
las precediera ningún aviso y sin que se pudiera adivinar un objetivo político (entre las víctimas no había militares, ni policías, ni políticos, ni militantes de partidos no nacionalistas, ni periodistas, ni
funcionarios de prisiones, es decir, los objetivos habituales del terrorismo vasco): ETA nunca había actuado así anteriormente.

Es difícil explicar cómo surge la conciencia de un engaño cuando no hay pruebas materiales. Una sombra de sospecha comienza
a expandirse. Entre las imágenes terribles de los cuerpos desmem-
brados y los vagones de tren reventados como latas de conservas,
entre supervivientes ensangrentados y bomberos, policías y simples ciudadanos que sacaban como podían a los heridos de entre la
chatarra, los miembros del gobierno aseguran algo que cada minuto resulta menos creíble: que ETA es la autora de esa masacre. No
es que nadie dude de la crueldad y la falta de escrúpulos de la organización terrorista vasca, sus miles de víctimas están bien presentes
en la memoria, sino que todos sabemos ya cuáles son sus métodos.
ETA mata de otra manera. La cobra mata por envenenamiento, el

león no. Así de simple. La realidad, esa molesta impertinente. ¿Por qué entonces el empeño en achacar a ETA la matanza? La pregunta surge por sí sola, entre el pasmo y la creciente indignación. Y las elecciones del día 14 vienen a dar la respuesta: porque si los asesinos representaban la aparición en España de un nuevo tipo de terrorismo, además del que ya padecemos, el electorado podía castigar a quienes habían propiciado con su política que España se convirtiera en su objetivo de ese terror.

Es la primera vez que el terrorismo islámico ha elegido territorio español como blanco de sus acciones. El año pasado se emitió una primera señal cuando, al poco de la que los gobiernos de Estados Unidos, Gran Bretaña y España declararan la guerra contra Irak, un centro cultural español en la ciudad marroquí de Casablanca fue objeto de un atentado. Pero el gobierno de Aznar se negó a vincular aquellos hechos con su apoyo a la guerra. La matanza del 11 de marzo ha venido a recordarle sangrientamente que sí existía tal vínculo. Y una vez más, los fabricantes de horrores se cobraron en los cuerpos de los inocentes la venganza que habían jurado contra un gobierno que no dudó en considerar justa y necesaria (o sea, «inevitable», en el lenguaje amoral de los poderosos del mundo) la matanza de varios miles de civiles inocentes iraquíes en la guerra, como precio a pagar por la lucha contra el terrorismo. Una consigna, que ha recorrido España de manifestación en manifestación estos días, lo expresa muy elocuentemente: «La guerra es vuestra, los muertos son nuestros». Un divorcio entre el país y el gobierno que inevitablemente tenía que resolverse del único modo en que tales divorcios se resuelven en democracia: mediante las urnas.

Para hacerse una idea de hasta qué punto la política internacional adoptada por el gobierno de Aznar a partir del 2001 ha resultado temeraria e irresponsable, basta repasar lo que han sido las relaciones de España con el mundo árabe. Durante siete siglos, España fue el territorio en el que coexistieron conflictivamente reinos cristianos y musulmanes. La construcción nacional española, basada en la expulsión de la comunidad judía no convertida al cristianismo, y de toda la comunidad musulmana, incluidos los conversos, hizo que todavía se hallen descendientes de los exiliados por aquella trágica limpieza étnica en Marruecos, Túnez y Argelia, andaluces orgullosos de su origen. Un capital de afecto que compensa el resentimiento histórico generado por los continuos enfrentamientos con el islam durante el imperio español y la posterior guerra de independencia de Marruecos, a principios del siglo XX.

Precisamente una de las tareas históricas de la modernidad española ha consistido en reparar las profundas heridas culturales que supuso la amputación del componente judío y árabe de la identidad española. Más de medio siglo de paciente diplomacia consiguieron finalmente convertir a España, con independencia incluso del carácter de sus distintos gobiernos, en un agente de concordia y diálogo entre Israel y el mundo árabe gracias a las buenas relaciones que se supo establecer con ambas comunidades. Una política de mediación y no beligerancia sustentada en la reparación histórica y también en el realismo, pues España es la principal puerta de entrada a Europa de la inmigración marroquí. El giro en política internacional impuesto por el gobierno Aznar, que se alineó incondicionalmente con el militarismo de George Bush, ha dado al traste con esos logros. De un lado, creó tensiones sin precedentes con el vecino Marruecos, de las que su más patética expresión fue la disputa militar de un triste islote. De otro, convirtió a España en un país beligerante en Irak, despertando así lo peor de la memoria histórica árabe (no es casual que Al Qaeda hable de «cruzados» y de «viejas deudas a saldar») y abriendo las puertas a la posibilidad de convertir el territorio y los intereses españoles en objetivos del terror. El 11 de marzo, esa posibilidad se hizo realidad y los españoles pagamos con sangre el precio de una política errónea.

Después de estos acontecimientos, nadie en España propone la pasividad frente al terror, pero el electorado, al apoyar el programa del Partido Socialista, ha elegido una vía diferente para combatirlo, una vía acorde con los valores de libertad y respeto de los derechos humanos por los que tanto se luchó bajo la dictadura franquista. Pocos pueblos hay en el mundo tan comprometidos en la lucha contra el terrorismo como el español. Pocos también que tengan tanta experiencia sobre las dificultades para combatirlo. Por eso la lucha contra ETA puede ser un buen punto de reflexión a la hora de luchar contra Al Qaeda. En España hemos aprendido que cuando se elige la vía de la ilegalidad (como cuando se llevó a cabo un terrorismo de Estado en los primeros años de la naciente democracia para combatir a ETA), se consigue el efecto contrario del que se buscaba: la represión ilegal sólo genera más violencia y refuerza a los terroristas. El principio del fin de ETA ha comenzado desde que se la persigue respetando el Estado de Derecho, con instrumentos legales que no sólo acosan a los que aprietan el gatillo sino también a quienes les dan cobijo, ayuda material o apoyo económico y propagandístico para reclutar nuevos militantes. De igual modo, la elección de una vía ilegal, como ha sido el recurso a la guerra, y la ausencia de una política de distensión en el conflicto entre israelíes y palestinos, no hacen más que alimentar al terrorismo que dicen combatir. Quizá iniciativas como la posible retirada de las tropas españolas de Irak puedan contribuir a forzar un cambio de estrategia global que saque a la comunidad internacional de la temible espiral de responder a la muerte con más muerte.

Falta por saber si el espanto vivido por la población el 11 de marzo, incluidos los habitantes del País Vasco, puede servir a medio plazo para que en el seno de quienes apoyan a ETA se acreciente la conciencia de que el terror no produce más que un inútil espectáculo de sangre y dolor. Probablemente no se puedan evitar nuevos horrores, ya sean de ETA ya de Al Qaeda, porque matar es fácil cuando se está dispuesto a matar a cualquiera, pero al menos está en nuestras manos remediar los errores que contribuyen a que el horror encuentre excusas para sus acciones y comprensión entre los desesperados del mundo. Eso se ha empezado a hacer en las elecciones españolas del 14 de marzo. Ojalá que las expectativas despertadas no se vean frustradas unas vez más por las conveniencias de la clase política.

Viernes 3 de septiembre de 2004

UNA RESPUESTA CIVILIZADA A LA CRISIS DEL VELO. El terrorismo despierta lo peor de la condición humana no sólo en quien lo ejecuta sino también en muchos de quienes lo padecen o temen padecerlo. Por ello, la respuesta del gobierno de Francia al secuestro en Irak de los periodistas franceses Christian Chesnot y Georges Malbrunot tiene una especial importancia. Es la demostración de que se puede escapar de la lógica del terror incluso en los momentos de máxima tensión. Más aún: cuando se consigue salir del infernal círculo violento de acción-reacción, se abre paso una lógica social alternativa que provoca efectos contrarios a los buscados por los terroristas. En un primer e inevitablemente apresurado balance de lo vivido hasta hoy en la crisis por la prohibición del velo islámico en las escuelas públicas francesas, puede ya decirse que el secuestro de Chesnot y Malbrunot ha actuado como un boomerang contra sus secuestradores.

El debate sobre la ley que prohíbe el uso ostentoso de símbolos religiosos en las escuelas públicas lleva meses protagonizando la vida política francesa. Se temía que tras la puesta en práctica de la ley un movimiento de desobediencia civil, por parte de los integristas religiosos y particularmente los islamistas, alterara gravemente la vida escolar. Sin embargo, el pasado jueves, con el inicio del nuevo curso la ley comenzó a aplicarse en un ambiente de unidad nacional, proclamación de tolerancia y acatamiento legal que nadie habría previsto tan sólo un mes antes. Y ha sido precisamente el secuestro de Chesnot y Malbrunot lo que ha hecho que incluso las organizaciones islámicas francesas más militantemente contrarias a dicha ley reclamen hoy su acatamiento por parte de la comunidad musulmana de Francia. Con gran lucidez, la comunidad musulmana francesa ha comprendido que su legítimo derecho a discrepar de una ley no puede anteponerse al derecho a la vida y que, por consiguiente, en tanto la vida de los secuestrados esté amenazada, sus reivindicaciones deben quedar relegadas a un segundo plano. La comunidad musulmana francesa ha dado un paso de gigante en la integración social de Francia con el reconocimiento de la legalidad laica del Estado y su proclamación de acudir exclusivamente a vías legales, pacíficas y políticas para intentar modificar la ley. Eso significa ni más ni menos que la aceptación del Estado de Derecho por encima de las propias creencias religiosas, cuya práctica el propio Estado laico garantiza al remitirlas a la es fera de la privacidad de cada cual sin que puedan convertirse en medida para las conductas públicas. Exactamente lo contrario a la sociedad islamizada que sangrientamente predican los terroristas de Al Qaeda o del Ejército Islámico de Irak.

El maratón diplomático emprendido por el gobierno de Francia, que se ha dedicado a mover ministros, embajadores y contactos en todo el mundo árabe en vez de adoptar posiciones de grandilocuente pasividad a la manera de un Silvio Berlusconi; las gestiones de tres altos representantes de la comunidad musulmana francesa en Bagdad, para lograr la liberación de los secuestrados; es decir, la acción conjunta del Estado francés y de la comunidad en cuyo nombre dicen actuar los terroristas, es una respuesta civilizada al terrorismo que difiere radicalmente de la histeria homicida con que reaccionan otros gobiernos, como los de Estados Unidos e Israel.

El resultado final del secuestro sigue siendo incierto cuando escribo estas líneas, pero al menos sabemos ya que los objetivos políticos de los terroristas han fracasado estrepitosamente. Francia ha demostrado que se puede ser firme en los principios sin necesidad de ser belicista. Una lección que sería bueno no olvidar. Porque cuando las máximas autoridades del mundo consideran legítimo declarar la guerra a un país y causar miles de víctimas civiles entre su población, como inevitable precio a pagar por la consecución de nobles objetivos, están de hecho abriendo la puerta para que cualquiera, en cualquier rincón del planeta, en nombre de ideales y objetivos a su juicio también nobles y legítimos, recurra a la violencia y sacrifique las vidas de tantos inocentes como estime necesarias. Ése es el gran problema: una vez se abre la puerta de la violencia colectiva no hay modo de impedir que cualquiera pueda atravesarla concitando apoyos que en un contexto mundial de políticas de no violencia difícilmente lograría. La máquina de la guerra es la apoteosis de la barbarie y genera una lógica propia, gemela de la lógica terrorista, que va siempre más allá de las buenas intenciones que la pusieron en marcha. Basta mirar el panorama mundial: el mundo es hoy mucho más inseguro y el terrorismo islámico mucho más activo que antes de la guerra de Irak.

Domingo 26 de septiembre de 2004

SE NECESITAN HÉROES CIVILES. Escribo desde uno de los confines de Italia. Sentado a esta mesa veo la calma azul del mar Adriático, pero la pantalla del ordenador sólo me trae noticias de dolor y muerte. Las fauces de la tragedia se ciernen sobre los cuerpos de Simona Pari y Simona Torretta, las dos jóvenes italianas secuestradas por un grupo terrorista en Irak y convertidas en chivos expiatorios de las culpas de otros. La clase política italiana frunce el ceño con preocupación, el gobierno de Silvio Berlusconi busca palabras grandes como capas con las que abrigarse del viento frío de la muerte. Los secuestradores ladran sus motivos y amenazas en internet. Y, en otros confines de Italia, las familias Pari y Torretta asisten al espectáculo planetario de su desesperación convertida en consumo de masas.

Escribo sin saber todavía qué ha sido de Simona y Simona, cuánto se prolongará aún la agonía. Escribo desde la certidumbre de que la falta de piedad se ha convertido en reina del mundo, pero con la esperanza de que por una vez no se cumpla su terrible dictado. Escribo temiéndome lo peor. E intento prepararme para soportar el insoportable espectáculo de los depredadores disputándose los cuerpos de las víctimas. Porque, si sucede lo peor, los asesinos no se contentarán con arrebatarles la vida, todavía escupirán mentiras e insultos sobre sus tumbas, ciegos a la evidencia de que las suyas son vidas de solidaridad y paz, ajenas por completo a la guerra. Más aún, enfrentadas a la idea misma de la guerra. Claro que ¿cómo podrán comprender los asesinos que alguien sea ajeno a la guerra cuando ellos, como perros de la destrucción y la violencia, viven y se nutren de ella? Las vidas humanas se han convertido en simple moneda de cambio para obtener objetivos políticos.

Temo ya escuchar las palabras del presidente del gobierno italiano hablando de la necesidad de no ceder al chantaje del terrorismo. Al oírle, no podré evitar preguntarme por qué, si los inocentes han de sacrificar sus vidas como consecuencia de sus decisiones políticas, no ofrece cambiar las vidas de los secuestrados por las de miembros de la dirección de su partido, seguramente deseosos de sacrificarse por la patria y de evitar con su sacrificio la muerte de otros. Claro que la vida propia es algo muy concreto. No, él lo que compartirá será el dolor y seguramente no insistirá en las palabras de su ministro Fini, que tildaba de «poncios pilatos» a los pacifistas, porque las sucias tareas de porquerizo no le corresponden, él se reserva la pomposa piedad del señor feudal.

Como escritor, pagaría por poder leer dentro de la cabeza del señor Berlusconi cuando se lamenta por la muerte de inocentes en Irak. Me gustaría saber si no le viene la necesidad de pedir perdón por haber ayudado a crear el infierno iraquí. Me gustaría saber qué clase de muros ha construido dentro de sí para poder lamentar las muertes de ciudadanos italianos como si no tuvieran nada que ver con las decisiones que él ha tomado y sin relacionarlas con los miles de civiles iraquíes inocentes muertos, víctimas tanto de la guerra desatada por Estados Unidos e Inglaterra, apoyada incondicionalmente por su gobierno, como de la ocupación de Irak, en la que participan tropas italianas (las autoridades iraquíes impuestas por los ocupantes reconocen tres mil víctimas, tan sólo entre abril y mayo de este año, pero otras fuentes hablan de una cifra cuatro veces mayor).

En alguna oficina del infierno deben de disponer ya del listado de los responsables de esos miles de víctimas que también tenían nombres propios e ideas y sueños y familias y una vida rota de repente por la muerte. Esos miles de Simonas cuyo lejano anonimato es la condición indispensable para que gobiernos como el italiano puedan seguir justificando sus actos. Esos treinta mil ojos cegados que, parafraseando al gran poeta chileno Pablo Neruda, aguardan ya para mirar eternamente el rostro de quienes decretaron su necesaria muerte.

Escribo frente al mar Adriático y sé que mis palabras sirven para muy poco. Si acaso para dejar constancia de una certeza: necesitamos una nueva clase de héroes. Hombres y mujeres como Simona Pari y Simona Torretta, héroes civiles cuyo sacrificio no se construye sobre la muerte de otros sino sobre la voluntad de paz. Llevamos siglos adorando la muerte en la figura de los héroes militares, hombres con las manos manchadas de sangre. Pero el valor, el verdadero valor, el valor extraordinario no está en arrasar a bombazos un país, matando inocentes porque alguien ha asesinado a otros inocentes, sino en arriesgar la vida como las dos Simonas para demostrar que del círculo infernal de la violencia sólo se sale cuando una de las partes decide no devolver sangre por sangre sino vida por muerte. Aunque sea al precio de arriesgar la propia.

Martes 2 de noviembre de 2004

UN MUNDO PEOR. El país más poderoso y rico del mundo sigue siendo incapaz de dotarse de un sistema electoral eficiente y claro, de modo que cualquier valoración sobre los resultados de las elecciones de Estados Unidos de 2004 es inevitablemente provisional. Todavía quedan once días de dudas y recuentos de votos, discusiones sobre máquinas taladradoras de papeletas y reflexiones acerca de cómo es posible que Estados Unidos se parezca más en sus procesos electorales a una república bananera que a un país europeo. Lo que se sabe, de momento, es que el presidente Bush va ganando las elecciones y, de confirmarse, será reelegido. Una perspectiva de futuro que sólo puede mover a sombrías reflexiones.

Lo que en un principio parecía síntoma de una mejoría de la salud democrática estadounidense, el espectacular incremento del porcentaje de participación en las elecciones (en torno al 60 por ciento del electorado ejerció su derecho al voto), se ha empañado por el provisional resultado de los comicios. Para decirlo en pocas palabras: el pueblo americano ha refrendado con sus papeletas la política de su presidente, pues aunque pueda haber perdido votos electorales, Bush ha obtenido la mayoría del voto ciudadano. Es decir, la mayoría de los votantes norteamericanos muestran su acuerdo con el uso de la mentira como instrumento político, con declarar la guerra a países que no tenían vínculos con el terrorismo, como era el caso de Irak, con la limitación de los derechos civiles, con la creación de espacios al margen de la legalidad como la prisión de Guantánamo y, más genéricamente, con el uso de la violencia como principal instrumento de la política exterior, al margen de las Naciones Unidas. Que todos esos despropósitos, a los que habría que sumar el diseño de una política militar y energética al servicio de intereses económicos privados, fueran llevados a cabo por un presidente electo de manera más que dudosa en el año 2000, podía ser un accidente en la vida democrática americana. El hecho de que el pueblo los ratifique con su voto cuatro años más tarde revela que se trata en realidad de una enfermedad que amenaza la existencia misma de la democracia en los Estados Unidos.

En ocasiones, como bien nos recuerda la historia de Alemania con el ascenso por vía electoral al poder de Hitler, los pueblos se equivocan, se dejan guiar más por el miedo que por la inteligencia y terminan suicidando su propia libertad a través del instrumento que debería asegurarla: las elecciones. Lo terrible es que, cuando se trata de naciones poderosas, su suicidio democrático supone la destrucción y la muerte de muchas otras naciones. Irak ha sido la primera de las víctimas de la enfermedad totalitaria que crece en el seno del organismo americano. Habrá que ver cuáles serán las próximas y hasta qué extremos de belicismo será capaz de llegar el presidente Bush ahora que cuenta con el respaldo explícito de su pueblo. En cualquier caso, la primera misión de los gobiernos europeos debería ser la de evitar acompañar a Estados Unidos en semejante deriva, realizando una política exterior independiente. No se trata de enemistarse con el país aliado, pero sí de proteger a la población europea de los terribles efectos de ese mundo peor que Bush se esfuerza tanto en construir. En la mayor parte del mundo, la victoria de Bush se vive como un fracaso colectivo, aunque estoy seguro de que, en algún lugar secreto, su archienemigo Bin Laden debe estar brindando con champaña (para eso es rico). No podía haber encontrado un adversario más útil para generalizar la lógica del terror en el planeta.

Jueves 11 de noviembre de 2004

UNA SEMILLA DE ODIO EN EL REINO DE LA TOLERANCIA. El pasado 2 de noviembre, un radical islamista asesinaba en Ámsterdam el director de cine Theo van Gogh, autor de un filme sobre los abusos contra mujeres cometidos en nombre del islam que le valió amenazas de muerte. Desde su asesinato, se ha desatado en Holanda una espiral de violencia y miedo, con ataques a mezquitas e iglesias, que ha culminado en la detención de varios terroristas en La Haya, tras un intenso tiroteo que dejó varios heridos y que hizo pensar en los sucesos acaecidos en el pueblo madrileño de Leganés a los pocos días de los atentados del 11 de marzo. En el caso de La Haya, la refriega no concluyó con el suicidio de los terroristas sino con su detención, pero plantea una inquietante pregunta: ¿cómo es posible que una sociedad aparentemente equilibrada, como la holandesa se vea sacudida no sólo por atentados terroristas sino también por una oleada de odio religioso y étnico?

Lo primero que llama la atención es que la tranquilidad de la sociedad holandesa tenía más de aparente que de real. Como otros países de la Unión Europea, Holanda ha conocido un gran crecimiento de la inmigración, por lo que hoy en día cuenta con cerca de un millón de musulmanes entre su población (el 5,5 por ciento de los 16 millones de habitantes del país). En los últimos años han sido frecuentes los altercados callejeros, protagonizados unas veces por jóvenes musulmanes que agredían a ciudadanos blancos holandeses y otras por grupos de blancos autóctonos que atacaban a familias de inmigrantes. Hace dos años, el político derechista holandés Pim Fortuyn fue asesinado por sus críticas a la minoría inmigrante musulmana, pero el asesino era un ecologista blanco holandés y la conmoción por el crimen no se tradujo en violencia.

Ahora, el asesino de Theo van Gogh (quien acababa de terminar precisamente una película sobre Pim Fortuyn, titulada 06/05), ha resultado ser un joven de veintiséis años nacido en Ámsterdam pero de origen marroquí y llamado Mohamed Bouyeri. Los actos de venganza no se han hecho esperar y a los ataques a las mezquitas de Breda, Huizam y Róterdam han seguido contraataques a iglesias cristianas en la misma Róterdam y en otras ciudades. Una espiral de violencia que tiene en alerta a la policía y que responde al lamento del alcalde socialista de Ámsterdam tras el asesinato de Van Gogh: «Es terrible que este crimen haya sucedido en una ciudad como ésta, que se precia de ser abierta y acogedora». Evidentemente, el objetivo del terrorismo islámico es hacer desaparecer los espacios de coexistencia pacífica y diálogo entre el mundo occidental y la cultura musulmana. Holanda, con su numerosa minoría musulmana y sus 465 mezquitas censadas, ha resultado ser un territorio propicio para sus objetivos.

Por un lado, la integración de la inmigración está lejos de ser plena. De hecho, las autoridades calculan que hay casi medio millón de inmigrantes que no hablan el holandés, aunque llevan años residiendo en el país, y que viven en una suerte de sociedad aparte. Tolerados más que integrados. Sin embargo, no deja de ser llamativo que precisamente Mohamed Bouyeri fuera un joven que hablaba correctamente el holandés y había sido un buen estudiante. Es la prueba de que el proselitismo radical islámico es capaz de revertir la integración de los más preparados, aprovechándose precisamente de la irritación que provoca en éstos la falta de integración del resto y el odio que diariamente refleja la crónica de la violencia que reina en países árabes como Palestina o Irak. Mezquitas como la de El-Tawheed, en Ámsterdam, que según algunas fuentes frecuentaba Bouyeri, difunden propaganda radical islámica, y la policía calcula que unos doscientos jóvenes musulmanes de Holanda se hallan en estos momentos en contacto con grupos terroristas islámicos. Unos contactos que la libertad de movimientos en el seno de la Unión Europea facilita y que, según los últimos datos (al parecer Bouyeri tenía relación con el marroquí Abdeladim Akoum, detenido hace un año en Barcelona por su vinculación con el atentado contra la Casa de España en Casablanca), hacen sospechar de la existencia de un amplio movimiento terrorista islámico a nivel europeo. La policía holandesa ha detenido ya a ocho sospechosos y los contactos con la policía española se han intensificado, pero falta una respuesta conjunta europea a un fenómeno de terror global que no puede ser combatido con eficacia en cada país por separado. En todo caso, el camino más sensato no parece ser el de apuntarse al discurso belicista de moda, como ha hecho el ministro de Finanzas holandés al afirmar que su gobierno debe «declarar la guerra a los radicales que amenazan». Tratar al terrorismo como enemigo militar es darle un rango guerrero que de alguna manera les ennoblece ante sus posibles seguidores. Los terroristas no son más que delincuentes y deben ser perseguidos como tales, con la ley en la mano.

Martes 8 de marzo de 2005

EL NACIMIENTO DEL ESTADO POSDEMOCRÁTICO. No creo que nadie dude de que el mundo está en plena transición. El cambio se inició en 1989 con la caída del Muro de Berlín y el nacimiento de las sociedades excomunistas o poscomunistas, que se abrían al mercado libre y a la pluralidad política. Pero desde el derribo de las Torres Gemelas, en 2001, el cambio ha llegado también a este lado del antiguo Telón de Acero, liderado por Estados Unidos, y comienza a afectar ya a partidos políticos europeos, particularmente a aquellos que militan en la derecha más proestadounidense, como el Partido Popular español o el partido de Berlusconi. Ese proceso de cambio, que toma como excusa la lucha mundial contra el terrorismo, está empezando a conformar un nuevo tipo de Estado al que podría definirse como ex democrático o posdemocrático. Creo que merece la pena apuntar algunos rasgos que diferencian este proceso del desarrollado en el Este de Europa.

En primer lugar, si en los países excomunistas la libertad ha ganado espacio, aunque todavía estén lejos de ser democracias plenas (tan consolidadas y extensas como la francesa o la alemana, por ejemplo), en el naciente estado ex democrático se van cerrando espacios de libertad y limitando garantías civiles, y se empieza a dibujar un nuevo autoritarismo, diferenciado de los totalitarismos conocidos hasta hoy por el uso de una retórica democrática. En él, la libertad real es inversamente proporcional a su mención en los discursos políticos.

En segundo lugar, el discurso oficial del cambio en los países ex comunistas rechaza la sociedad comunista precedente; mientras que el proceso de cambio en el estado ex democrático se enmascara tras un discurso de aparente continuidad de la sociedad democrática que está desmantelando. Algo lógico pues, para poder asentar un nuevo poder político que vacíe de contenido desde dentro las

instituciones y la legalidad democráticas, se precisa llevar a cabo
la tarea simulando que lo que se busca es precisamente defender la
democracia: exactamente lo contrario de lo que se hace. Y hacerlo
además concitando el apoyo de una mayoría electoral aglutinada
por el miedo y el odio, que como bien se ha visto en las cárceles de
Irak y de Afganistán, son compañeros inseparables. La sustitución
de la realidad por el discurso (en el que juegan un papel fundamental la propaganda y la mentira a través de los medios audiovisuales)
es imprescindible para que tal estrategia tenga éxito.

En los últimos cuatro años hemos asistido a los primeros pasos
en la construcción del Estado posdemocrático en Estados Unidos.
La principal característica del naciente Estado, en mi opinión, es la
configuración de espacios «alegales»: zonas de actuación del poder
estatal que no están sometidas a ningún control legal o, a lo sumo,
lo están a un tipo de control de apariencia legal pero sin la engorro-
sa independencia judicial: por ejemplo, el recurso a tribunales militares o tribunales de excepción, configurados ad hoc desde el propio aparato del Estado. La prisión de Guantánamo es su ejemplo
más claro: una zona de castigo sin límite que está más cerca de la
arbitrariedad de las mazmorras del medievo que de la más elemental democracia. Que a estas alturas se discuta si se tiene derecho o
no a mantener en prisión por tiempo indefinido a personas sobre
las que no pesa ninguna acusación formal, da una idea de hasta qué
punto los defensores del nuevo estado ex democrático han sabido
hacer propaganda de sus nuevos ideales. El no sometimiento de Estados Unidos al Tribunal Penal Internacional es otra prueba de esa
búsqueda de espacios alegales, no reglados, en los que hacer un uso
incontrolado del poder.

La creación de esos espacios alegales (deudores de experiencias
apadrinadas por anteriores gobiernos de Estados Unidos, como la
«desaparición» de opositores bajo los regímenes militares de Chile
y Argentina) se combina con la utilización de la Seguridad Nacional como excusa para limitar los derechos civiles de los ciudadanos estadounidenses o para sobrepasar o soslayar las resoluciones
de las Naciones Unidas (cuyo cumplimiento escrupuloso tan sólo
es exigido a aquellos países considerados enemigos). Todo ello en

una estrategia que alterna el respeto y la trasgresión de la legalidad al calor de los intereses tácticos del momento.

El primer embajador de ese Nuevo Orden Político, el presidente George Bush, visita ahora Europa con el propósito de recomponer relaciones. Falta ver si esa recomposición se va a hacer mediante la aceptación por parte de la Unión Europea de las situaciones de facto provocadas por el emergente Estado posdemocrático o si las «viejas democracias» de Europa pueden contribuir a evitar que la deriva autoritaria emprendida por Estados Unidos se consume. Pero como la mentira es la primera herramienta del Nuevo Orden Político, convendría dejar las palabras que Bush pronuncie en suspenso, a la espera de sus acciones en los próximos meses.

Miércoles 4 de mayo de 2005

¿UN GUANTÁNAMO EN ANDALUCÍA? La ferocidad del panorama internacional, con sus atentados, masacres, torturas, secuestros y guerras hace que los ciudadanos esperen de sus gobernantes actitudes responsables y prudentes, por mucho que tales actitudes puedan molestar a terceros. Que la política internacional diseñada por el gobierno de Aznar fue de una temeridad suicida quedó trágicamente demostrado el 11-M, y su derrota electoral supuso el castigo ciudadano a su irresponsabilidad. Pero la coherencia del gobierno de Zapatero al retirar las tropas españolas de Irak (coherencia con su programa pero sobre todo con la ciudadanía española, mayoritariamente opuesta a la guerra) indignó al gobierno de Estados Unidos. Zapatero supo anteponer la indignación de sus compatriotas a la de su aliado. Una decisión difícil y problemática, pero necesaria.

Desde entonces, la diplomacia española no ha hecho más que intentar recomponer, también de forma responsable, las relaciones con Estados Unidos. Simultáneamente, el gobierno estadounidense ha aumentado la presión para que el gobierno de España se implique en otras tareas de la llamada «guerra contra el terrorismo» que Bush libra por todo el planeta. Recientemente, el comandante en jefe de las fuerzas de Estados Unidos en Europa, el general James Jones, ha declarado que se está estudiando la posibilidad de transformar la base estadounidense de Rota en el único puesto avanzado de sus unidades de operaciones especiales. En otras palabras, transformarla en la base de acción contra Al Qaeda en África.

Se echa a rodar, pues, la pelota del cambio de estatus de Rota, que ha servido ya de base para algunas de dichas operaciones especiales pero que de esta manera se convertiría en la punta de lanza de la política antiterrorista estadounidense en nuestro continente. A buen seguro, el estudio de esa posibilidad (en la que se deja abierta la puerta a que la base operativa esté en Rota o en Sicilia) pronto dará paso a iniciativas más firmes y explícitas. Por ello conviene preguntarse hasta qué punto ese nuevo protagonismo de Rota concuerda con los intereses de España.

El problema principal proviene precisamente del carácter de la política antiterrorista diseñada por el gobierno de Bush, pues ésta se basa en la combinación de la legalidad y la ilegalidad según una u otra se acomode mejor a sus intereses estratégicos. Ese cínico comportamiento (exigencia del cumplimiento a rajatabla de acuerdos, leyes y disposiciones internacionales a los gobiernos considerados «enemigos» e incumplimiento a conveniencia de los mismos acuerdos, leyes y disposiciones por parte de Estados Unidos cuando le interesa) hace que la política internacional del gobierno Bush se haya tornado poco fiable. Hoy pueden releerse con sonrojo los comentarios de la prensa a favor de la resolución contra Irak, aprobada en su día por la ONU, resaltando la hábil manera en que su ambigua redacción había permitido cortar el paso a las intenciones militaristas estadounidenses, pero sin desairarlas. Meses después, Bush invocaba esa misma resolución para declarar la guerra, interpretándola a su capricho. Evidentemente, la victoria diplomática había sido de los partidarios de la guerra que estaban dispuestos a manipular cualquier documento de condena que se aprobase. La ambigüedad resulta peligrosísima cuando una de las partes tiene ya decidida su acción y no busca más que excusas para llevarla a cabo.

Pero la marea de la guerra ha traído después los restos del naufragio de los derechos humanos en las cárceles aliadas de Afganistán e Irak, y en la prisión de Guantánamo, donde prestigiosas organizaciones humanitarias como Human Rigths han denunciado las torturas sistemáticas, fruto no de la conducta desviada de algunos soldados sino de las directrices dadas por las autoridades de Estados Unidos en su terrorífica guerra contra el terror. Una guerra en la que un millar de detenidos sospechosos de terrorismo simplemente han «desaparecido», enviados a cárceles secretas, en el mejor estilo de las dictaduras militares chilena y argentina que Estados Unidos apoyó tan eficazmente en los años setenta del siglo pasado. Es la actitud del gobierno de Bush, al considerar los espacios militares de Estados Unidos fuera de su territorio como espacios al margen de la legalidad, la que hace pensar que el nuevo estatus de la base de Rota resulta incompatible con los intereses españoles. Porque la necesaria cooperación en la lucha contra el terrorismo exige plenas garantías de parte estadounidense de que la base de Rota no va a regirse por ese espíritu de «todo vale». La recomposición de relaciones con Estados Unidos no puede significar que tras dar un paso adelante se den dos atrás. Y lo último que España necesita en su lucha contra el terrorismo (por cierto, mucho más sólida, eficaz y respetuosa de los derechos del hombre que la estadounidense) es encontrarse con un Guantánamo en Andalucía. Por cierto, ¿estamos seguros de que ninguno de los detenidos «desaparecidos» está en las instalaciones de Rota?

Viernes 24 de junio de 2005

POLÍTICOS EN FUGA. Vistos desde fuera de España, la actitud y el discurso del Partido Popular hacen pensar en la hecatombe, en una crisis brutal, en un país sumido en el terror, la dictadura y el caos social. Después, toma uno el avión, aterriza en Madrid, habla con la gente y encuentra un ambiente de plena normalidad, polémico como corresponde a una sociedad compleja que vive en libertad. La pregunta surge de inmediato: ¿por qué el PP se empeña en inventarse un país en ruinas que no existe?

La respuesta no puede ser más desalentadora: porque sus dirigentes lo necesitan. El espejismo de la democratización de la derecha española, tras la desaparición de la UCD, ha durado tan sólo seis años: los dos que precedieron a su llegada al gobierno en 1996, cuando hizo de la crítica a la Razón de Estado (encarnada en los GAL) su bandera, y los cuatro de su primera legislatura gobernante, en los cuales, al no disponer de mayoría absoluta, fue capaz de establecer un diálogo respetuoso con otras fuerzas políticas y, particularmente, con los partidos nacionalistas. Seis años de centro derecha democrático que dieron paso a cuatro años (los del gobierno Aznar con mayoría absoluta, mayoría que en España tiende a transformase en «gobierno absoluto») de derecha pura y dura: autoritaria, arrogante y belicista. Pero, eso sí, rabiosamente a la moda. Al igual que su admirado presidente Bush, extrema derecha gobernante del mundo, el Partido Popular puso en práctica la política de alabar fanáticamente en su discurso aquello que se niega o destruye en la práctica. Así, invocando la Libertad, convertida en excusa para todo, se pueden arrasar naciones y crear mazmorras medievales como Guantánamo. Así, el Partido Popular convirtió la Constitución en tótem intocable, pervirtiendo su esencia al usarla no para unir a la ciudadanía sino como arma arrojadiza contra sus adversarios políticos, al mismo tiempo que la violaba impunemente al declarar de hecho la guerra a Irak con el ultimátum de las Azores.

Las consecuencias más trágicas de la nueva política internacional de Aznar llegaron el 11-M. Y entonces la arrogancia, acuñada durante cuatro años de «gobierno absoluto», dio lugar al más burdo espectáculo de manipulación y miseria moral que ha conocido la joven democracia española: dos días de esfuerzos denodados, por parte del gobierno Aznar, para intentar convencer a la opinión pública de que había sido ETA la autora de la matanza.

La ciudadanía castigó el engaño con una sonada derrota electoral, pero desde entonces el Partido Popular ha pasado del «gobierno absoluto» al ejercicio de una oposición política de «embuste absoluto». Han hecho de su defecto virtud, convirtiendo la mentira en regla de su acción política. Los dirigentes del Partido Popular mienten sobre el 11-M y sobre las propuestas de Zapatero en la lucha antiterrorista, y mienten a las víctimas del terrorismo para utilizarlas (al igual que hicieron con la Constitución, atentando así de nuevo contra uno de los elementos que deberían unir, en lugar de dividir, a la sociedad española) como arma arrojadiza contra el gobierno socialista. Insultan, amenazan, se rasgan las vestiduras por cualquier cosa... porque no hay límite.

Son políticos en fuga, huyen hacia delante perseguidos por el peor enemigo: su propia conciencia. La conciencia de saber que fueron incapaces de prever las consecuencias de sus actos políticos (la conversión de España en diana prioritaria del terrorismo islámico), no tomaron las precauciones necesarias para evitar el horror del 11 de marzo y apoyaron la guerra de Irak, y sobre sus espaldas pesan también los millares de muertos de esa tierra lejana que contribuyeron a arrasar, con su cobertura política y diplomática, en nombre de mentiras sobre amenazas mundiales y armas de destrucción masiva. Es tan abrumador el peso de lo que los Aznar, Acebes, Zaplana y Rajoy han hecho que no pueden detenerse. Parar la máquina de las mentiras les obligaría a tener que aceptar alguna verdad, por pequeña que fuera, y eso haría venirse abajo su castillo de embustes. Antes prefieren romper la baraja. No hay espacio para la verdad en estos líderes, como no lo hubo tampoco en los Felipe González y Barrionuevo tras los GAL.

Hay fronteras que no se pueden traspasar, porque después no hay vuelta atrás. Hace falta demasiado valor y honestidad para saber reconocer un error que ha costado tantas vidas humanas. Y la mayoría de nuestra clase política carece de ambos. ¿Hasta qué abismo están dispuestos a arrastrarnos los actuales dirigentes del PP en su irresponsable sendero de embustes y manipulaciones? Ojalá que el electorado democrático de centro derecha, como hizo en su día el socialista, ponga pronto fin a su fuga y dé paso a una nueva generación de políticos capaz de consolidar la derecha democrática que España necesita.

Martes 30 de agosto de 2005

EL ANTISEMITISMO Y LOS TRAFICANTES DEL DOLOR. Suele decirse que no hay nada a lo que deba temerse más que al propio miedo. Cabría añadir que tampoco hay nada que obnubile la razón tan eficazmente como el dolor. Quizá porque el dolor se acompaña del miedo y engendra odio, una alianza letal. Son tantos los muertos, tantos los heridos, tantos los torturados, tantos los exiliados, tantas las vidas arruinadas por el antisemitismo a lo largo de los siglos, que no tiene nada de raro que el veneno de ese cóctel de dolor, miedo y odio emponzoñe cualquier disputa en la que estén de algún modo presentes sentimientos o actos antisemitas. Prueba de ello es la agria polémica que se vive estos días entre los gobiernos de Israel y de Francia, a cuenta de las agresiones antisemitas que sufren los judíos franceses y de la recomendación que Ariel Sharon ha hecho a la comunidad judía francesa para que haga las maletas y abandone en pleno Francia, rumbo a la tierra prometida de Israel.

Francia guarda memoria de la vergonzosa entrega a las tropas nazis, por parte del gobierno colaboracionista de Petain durante la Segunda Guerra Mundial, de miles de sus ciudadanos judíos, que acabaron en los hornos crematorios de los campos de exterminio. Quizá por ello, la clase política, con el presidente Chirac a la cabeza, se ha lanzado a un activo combate contra los nuevos brotes de antisemitismo. Fruto de ello son por un lado el endurecimiento de la legislación que persigue las actividades racistas y xenófobas y por otro el debate contra las ideas racistas y antisemitas propiciado por intelectuales y periodistas. Por eso mismo sorprenden las palabras de Ariel Sharon, al referirse a los judíos franceses como si estuvieran en peligro de extinción.

En los últimos años, al igual que sucede en otros países europeos como Alemania, Italia, Suecia o España, el aumento de la inmigración ha propiciado en Francia un incremento de los actos racistas y xenófobos. Lo llamativo del caso francés es que la mitad de dichos actos tiene por víctima a la comunidad judía. Dos son las razones que explican el fenómeno, en mi opinión. La primera es que la comunidad judía de Francia, cifrada en medio millón de personas, es la segunda más grande fuera de Israel, lo cual la vuelve un objetivo socialmente más visible. La segunda es que al contar Francia con un diez por ciento de la población de origen musulmán, también resulta más fácil que aparezcan grupos aislados de extremistas islámicos. En todo caso, tampoco la comunidad árabe escapa de los actos racistas, como no escapan los gitanos en Hungría o en España. Se trata pues de un problema que se agrava paulatinamente en toda Europa y que tiene a diversas comunidades como víctimas. ¿A qué se debe entonces el protagonismo del antisemitismo? Sin duda a que el antisemitismo ha sido históricamente el termómetro de la salud de la libertad en Europa. La persecución del pueblo judío ha marcado los momentos más sombríos de nuestra historia. Bien puede decirse que siempre que sube la temperatura del antisemitismo, Europa se enferma de autoritarismo. La opinión pública de Francia lo ha comprendido perfectamente. Basta repasar la prensa de los últimos meses.

Sin embargo, el antisemitismo está hoy muy lejos de alcanzar la temperatura de finales del siglo XIX o principios del XX. Los judíos de Francia no corren peligro como comunidad, cuentan con el respaldo de la sociedad democrática francesa y las agresiones que ocasionalmente sufren son perseguidas con diligencia. Todo ello hace pensar que las palabras de Sharon responden a otros intereses que, en realidad, poco tienen que ver con los de la comunidad judía francesa o, para ser más exactos, que pueden incluso resultar contradictorios con éstos.

El hecho de crear alarma y pedir el abandono colectivo del país no hace más que presentar a los judíos franceses como extranjeros encubiertos, que sólo aguardan el momento de abandonar la nación. Ni más ni menos que la imagen del judío acuñada históricamente por el antisemitismo. No es de extrañar que el gran rabino de Francia haya salido al paso de las palabras de Sharon. Pero el problema va más allá, porque con sus declaraciones el gobierno de Israel pretende manipular el dolor histórico del pueblo judío para arreglar cuentas con el gobierno de Francia, cuya posición ante la política de apartheid emprendida por Israel contra los palestinos le irrita particularmente. Mientras los gobiernos de Israel se empeñen en traficar con el dolor de su pueblo, forzando la identificación de los judíos del mundo entero con la política del Estado de Israel y tildando de antisemitas a quienes discrepan de las posiciones políticas de dicho Estado, estarán contribuyendo activamente a alimentar el antisemitismo. Puede que les sea rentable políticamente, pero nada hay más irresponsable que ofrecer al mundo un cóctel de dolor, miedo y odio. Por muy justificados que estén esos sentimientos.

Jueves 8 de septiembre de 2005

LAS VICTORIAS DEL TERROR. Hace cuatro años que Al Qaeda, la organización terrorista que lidera Osama Bin Laden, perpetró la matanza de Nueva York y desde entonces la vida política internacional se ha deslizado peligrosamente en la dirección más propicia para los intereses de los terroristas. Cuatro años después y aunque resulte doloroso decirlo, es el terrorismo quien lleva la iniciativa. La rotundidad de las declaraciones del presidente Bush y su falta de piedad en el uso de la violencia no han servido para evitar nuevos atentados. En 2002, Bali se llenaba de cadáveres. Después llegaban los atentados de Arabia Saudí, Turquía y Paquistán. En 2004, España vivía su peor pesadilla. Y en 2005, el centro turístico egipcio de Sharm el Sheik y la ciudad de Londres volvían a ser escenario de matanzas. A ello hay que sumar los centenares de atentados perpetrados por Al Qaeda en Irak y el siniestro drama de los secuestros y asesinatos de occidentales vivido en ese país. Afirmar que el terrorismo retrocede en el mundo revela un grave problema de percepción de la realidad.

Pero si los golpes del terrorismo se han hecho más frecuentes y generalizados, ¿cuáles son los hechos de la «guerra contra el terrorismo»? Llama la atención que el país que más pregona la necesidad de tal guerra sea el que menos terroristas ha puesto a disposición de la justicia. En España, tras los atentados del 11-M están procesados casi un centenar de presuntos terroristas. También ha habido detenciones en Inglaterra y otros países europeos. Por su parte, Estados Unidos lleva años manteniendo a centenares de presos en el infierno ilegal de Guantánamo y en prisiones secretas repartidas por medio mundo, sin ser capaz de reunir pruebas para llevarlos a juicio; y, para colmo, los presuntos terroristas custodiados por Estados Unidos e Inglaterra en Irak han sido sometidos a torturas. A ello se une que la guerra contra el terrorismo se ha convertido en guerra contra naciones enteras, invocando mentiras (falsas conexiones con Bin Laden e inexistentes armas de destrucción masiva) y con miles de civiles asesinados por los bombardeos y hambreados por el caos que genera la violencia. El resultado es que la defensa de la sociedad democrática se traduce en la violación sistemática de los derechos que se dice proteger. A la violencia terrorista se ha respondido con una violencia de terror estatal que obvia la legalidad. No se puede concebir una victoria mayor para los partidarios de Al Qaeda.

El problema fundamental de la lucha contra el terrorismo es que la detención de terroristas, con ser importante, no es suficiente. Ni siquiera lo es su muerte. El nuevo terrorismo es el primero en prescindir de sus militantes en atentados suicidas, pues actúa con la certidumbre fanática de quien cree poseer la verdad absoluta. Pero, desgraciadamente, hay que reconocer que existe una parte de verdad entre las causas del odio que proclama. Esa parte de verdad es el hecho de que vivimos en un mundo de miserias e injusticias de tal envergadura que gran parte de la humanidad se halla sumida en la pura desesperación. Y la primera responsabilidad, aunque no sea la única, en ese orden de cosas corresponde al Primer Mundo —Estados Unidos y Europa— cuya riqueza se ha alzado durante siglos sobre la expoliación sistemática de América, África y Asia y el apoyo a cuantas dictaduras le han sido útiles en dichos continentes. Esa verdad, que nuestras versiones oficiales niegan, forma parte de la conciencia colectiva de millones de parias y es una de las fuentes que alimentan a este nuevo terrorismo. En las filas terroristas hay víctimas de la injusticia, pero hay también jóvenes emigrantes con la vida resuelta a los que el horror ante esas injusticias vuelve sensibles al discurso nihilista de los nuevos abanderados del terror. Unos y otros nutren de militantes a las organizaciones terroristas en tal número que éstas no dudan en sacrificarlos haciéndolos reventar con una bomba en los brazos a fin de que lleven el horror a cualquier rincón del mundo.

No hace falta ser especialmente inteligente para comprender que si se sigue alimentando la hoguera de la desesperación con nuevas guerras y nuevas injusticias el terrorismo lejos de desaparecer hallará nuevos adeptos, que verán en el sacrificio de sus vidas y las de sus víctimas un precio a pagar para lograr sus sueños, de igual modo que los gobernantes del mundo democrático ven en las vidas de los llamados «efectos colaterales» el precio a pagar en su lucha contra el terrorismo. Que unos maten mirando a la cara de sus víctimas, en un vagón del metro, y otros lo hagan mediante una ciega y siniestra lotería desde un bombardero a diez mil metros de altura, no convierte un crimen en más aceptable que el otro.

Muy pocas han sido las iniciativas políticas que se han puesto en marcha para detener esta espiral de acción-represión-acción que tanto favorece los intereses de los terroristas. Entre ellas destaca la propuesta de Alianza de Civilizaciones del presidente del gobierno español, respaldada hoy por la ONU. El problema es que el diálogo y las iniciativas políticas son siempre más lentas que la violencia. Y lo peor es que a veces ni siquiera se tiene sensibilidad para los actos simbólicos. El día del funeral de Estado por las víctimas del 11-M, en Madrid, se perdió la ocasión de realizar una ceremonia ecuménica con católicos, ortodoxos y musulmanes (había víctimas en los trenes de las tres religiones). El gobierno de Aznar optó por una misa católica que dejaba a un buen número de las víctimas fuera del homenaje y que venía a reforzar la imagen de una confrontación religiosa. Otra buena noticia para los terroristas islámicos, que tildan de «cruzados» a los invasores de Irak. Ellos apelan a la memoria histórica de sociedades afrentadas durante siglos. Saben perfectamente lo que hacen. Por eso siguen llevando la iniciativa.

Lunes 14 de noviembre de 2005

LA REALIDAD QUEMA. No se sabe qué es más inquietante, si el estallido de violencia callejera que sacude a Francia desde hace dos semanas o la creencia de que se puede mantener a más de la mitad de la humanidad hundida en la marginación o en la miseria sin que eso acabe pasando una factura terrible.

Ahora la clase política francesa muestra su rostro más preocupado y el gobierno intenta recuperar el orden que cada noche es puesto en la picota por el incendio de centenares de vehículos y un sinfín de altercados. Junto a ello se prometen políticas de ayuda para los desheredados que habitan los barrios marginales de todas las ciudades de Francia. Sin embargo, la clase política no deja de ofrecer una imagen más cercana a la perplejidad que a la determinación. Sumergidos en sus querellas y ambiciones, actitud en la que nada difieren de los gobernantes de otros países, no parecen acabar de comprender cómo es posible semejante explosión de descontento popular. Pero si la inmensa mayoría de los ciudadanos franceses rechaza los actos vandálicos y reclama el restablecimiento del orden, son numerosísimas las voces que proclaman que la rabia que los alimenta está más que justificada.

La revuelta se inició, como tantas veces en la historia de Francia, en los arrabales de París, pero este caos destructor se asemeja más a las iracundas revueltas campesinas de la Edad Media que a los alzamientos de la Revolución Francesa. Son la desesperación y el odio los que se expresan cada noche sin que los encauce pensamiento revolucionario alguno. Esta orgía de llamas y agresiones responde al puro nihilismo de quienes se sienten tratados como si nada fueran, un sentimiento reforzado por las desafortunadas maneras del ministro del Interior francés. Son noches de furia destructora sin más horizonte que la próxima madrugada.

Hace ya muchos años que León Trotski advirtió que la revolución de los hambrientos termina en la primera panadería, y a la revuelta francesa de hoy le faltan representantes políticos que puedan transformar los sentimientos en razón, en palancas para mejorar los problemas que la han motivado. Uno de los riesgos de esa orfandad ideológica y política es que los defensores del nihilismo religioso puedan aprovechar el revuelto río de sentimientos para pescar nuevos y fanáticos adeptos, con la temible posibilidad de que algunos acaben alimentando de rebote ese otro fuego nihilista de nuestro tiempo que representa el terrorismo islámico. Porque en gran medida, la crisis desatada en Francia revela la falta de integración real, no sólo legal, de los inmigrantes, en su mayoría provenientes del norte de África, y de sus hijos ya franceses. Que no haya apenas dirigentes políticos o diputados de origen magrebí en un país donde el diez por ciento de los habitantes son musulmanes es prueba irrefutable de ello.

Otra de las lecciones que cabe extraer de los acontecimientos de estas semanas es que hay una línea vertical que atraviesa todas las fronteras y divide a todas las sociedades: la de la pobreza y la exclusión social. De un lado de ella sobreviven como pueden quienes asaltan vallas en Melilla persiguiendo el sueño europeo, quienes fueron abandonados a su suerte en las calles inundadas de Nueva Orleans o quienes conviven con la violencia cotidiana en los arrabales de París. Del otro, viven quienes se benefician plenamente de derechos y riquezas. Más allá del problema de la inmigración, una buena parte de la humanidad es tratada como extranjera incluso dentro de la misma sociedad que la ha visto nacer.

El capitalismo global que gobierna el mundo genera excluidos en todos los países, desarrollados o no, mientras expone globalmente su mercadería de la abundancia en la vitrina de la sociedad de la información. Decretada la muerte de los sueños de justicia social, no se ofrece más solución a los desheredados que la de esperar, cuantas generaciones sean necesarias, hasta que los ricos se enriquezcan de tal modo que algunas migas del banquete caigan al fin en sus manos. Una fórmula vieja como el mundo cuyos frutos son bien conocidos. ¿Cómo puede extrañar que haya quienes, hartos de contemplar el pastel de la riqueza, terminen rompiendo a pedradas la vitrina de la panadería? En París queman coches cada noche, en un acto que tiene mucho de simbolismo inconsciente pues, al pegar fuego al icono del individuo en la sociedad de consumo, están proclamando su propia inexistencia social. En esas llamas se calcina también esta idea feroz de un mundo regido tan sólo por la ley de la jungla del mercado. Su luz debería alumbrar nuevas reflexiones e iniciativas políticas que vayan más allá del parche de las ayudas puntuales, pero también puede ser el anuncio de un incendio totalitario que prenda en la hojarasca de unas democracias en las que cada vez más los derechos se quedan en mero papel. La realidad está llamando a la puerta de la clase política europea, hace falta saber si alguien va a dejarla entrar o si se le da otra vuelta a la llave.

FLACO FAVOR. Como si no estuviera el panorama político suficientemente enrarecido por la crisis de nervios permanente del Partido Popular y los titubeos del PSOE, las puertas del Averno informativo se han abierto para devolver al mundo el siniestro fantasma de José Amedo, el ex policía y secuestrador cuyas fechorías dieron pie al proceso de los GAL y a uno de los episodios políticos más vergonzosos de la democracia española. Amedo, que parece tener vocación de vedette mediática, aunque sea en el papel de malo cutre, asegura ahora que si dijo lo que dijo fue porque una oscura conspiración, que implicaba al PP, al juez Garzón y al diario *El Mundo*, le forzó a hacerlo con el objetivo de derrocar el gobierno de Felipe González.

Lo interesante es que la resurrección a esta segunda vida mediática del muerto viviente Amedo ha tenido lugar precisamente en el periódico que más implacablemente le desacreditó durante todo el proceso de los GAL: *El País*. Amedo goza de repente de un espacio enorme en la casa de papel de sus adversarios, quienes parecen ver en su nueva versión de los hechos la confirmación de la tesis de la conjura que *El País* defendió con tanto ahínco mientras la justicia española se dedicaba a investigar, juzgar y condenar delitos de secuestro o asesinato, como fueron los casos Marey y Lasa y Zabala, organizados y ejecutados por el Estado que gobernaba Felipe González. Curiosos vaivenes del criterio que encuentra creíble el testimonio de alguien tan sólo cuando coincide con la opinión que ya se tenía formada de antemano.

El PSOE, por boca de su secretario de Política Institucional, Alfonso Perales, ha corrido a exigir explicaciones al PP por lo que declara hoy el secuestrador, haciéndose eco del despliegue informativo. La nueva versión del caso Marey ofrecida por Amedo parece tener como objetivo restañar las heridas sufridas por el PSOE durante el proceso de los GAL, acusar al PP de partido conspirador, al juez Garzón de prevaricador y al diario *El Mundo* de manipulador. En otras palabras, un auténtico ajuste de cuentas. Pero ¿es ése realmente el efecto que puede producir el regreso de Ame-

do al escenario público? La respuesta difícilmente puede ser afir-
mativa. Volver a poner sobre la mesa el caso GAL, que fue juzgado y sentenciado ya por la justicia en base no a un solo testimonio
de parte interesada sino a un conjunto de pruebas y declaraciones
contrastadas, es en realidad un flaco favor que se le hace a la actual dirección del PSOE y, en particular, al presidente de gobierno, Rodríguez Zapatero. Un verdadero abrazo de oso que, además
de reabrir la herida del terrorismo de Estado bajo un gobierno socialista, puede dar excusas al PP para eludir o enmascarar su responsabilidad en el terrorismo de Estado internacional que ha supuesto la guerra de Irak.

Porque si la nueva dirección del PSOE ha dado muestras desde su llegada al poder de haber aprendido la lección del caso GAL
—contra el terrorismo no se pueden ni deben emplear medios ilegales porque éstos no hacen sino fortalecerlo a la vez que debilitan
al Estado de Derecho—, la dirección del Partido Popular, con Rajoy a la cabeza y Aznar en la retaguardia, ha demostrado que su
oposición a la guerra sucia contra ETA no tuvo más objeto que ser-
virle de instrumento para llegar al gobierno, pues no ha dudado
después en emprender una versión aumentada de la misma atrocidad al embarcarse en la guerra sucia contra el terrorismo en Irak.
De nuevo, esta vez a escala mundial, se han empleado medios ilegales para combatir el terrorismo que, como bien han demostrado
los hechos, sólo han conseguido fortalecer a los terroristas y desacreditar la democracia en nombre de la cual se dice combatir.

Resulta interesante comparar la respuesta de quienes han sos-
tenido la acción de gobierno en ambos casos de lucha ilegal contra
el terrorismo (caso GAL y guerra de Irak), porque desde ideologías
contrapuestas, progresista y conservadora, coinciden en una misma
actitud: desacreditar sistemáticamente a quienes han denunciado el
perverso uso del poder en ambos casos. Como en el dicho popular,
se han fijado en el dedo que acusaba más que en el horror que éste
señalaba. Una estudiada e interesada estrategia de confusión.

Está por ver lo que da de sí este regreso de Amedo. El tono
agresivo e irresponsable del debate político español de los últimos
meses hace pensar lo peor: un nuevo espectáculo de acusaciones

cruzadas, de insultos, chulerías y amenazas. Más tinta con la que el calamar de la clase política española trata de ocultar su carencia manifiesta de altura moral e intelectual. Pero, en todo caso, mal haría Zapatero de alentar o permitir que su partido, después de haber acertado a pasar una página negra de su historia, pretendiera reescribir el pasado a la medida de sus rencores y frustraciones (tal y como el PP se empeña todavía en hacer con las elecciones del 14 de marzo de 2004). Menos aún si en tal reescritura se emplea la tinta envenenada de un delincuente

Domingo 5 de junio de 2006

EFECTOS COLATERALES DE UNA GUERRA INVISIBLE. Es una guerra no declarada, un conflicto que se enmascara de cotidianidad pero cuyas cifras dejan en ridículo a otras guerras más visibles. Las cifras tienen una elocuencia propia: medio centenar de muertes al año y veinte mil heridos de diversa consideración, sólo en España; cerca de dos mil muertes anuales y más de un millón de heridos en Estados Unidos, y otro medio millón en Europa. En torno a los cincuenta millones en todo el mundo. Son las víctimas de los malos tratos, de lo que se ha dado en llamar violencia de género. Violadas, golpeadas, mutiladas o asesinadas, el 80 por ciento de ellas son mujeres, el resto niños y ancianos. Tan sólo una minoría son hombres.

No es casual que las principales víctimas de la violencia se cuenten entre quienes tienen menos posibilidades de defenderse, porque éstas suelen ser expresión del poder, ya sea político, económico, social o personal. Lo que está claro es que la violencia también tiene sexo, casi siempre el mismo, y suele tener que ver con el sexo. Sólo muy recientemente las mujeres han empezado a organizarse y a ocupar posiciones relevantes dentro de la sociedad. Y ha sido al empezar a convertirse en un contra-poder cuando esa violencia invisible, considerada antes como inevitable, ha merecido la atención de nuestros gobernantes.

Esta semana, el Parlamento ofrecía lo que ya se ha convertido en un clásico de la moderna democracia española: la utilización del sufrimiento de las víctimas para obtener protagonismo político. El PSOE, respaldado por el resto de la oposición, sometía a votación una ley contra el maltrato y el PP votaba en contra. Las razones expuestas: la urgencia de la toma de medidas, por parte del PSOE, y las carencias de la ley, por parte del PP. El resultado es que seguimos sin ley que persiga eficazmente los malos tratos y uno sospecha que, en el fondo, ello se debe a la vergonzosa carrera entre las diferentes fuerzas políticas para llevarse el título de ser los autores de la misma. El consenso en este caso, como en tantos otros, es un fantasma que está en boca de todos sin que se le vea por ninguna parte. Una palabra para el consumo mediático.

El ex ministro Zaplana se ha manifestado en contra de hacer un debate político de una cuestión tan dramática como la violencia doméstica. Y ciertamente sorprende esa especie de vergüenza que los políticos españoles empiezan a desarrollar hacia su propia actividad. Oyéndoles, uno concluye que «hacer política» es casi lo mismo que decir «defender tan sólo intereses partidistas o privados». Una visión mezquina de la actividad política que cabe preguntarse si no nace de la mala conciencia de nuestra actual clase dirigente. Porque «hacer política» es precisamente lo que resulta indispensable en este caso. Política legislativa, con la aprobación de medidas que defiendan eficazmente a las víctimas, que alejen a los agresores, encarcelándolos en caso de riesgo cierto. Pero también una política de más largo aliento que revise los fundamentos ideológicos de la violencia de género, porque el golpe contra la víctima nace primero en la imaginación del agresor antes de hacerse realidad. Hay ideas que matan o, mejor dicho, que preparan el espíritu para matar. Y en esa lucha ideológica contra la violencia cada quien debería asumir su propia responsabilidad. Los políticos legislando. Los jueces, mediante la aplicación escrupulosa y rigurosa de la ley (y el apartamiento de quienes acuerden resoluciones que beneficien a los agresores). Y la Iglesia mediante una revisión de los postulados machistas que sustentan su pedagogía: desde la visión pecaminosa de la mujer hasta su exclusión del sacerdocio. Como señala el antropólogo Robert Hertz, en nuestra cultura religiosa «el hombre es sagrado y la mujer profana», los valores masculinos se asimilan a lo solar, lo diurno y lo divino, mientras que los femeninos lo hacen a lo tenebroso, lo nocturno y lo infernal. Y en un mundo cuyos líderes se declaran en una lucha de trasfondo religioso entre el Bien y el Mal, ya se sabe las consecuencias de ser encuadrado en la segunda y oscura categoría: terminar siendo un efecto colateral en una guerra que nadie sabe siquiera dónde se libra exactamente, a lo peor en la propia alcoba.

Domingo 15 de octubre de 2006

OTRO CAPÍTULO DEL NARCISISMO OCCIDENTAL. Desde la desaparición del bloque soviético, el narcisismo de Occidente le ha llevado a considerarse el colmo de virtudes y el juez de la humanidad. Ahora, el Parlamento francés ha aprobado una ley que sanciona con la cárcel a quienes nieguen la existencia del genocidio armenio cometido por tropas turcas a raíz de la Primera Guerra Mundial. La amenaza de esa ley viene a condicionar el debate que al fin había empezado a abrirse dentro de Turquía sobre aquellas matanzas. Un debate difícil, como todos aquellos en los que una sociedad se confronta con el lado oscuro de su pasado, y que la ley aprobada por el Parlamento francés lejos de favorecer amenaza con abortar. Porque no hay manera más eficaz de evitar los cambios pacíficos en un país que tratar de imponerlos desde otro país. Es algo tan evidente que uno se pregunta si no será eso exactamente lo que buscan, enmascarados de buenas intenciones, los promotores de la citada ley: provocar el enroque de Turquía para obstaculizar su entrada al club europeo.

El gobierno de Francia y la mayoría de los medios de comunicación de ese país han señalado lo inoportuno de la ley, cuya definitiva aprobación aún está pendiente. En todo caso, Occidente no puede pretender que otros países recorran en diez o veinte años un camino que él ha hecho en cinco sangrientos siglos. Necesita una urgente cura de humildad y bastaría quizá recordar que la prosperidad de Francia, Inglaterra o España se levantó sobre la explotación y la aniquilación de pueblos enteros. ¿O es que necesitamos una ley que castigue con la cárcel a quienes nieguen el genocidio indígena cometido por españoles e ingleses en América, el atómico perpetrado por Estados Unidos en Japón o los crímenes franceses en Argelia?

Martes 2 de enero de 2007

UN NUEVO PACTO ANTITERRORISTA. El atentado con coche bomba de Barajas ha sorprendido debido a que ETA no había anunciado la ruptura de la tregua, pero desgraciadamente era esperable que sucediera. Cuando se dice que los procesos de diálogo para poner fin a la violencia son «largos, duros y difíciles», se está de hecho reconociendo que siempre existe el riesgo de rebrotes violentos. En esta ocasión, la bomba le ha explotado también políticamente en las manos a ETA pues, contra lo que parecía su intención (causar grandes destrozos pero no víctimas mortales), ha asesinado a dos emigrantes ecuatorianos. Una prueba más de hasta qué punto ETA vive en un mundo de mitos y hazañas bélicas que nada tiene que ver con el mundo real. Porque en el mundo real hay emigrantes que recogen a sus familias en el aeropuerto para pasar juntos las fiestas y que se quedan echando una cabezada en sus coches, seguramente para descansar del enorme trabajo que les cuesta reunir el dinero a fin de que puedan venir sus parientes. En el mundo real existen los otros seres humanos, algo que en su narcisismo los terroristas (que sólo tienen ojos para los suyos y para su dolor) son incapaces de ver.

Tras el atentado se abre una nueva etapa en el proceso de desaparición del terrorismo en España. Y resulta evidente que habrá que afrontar esa nueva etapa con los instrumentos políticos adecuados. La bomba pone paradójicamente en evidencia la debilidad de ETA y supone un serio revés para los intereses de su brazo político, Batasuna. El mundo etarra sigue sin asumir que el Estado de Derecho no se rige por un orden cuartelero de ordeno y mando desde el gobierno, que la ley es la medida de la realidad social y que fuera de ella no hay margen para la acción política. Las nuevas detenciones y procesos, que se sumarán a todos los que hasta ahora ha tenido que encajar ETA, y la desaparición del mapa institucional de Batasuna en las municipales de mayo puede que le hagan aprender de una vez por todas la lección.

Pero el atentado de Barajas ha enterrado también el que durante años ha sido el principal instrumento político de la lucha antiterrorista: el Pacto Antiterrorista suscrito por el PP y el PSOE. Un elemento crucial de ese pacto era la lealtad del partido de la oposición hacia el gobierno en materia de política antiterrorista. Porque la política antiterrorista la diseña y dirige el gobierno de la nación, no la oposición. Sin embargo, el PP ha violado sistemáticamente ese pacto desde las pasadas elecciones de 2004 y, muy particularmente, durante toda la tregua de ETA, minando con su permanente descalificación radical la fortaleza del gobierno, justo cuando éste más la necesitaba. Ahora se habla de nuevo de volver a la unidad en la lucha antiterrorista, pero hay palabras que, en boca de dirigentes populares, suenan a verdadero sarcasmo. ¿Es que sólo es posible la unidad si se aplica la política que defiende la oposición? En ese caso, parece que la dirección del PP todavía no se ha enterado de que no son ellos quienes gobiernan España. ¿Y se puede hablar de unidad si sólo se pretende unir a los dos partidos mayoritarios, y encima mientras uno de ellos apuñala al otro por la espalda todo el tiempo?

Cuando en la dificilísima tarea de dialogar con una organización terrorista (difícil en un sentido moral, político y legal), ha sido más necesaria que nunca la unidad y el apoyo al gobierno, el Partido Popular ha traicionado el Pacto Antiterrorista sin el menor rubor, más aún, con el cinismo de acusar a los socialistas de ser ellos los traidores, en estricta aplicación de la vieja táctica del ladrón que grita «¡Al ladrón!» y señala a otro para escapar con su botín. ¿Cuál es el botín en este caso? El acoso y derribo del gobierno de Zapatero. Por el contrario, el gobierno ha contado con el apoyo firme y prudente de los nacionalistas vascos del PNV, los nacionalistas catalanes de CIU y ERC, los nacionalistas gallegos del BNG y la izquierda alternativa que representa Izquierda Unida. Ésos son pues los agentes políticos fiables, los integrantes de un amplio bloque democrático que propugna una lucha antiterrorista que articule la aplicación rigurosa de la ley con las políticas de diálogo que permitan en un futuro poner fin al terrorismo. Porque el final del terrorismo será dialogado. Eso sólo puede negarse desde la pura demagogia o el pensamiento de la extrema derecha, la cual por cierto ha hallado un filón en la manipuladora política actual del PP: la concentración de la Asociación de Víctimas del Terrorismo en la Puerta del Sol de Madrid tras el atentado parecía, desdichadamente, un acto de Fuerza Nueva, sólo le faltaba la imagen del viejo líder fascista Blas Piñar brazo en alto.

Zapatero puede buscar una reconciliación con el PP que pasaría, dada la intransigente arrogancia de la actual dirección del PP, por encastillarse en el viejo Pacto Antiterrorista, renegando del intento negociador emprendido y del apoyo prestado por el resto de las fuerzas políticas. Pero también tiene la posibilidad, más aún, la necesidad, de tratar de consolidar la unidad realmente forjada durante la tregua mediante un nuevo pacto antiterrorista que integre a las fuerzas que han apoyado la lucha antiterrorista en esta difícil coyuntura. El PP bien podría participar en ese nuevo pacto, pero para ello debería poner fin a su estrategia que, en los dos últimos años, ha sido la de anteponer la lucha antigubernamental a la lucha antiterrorista. En todo caso, la ausencia de los populares del nuevo pacto se diferenciaría muy poco de su presencia en el viejo, pues ésta no les ha impedido ni les impide seguir utilizando el terrorismo como puñal político contra el gobierno. Un nuevo pacto exigiría una lealtad más constante de nacionalistas vascos y catalanes, pero sería sin duda mucho mejor instrumento para encarar la nueva fase que se avecina.

El monumental error estratégico de ETA, con su carga de dolor y de frustración, puede volverse como un boomerang contra los partidarios de la violencia, lo importante es que el gobierno cuente con un respaldo honesto en el Parlamento que le permita ser tan riguroso como flexible, según sea necesario a la vista de la evolución de los acontecimientos. Un nuevo pacto antiterrorista permitiría al gobierno tomar la iniciativa en el proceso del fin de la violencia. Y sólo quien tiene como principal objetivo hundir al gobierno puede ver con malos ojos que éste tome la iniciativa en tan crucial cuestión política.

DE JUANA CHAOS COMO EJEMPLO. La onda expansiva de la bomba de Barajas sigue agitando la vida política española. La trágica brutalidad del atentado ha provocado un pernicioso efecto: movilizar los sentimientos irracionales de miedo y odio. La rabia, la sensación de impotencia ante una violencia que parece querer eternizarse, han presidido lógicamente las conversaciones, las disputas, las manifestaciones. Son ya muchos años de soportar la agresión y las amenazas del mundo etarra y, tras estos últimos meses de tregua, el nuevo zarpazo ha tornado la esperanza en desesperación. Sin embargo, pasado el primer efecto traumático es necesario hacer un esfuerzo para escapar de la espiral pasional, porque si hay una lección que la historia enseña bien es que, en la vida política y social, las pasiones desatadas suelen conducir al desastre. Es precisamente en los momentos más trágicos y difíciles cuando hay que mantener la cabeza fría para que los pasos que se den conduzcan a superar la crisis, no a agudizarla.

En la mayoría de los análisis realizados tras el atentado de Barajas se ha insistido poco en el hecho de que ETA no buscaba víctimas con su bomba. Es evidente que, en términos morales, hacer explotar varias toneladas de explosivo amosal en un aeropuerto y lamentarse luego de que haya muertos resulta de un cinismo insoportable: si no se quiere matar no se pone semejante bomba en una zona de paso de miles de personas, por mucho que se avise antes. Pero en términos políticos, ese cálculo deshumanizado de ETA nos dice que la organización terrorista se encuentra hoy en una situación que no esperaba. ETA es pues la primera descolocada tras el atentado. Y junto a ella, Batasuna y su entorno, cuyo espectáculo de pasmo y titubeos ha sido llamativo durante estas semanas. El propio comunicado de la banda, anunciando que el alto el fuego permanente continúa y que se reserva la posibilidad de responder (o sea, de volver a atentar), constituye un despropósito conceptual de tal envergadura que hasta en la misma Batasuna se han alzado voces que señalan la incongruencia de ofrecer una mano y amenazar con la otra, pero sobre todo refleja el grado de confusión en que se halla sumida la dirección de ETA, que no parece saber cómo salir del atolladero en que ella misma se ha metido.

Como consecuencia de su traicionera y criminal ruptura de la tregua, la posición de ETA es hoy infinitamente más débil que antes del atentado. Su credibilidad en el diálogo, como ha señalado el dirigente independentista de Aralar, Paxi Zabaleta, está hecha añicos. Todos sabíamos que no tenía escrúpulos en matar. Ahora ha demostrado que, además, no tiene palabra. Algo que no es especialmente importante para quienes nos oponemos al terrorismo (si se está dispuesto a matar, ¿por qué no se va a estar dispuesto a mentir?), pero que desacredita a ETA ante los ojos de quienes comparten o comprenden sus postulados. Y eso es lo novedoso.

Por ello, en esta nueva fase del proceso para el final del terrorismo, es especialmente importante conjugar la presión directa sobre la banda terrorista con una política de gestos que afiance el descrédito de ETA entre quienes la apoyan. Una respuesta de intransigencia indiscriminada, como la que propone el Partido Popular, sólo puede facilitar la cohesión del mundo etarra justo en un momento en que esa cohesión está puesta en entredicho. Por el contrario, hacen falta mensajes tan decididos como matizados. Persecución policial y judicial intensa contra los miembros de ETA, pero también gestos que desactiven conflictos no sólo innecesarios sino moralmente reprobables, como la situación en que se halla el etarra De Juana Chaos, en huelga de hambre desde hace dos meses, alimentado a la fuerza por orden judicial, para lo cual debe ser entubado y permanecer atado a la cama durante varias horas al día, convertido ya en un montón de huesos y a un paso de la muerte.

De Juana Chaos ha sido uno de los carniceros más feroces de ETA, pero el hecho de mantenerlo en esa situación sólo sirve para ofrecer al mundo etarra un banderín de enganche en la figura de un hombre que, aunque no se ha arrepentido, sí ha pretendido desengancharse precisamente de ese mundo. El rigor de esa actitud se parece mucho al ensañamiento, y no es el espectáculo de una política penitenciaria que suene a venganza, más que a justicia, el mejor gesto para animar a quienes pretendan buscar una salida al círculo vicioso de la violencia. Tras cumplir veinte años de cárcel por los crímenes cometidos, De Juana Chaos cumple ahora los cuatro años que se le han impuesto por un delito de opinión que, con ser repugnante, no tiene ni mucho menos la gravedad de un asesinato. En su actitud, que mantiene las agresivas maneras de su formación totalitaria, ha habido sin embargo un público distanciamiento de la organización terrorista y un deseo de reintegración en la sociedad, y con su huelga de hambre protesta por su situación personal. Arrojar a un ser humano, por abyecta que haya sido su trayectoria, al abismo de la desesperación es moralmente inaceptable. La legislación permite graduar el cumplimiento de la pena, buscar fórmulas que la aligeren y que dejen una puerta abierta a la esperanza. La generosidad, en este caso, sería un buen ejemplo de las virtudes de abandonar la violencia. Un mensaje más necesario que nunca. Por supuesto, el Partido Popular pondrá el grito en el cielo, pero dada su actitud cainita no se puede esperar otra respuesta de su parte, se haga lo que se haga. Entonces ¿por qué no hacer lo correcto?

Martes 20 de febrero de 2007

LA PIEL QUE NOS CUBRE. Esta piel que nos cubre no alcanza para casi nada. Al menor arañazo se rasga y sangra. El frío la eriza sin que nos proteja un vello abundante. Se quema fácilmente, se irrita y cubre de sarpullidos ante los más diversos estímulos. No es coraza, ni abrigo, ni camuflaje. Es una pobre piel frágil que no tarda en llenarse de arrugas. Muy poca cosa. Sin embargo, no podemos vivir sin ella. El mundo sería insoportable sin su magra protección, y el menor roce, el más débil rayo de sol, martirizaría nuestra carne hasta la locura. Nuestra piel es la endeble e imprescindible barrera que nos protege del mundo.

De igual modo, la legalidad, el orden legal es la tenue barrera que nos protege de nosotros mismos como sociedad, de nuestra naturaleza agresiva. Imperfecta, insuficiente y muchas veces injustamente, la ley es la piel social que nos cubre. Su existencia permite la civilización, nos ampara o castiga. Contra ella podemos alzarnos, denostarla. Podemos esgrimirla para alcanzar nuestros objetivos o para combatir a nuestros enemigos. Podemos reformarla o derogarla. Y sabemos que al infringirla nos arriesgamos al castigo que ella misma impone. Pero sin la ley no queda más que el abismo de la arbitrariedad, el abandono del individuo a la jauría, la transformación de la vida social en el peor de los infiernos.

Cuando un gobernante ignora su propia legalidad, como hicieron las dictaduras chilena y argentina al hacer desaparecer a sus opositores (no los juzgaron ni les impusieron penas de prisión o muerte, no les dieron siquiera el consuelo de saber que sus familiares llorarían sobre sus tumbas, simplemente los arrojaron a un mundo sin ley, al agujero negro de las detenciones ilegales y la desaparición); cuando los grupos terroristas como ETA secuestran a ciudadanos y los meten durante meses en celdas inmundas (que no es que estén lejos de sus hogares sino en otro planeta, en el mundo del secreto, en ninguna parte), entonces, cuando ni la menor sombra de legalidad, aunque sea injusta, ampara las acciones de los hombres, añoramos la pobre cobertura de esa piel de leyes con que intentamos desde hace milenios hacer posible nuestra vida en común.

Ahora, esa piel de leyes que nos ayuda a vivir en sociedad aparece de nuevo rasgada por la tentación de las decisiones arbitrarias. La creación de espacios fuera de la ley, como la prisión que el gobierno de Estados Unidos mantiene en Guantánamo, en la que desde hace cinco años encierra, sin juicio ni límite de tiempo, a quienes considera sospechosos de terrorismo, y como las cárceles secretas repartidas por el mundo adonde son enviados algunos presuntos terroristas, recuerda a los métodos de las mazmorras medievales donde los cautivos se pudrían por tiempo indefinido sometidos al puro capricho de sus carceleros. Las probadas denuncias de torturas han venido a demostrar que, pese a los siglos trascurridos, la arbitrariedad siempre se acompaña de abusos y crueldad, sean cuales sean las razones morales invocadas.

Lo peor es que la tentación de la arbitrariedad resulta contagiosa, más aún si la ampara un poder imperial, como es hoy el de Estados Unidos. La investigación emprendida por el diputado italiano Giovanni Fava, por encargo del Parlamento Europeo, ha comprobado que los servicios secretos y los gobiernos de numerosos países de la Unión Europea han permitido, cuando no colaborado, los secuestros y traslados ilegales de sospechosos de terrorismo llevados a cabo por la administración de Bush. Y lo que empezaron siendo polémicas detenciones en escenarios de guerra, como Afganistán e Irak, han terminado convirtiéndose en secuestros a plena luz de día de ciudadanos europeos en ciudades europeas, como sucedió en febrero de 2003 con el imán Abu Omar en Milán, quien fue a dar con sus huesos a una cárcel de Egipto, tras ser raptado por agentes de la CIA, y con sus carnes a las manos de los torturadores egipcios.

Hay en esos acontecimientos una insoportable dosis de horror, la que nace de ver cómo los servidores de la ley (que es lo que en teoría deben ser los soldados y policías) la ignoran sin recato; pero hay también una inaceptable cadena de hipocresía. Primero la de los servicios secretos estadounidenses, que delegan en los egipcios las poco presentables tareas de la tortura, y segundo, la de los gobiernos europeos, que dejan hacer a sus colegas americanos escondiendo la cabeza como el avestruz, o incluso les ayudan con su tráfico de dolor, de secuestros y de vuelos secretos.

Afortunadamente, la piel legal, como la que cubre nuestros cuerpos, tiene también su sistema de autodefensa para evitar que las heridas se infecten hasta poner en riesgo nuestra vida. Así, los jueces tanto en Italia como en España han iniciado los trámites para juzgar a agentes de la CIA por sus acciones ilegales en territorio europeo, y también a aquellos funcionarios de policía nacionales que les han prestado ayuda. De momento las responsabilidades se quedan en ese primer nivel, pues el Parlamento Europeo no ha tomado medida alguna contra los gobiernos que han tolerado tales prácticas. Más aún, en un prodigio de doble lenguaje, el hasta ahora responsable de la política antiterrorista de la Unión Europea, Gijs de Vries, se ha limitado a decir que «Estados Unidos tiene que volver a interpretar correctamente los derechos humanos». Toda una demostración de pleitesía retórica, que califica de «interpretación incorrecta» a lo que no es sino una violación de esos derechos humanos, reflejo de una actitud de complacencia que le ha costado al señor de Vries el puesto.

Habrá que ver si estas primeras reacciones de nuestra piel legal son suficientes para evitar que la gangrena de arbitrariedad promovida por Estados Unidos se extienda. En todo caso, la salud real de los tan invocados derechos humanos depende de nuestra capacidad de defender la sumisión del poder al orden legal.

Porque la legalidad puede ser maquinaria de explotación, de opresión o incluso de inquisición, una puerta cerrada para los débiles, un laberinto de formalidades en el que se extravían sistemáticamente las buenas intenciones. Pero también es a veces la puerta por la que entra la luz de la justicia, de la solidaridad y de la concordia. Se puede estar del lado de la ley o combatirla abiertamente cuando se considera injusta. Pero permanecer al margen de ella es renunciar a lo que nos permite vivir como sociedad, es abrir la puerta a las fieras que nos habitan para que nos sometan a su terrible imperio.

Sábado 24 de febrero de 2007

LOS GESTOS NECESARIOS. En Irlanda del Norte, hace apenas unos días, una delegación de la llamada izquierda *abertzale* encabezada por Arnaldo Otegui vivió una experiencia difícil de imaginar en un contexto español: se entrevistó con un policía inglés que había perdido ambos brazos en un atentado del IRA. Dicen quienes asistieron al encuentro que los *abertzales* salieron del encuentro impresionados por la actitud conciliadora de aquel hombre mutilado por una organización terrorista que ha sido la referencia de ETA. Pocas semanas antes, se había reconocido al fin oficialmente que la policía británica había colaborado en varios de los asesinatos perpetrados por pistoleros unionistas contra católicos en Irlanda del Norte. Estos ecos irlandeses, con todos sus matices, bien pueden ayudar a encontrar un tono más sosegado y justo a la hora de abordar uno de los grandes asuntos pendientes en el proceso del fin de la violencia en España: el reconocimiento a las víctimas.

En la lucha política de estos tres años ha habido constantes referencias a las víctimas de la violencia. A las de la violencia etarra, algunas de cuyas asociaciones han hecho causa con el PP para oponerse al diálogo con ETA; a las de la violencia islamista, muchas de ellas objeto de insultos desde las filas de la derecha por negarse a secundar la teoría conspiratoria de la implicación de ETA en los atentados del 11 de marzo; y a las de la represión franquista, cuya reivindicación de dignidad, en el marco de la recuperación de la memoria histórica, no ha encontrado todavía amparo en el PP.

Lo cierto es que la persistencia de la violencia terrorista en España no es ajena a la manera en que se dio término a la dictadura. De hecho, al no exigirse responsabilidades por los abusos del Régimen, los jueces, militares y policías que habían participado en la represión siguieron ejerciendo sus funciones en la democracia, dándose la trágica consecuencia de que buena parte de la policía política del Régimen, con sus maneras de torturadores, pasó a ocuparse de la lucha antiterrorista.

Esas circunstancias contribuyeron a que una parte minoritaria pero numerosa de la sociedad vasca (la llamada izquierda *abertzale*) percibiera la democracia como una prolongación dulcificada de la dictadura, alentando así la continuidad de la organización terrorista ETA, que había nacido bajo el franquismo pero cuyos crímenes se ejecutaron en su mayoría ya en la democracia. Percepción a la que no fue ajena tampoco la existencia de una guerra sucia contra el terrorismo (con torturas, secuestros y asesinatos) perpetrada, entre 1976 y 1987, por la extrema derecha y por algunos agentes del Estado ante la impotencia, la tolerancia y en ocasiones incluso el auspicio de los primeros gobiernos democráticos, tanto de la derecha como del PSOE.

Desgraciadamente, en estos años han escaseado las referencias desde el campo democrático a esas otras víctimas, las de la guerra sucia contra el terrorismo (algunas de ellas, presuntos terroristas que nunca fueron juzgados, como Lasa y Zabala, o políticos *abertzales* como Muguruza, y muchas otras, simples ciudadanos, como el objetor de conciencia García Goena o Segundo Marey, asesinadas o secuestradas por grupos paramilitares como el Batallón Vasco-Español o los GAL). Víctimas cuya incómoda presencia sólo es invocada hoy, interesadamente, por el mundo proetarra para negarse a condenar la violencia de ETA, metiéndolas además cínicamente en el mismo saco que a los terroristas que han muerto en enfrentamientos armados con la policía o por la explosión de las bombas que ellos mismos estaban armando. Pero ese uso manipulador no quita el hecho de que las víctimas de la guerra sucia contra el terrorismo han existido y tienen derecho a ser reconocidas.

Probablemente, el día en que todas las víctimas de todas las violencias en España, cada cual en su contexto y sin intentar contraponer unas a otras, sean tratadas con la dignidad que merecen, será posible empezar a desactivar la maquinaria de odio que la violencia alimenta. Para ello hace falta una clase de valor infrecuente: el de reconocer los propios errores y horrores. Un gesto que hay que pedir a quienes aún siguen hoy usando la violencia, como ETA, y a quienes les apoyan, pero que también debe tener el Estado, reconociendo el sufrimiento que algunos de sus miembros han causado. Ese ejercicio colectivo de reconocimiento no es un gesto retórico, es la base de cualquier perdón y va a ser fundamental para sacar de una vez a España del laberinto de violencia que ha marcado su historia.

Lunes 12 de marzo de 2007

UNA LEY CON FECHA DE CADUCIDAD. Las leyes son instrumentos de que se dota la sociedad para intentar regular la realidad social. En ocasiones, al legislar sobre aspectos duraderos de la estructura social, se mantienen en vigor por largos periodos y, aun así, con el tiempo acaban siendo reformadas. Baste pensar en la reciente incorporación del jurado al sistema procesal español o en las sucesivas reformas del código penal. Otras veces, las leyes nacen para responder a situaciones de emergencia o de excepción, momentos críticos en los que se precisan nuevos instrumentos legales para hacer frente a problemas que alteran gravemente la convivencia. La Ley de Partidos aprobada en 2001 por el gobierno de Aznar, con el acuerdo del PSOE, nació de ese modo y con una razón de peso, pues que un partido político como Batasuna pudiera concurrir a las elecciones, mientras los dirigentes y militantes de los demás partidos eran asesinados por el grupo terrorista del que Batasuna es brazo político, resultaba inaceptable y negaba la democracia en el País Vasco.

Son muchos los ejemplos históricos de legislaciones de excepción adoptadas para defender sociedades que se sentían amenazadas. Del Comité de Actividades Antinorteamericana creado en 1938 en los Estados Unidos a los tribunales revolucionarios instaurados por Robespierre en 1793, durante la Revolución Francesa. Se trata de iniciativas legales que van más allá de la proclamación del Estado de Excepción, pues responden a situaciones de peligro no puntuales sino prolongadas a lo largo de cierto tiempo. Sin embargo, basta repasar la historia para ver cómo esas legislaciones, independientemente de los buenos propósitos que hayan podido alumbrarlas, han pervertido sus objetivos y prolongado su existencia más allá de la duración de las causas que provocaron su nacimiento. Así, el Comité de Actividades Antinorteamericanas, después de derrotado Hitler, se transformó en un comité inquisitorial que perseguía a izquierdistas o liberales, so pretexto de erradicar la influencia comunista en Estados Unidos. Y los tribunales revolucionarios nacidos para defender la Revolución Francesa de sus enemigos y de la corrupción acabaron por convertirse en herramienta de corruptos, como Fouché, el temible verdugo de Lyon, y desataron una ola de terror que se llevó por delante también a la mayoría de los líderes revolucionarios, incluido el propio Robespierre.

El paso de estos seis años ha demostrado que también la Ley de Partidos está sometida a esa lógica fatal. Quienes defendimos en su día su aprobación y la ilegalización de Batasuna (yo lo hice en artículos tanto en la prensa española como francesa), hemos visto confirmada su principal virtud: aislar a los violentos y debilitarlos, al privarlos de ingresos públicos y de poder político, propiciando así la tregua de ETA y el actualmente interrumpido proceso de paz. Sin embargo, la ley ha empezado a presentar también efectos claramente perversos.

Toda legislación de excepción es susceptible de ser utilizada como arma inquisitorial por los grupos fanáticos de la sociedad. En este caso, se trata del fanatismo del Foro de Ermua, una plataforma surgida para unir a la ciudadanía contra el terror de ETA y que ha pasado a convertirse en una de las principales plataformas de división social, para decepción de muchos que la apoyamos en su día, en su radical enfrentamiento con el PSOE tras la llegada de éste al gobierno. Las acciones legales emprendidas por el Foro han contado con el oportunismo político del Partido Popular, bajo cuyo paraguas mediático se han amparado también acciones de grupos de extrema derecha. Y las iniciativas legales emprendidas o apoyadas por ese conglomerado de fuerzas han llevado ante los tribunales al lehendakari Ibarretxe y a dirigentes del Partido Socialista de Euskadi por haber dialogado con miembros de Batasuna.

De esa forma, una ley concebida para erradicar la violencia e impedir a los violentos el uso fraudulento de las instituciones democráticas se ha convertido en una herramienta para perseguir a los demócratas, para considerar como delito el diálogo y para obstaculizar el ejercicio de la representación política legalmente obtenida. Puede pensarse que, dado que dichas denuncias están todavía al inicio de la tramitación, esos efectos perversos serán atajados en las instancias judiciales superiores, como el Tribunal Supremo o el Constitucional.

Sin embargo, la actitud del PP, que ya ha demostrado su intención de controlar ideológicamente a cualquier precio los máximos órganos judiciales, hace temer que el día que este partido llegue de nuevo al gobierno la posibilidad de que dichas instancias judiciales superiores terminen por respaldar tan perversa interpretación de la ley de partidos será enorme. Y ahí está el verdadero problema. Una legislación de excepción debe ser de corta duración, precisamente por sus peligrosas mutaciones utilitarias, y sobre todo debe ser aplicada con un escrupuloso espíritu de respeto a la legalidad y a la convivencia democrática. Desgraciadamente, el PP ha demostrado sobradamente en estos meses que carece de esos escrúpulos. Si está claro que la ley de partidos debe tener una fecha de caducidad, que lleve a su derogación o reforma, habría que intentar que esa fecha fuera anterior a la llegada al gobierno del PP. La democracia española no puede permitirse el lujo de dejar un instrumento legal potencialmente tan peligroso como la actual Ley de Partidos en las manos de un partido que ha hecho de la mentira y de la exclusión la columna vertebral de su acción política.

Jueves 1 de marzo de 2007

ZAPATERO Y LA HERENCIA DEL FRANQUISMO. Cuando va a cumplirse el tercer aniversario de la llegada al gobierno del socialista José Luis Rodríguez Zapatero, la imagen que ofrece el panorama político español es desconcertante: más de tres años sin asesinatos por parte de ETA (hasta los dos cometidos el pasado 30 de diciembre con la explosión de la bomba del aeropuerto de Barajas), una eficaz lucha contra la corrupción, un fuerte crecimiento económico y la tasa de paro más baja desde 1979, en vez de conducir a la calma, el sosiego y el entendimiento se han visto acompañados por un griterío político apocalíptico por parte del Partido Popular, que presenta a España como un país al borde de la desaparición, acusa al gobierno de fortalecer a los terroristas y traicionar a las víctimas, y sugiere que los socialistas formaron parte de una conspiración para impedir el triunfo de la derecha en las elecciones de 2004, en connivencia con ETA y con el terrorismo islámico.

¿Cómo es posible que cuando se ha vivido el periodo más largo de la historia reciente de España sin atentados terroristas y se ha reiniciado el diálogo con ETA para intentar poner fin a la violencia, tal y como hicieron los anteriores presidentes Aznar y Felipe González, la oposición de derechas se haya lanzado a tan disparatada cruzada contra el gobierno? Hay sin duda elementos de oportunismo político y de incapacidad para asumir la derrota de 2004, pero la descalificación radical de un líder político como Zapatero, tan proclive al diálogo, y la carga de agresividad con que el PP ejerce la oposición hacen pensar que lo que se está jugando hoy en España rebasa con mucho las maniobras tácticas de la vida política cotidiana. Hay sin duda un movimiento de fondo en la vida política española que conviene analizar, para escapar de la cacofonía de las declaraciones coyunturales, los insultos y el escándalo mediático.

Una democracia sin memoria. Como siempre, los problemas de hoy son el resultado de un proceso histórico. La democracia española nació del pacto entre fuerzas que venían de la dictadura franquista y las fuerzas que se opusieron a esa dictadura. Para evitar violencias y venganzas, se acordó en 1977 un marco constitucional democrático que permitiera la convivencia de las distintas sensibilidades políticas, pero se descartó la exigencia de responsabilidades a quienes habían participado en la dictadura. Después de casi cuarenta años de opresión, en los que fueron ejecutados decenas de miles de presos políticos, hubo millares de encarcelados y torturados, y cientos de miles de exiliados, nadie, absolutamente nadie hubo de responder por tanto abuso, tanto dolor y tanta muerte. La memoria histórica quedó en el congelador, a la espera de que las cicatrices se cerraran, y siempre bajo la sombra ominosa de las fuerzas represivas que habían actuado en el franquismo y que seguían formando parte del ejército y de la policía de la naciente democracia. Bien podría decirse que la Transición consistió, básicamente, en que los vencedores de la guerra civil aceptaron dejar de perseguir a los perdedores de la guerra a cambio de que éstos no les pidieran cuentas ni sobrepasaran ciertos límites. Es ahí, en ese momento histórico, donde está el origen de la crisis política que hoy atraviesa España.

El resultado de aquel pacto fue que la democracia se asentó por fin en territorio español, tras siglos de frustrados intentos, pero sin llegar a resolver el que ha sido el conflicto básico del país desde la pérdida del imperio en 1898: su definitiva configuración como Estado. Durante la Segunda República española (1931-1939) se dieron los primeros pasos para la construcción de un Estado moderno mediante la aprobación de estatutos de autonomía para Cataluña y el País Vasco, pero la guerra civil y la victoria del fascismo hicieron que aquellos estatutos quedaran en papel mojado. Y la larga dictadura, obsesionada por una unidad de España basada en la represión de las culturas catalana y vasca, no hizo sino enconar el problema.

La Constitución de 1978 contó con el rechazo de los nacionalistas vascos, y los nuevos estatutos elaborados a partir de ella fueron percibidos de manera muy diferente por las distintas fuerzas políticas. Para la derecha, representaban el máximo de autogobierno de las regiones que estaba dispuesta a aceptar. Los nacionalistas los consideraban tan sólo un primer paso en una perspectiva más ambiciosa de autogobierno que, para los más radicales, debería concluir en la independencia de Cataluña y del País Vasco. La permanente sombra de un posible golpe de Estado militar (que se hizo realidad en 1981) terminó por imponer la versión más reduccionista del Estado autonómico.

La pervivencia del terrorismo. Como suma de las circunstancias ya citadas (ausencia de responsabilidades por parte de la dictadura, continuidad de antiguos represores en la policía y el ejército, y redacción de estatutos sobre cuyo grado de competencias había abiertas discrepancias), una parte minoritaria pero numerosa de la sociedad vasca (la llamada izquierda *abertzale*, en decir, «patriótica») percibió la democracia como una prolongación dulcificada de la dictadura, alentando así la continuidad de la organización terrorista ETA, que había nacido bajo el franquismo pero la mayoría de cuyos crímenes se ejecutaron ya en democracia. Percepción a la que no fue ajena la existencia de una guerra sucia contra el terrorismo (con torturas, secuestros y asesinatos) perpetrada, entre 1976 y 1987, por la extrema derecha y por algunos miembros del Estado durante los primeros gobiernos democráticos, tanto de la derecha como de la izquierda, razón por la cual llegaron a ser condenados responsables de la policía y altos cargos del gobierno socialista de Felipe González.

De ese modo, la violencia terrorista, la polémica sobre el definitivo papel de las autonomías en la estructura del Estado y la valoración histórica de la dictadura han permanecido como los grandes problemas políticos heredados del franquismo. Problemas que han marcado la vida política española durante los últimos treinta años y a los que ahora, desaparecida ya casi por completo la generación que hizo la guerra civil, acorralada la organización ETA por años de eficaz persecución policial y legal, y tras veinte años sin guerra sucia, ha intentado dar respuesta Zapatero en sus tres años de gobierno. La derecha española ha reaccionado desaforadamente ante ese intento de respuesta, calificándolo como una «segunda transición, una revisión histórica de la Transición, del modelo constitucional, del Estado de las Autonomías y de la política antiterrorista» a la que se opone radicalmente.

En realidad, lo que la política emprendida por Zapatero pretende es librar a la democracia española de los últimos condicionamientos del franquismo. La actitud del PP en este caso muestra el vínculo sentimental e ideológico que todavía ata a la derecha española con el pasado dictatorial, cuya condena explícita en el Parlamento se han negado a suscribir. Sin embargo, en una perspectiva no ya de izquierdas sino puramente centrista nada debiera parecer más lógico que tratar de reconducir la situación política española hacia una normalidad democrática en la que el Estado permita el máximo despliegue de la capacidad de autogobierno de las regiones y nacionalidades que lo integran, la violencia política desaparezca (sin que los réditos que ello pueda proporcionar al gobierno se conviertan en obstáculo para el apoyo de la oposición) y la memoria y dignidad de las víctimas de la dictadura no sean algo a defender en Chile o en Argentina y a ignorar en España.

Iniciativas del centro izquierda. Las tres grandes iniciativas de la política emprendida por Zapatero en su gobierno (además de romper con el monopolio católico de la moral pública, heredado también del franquismo, al reconocer la igualdad de derechos de los homosexuales) han ido en esa dirección. De un lado, un proceso de reforma de los Estatutos de Autonomía que busca ampliar los límites del autogobierno, dentro del marco del Estado español, de modo que la satisfacción de buena parte de las aspiraciones de los nacionalistas catalanes y vascos ayude a consolidar una unidad nacional fundada en la adhesión política más que en la imposición legal. De otra parte, la apertura de un proceso de paz, aprovechando la declaración de una tregua permanente por parte de ETA, que permitiera poner fin a la violencia. Y, por fin, la elaboración de una Ley de la Memoria Histórica que no pretende el enjuiciamiento legal de los antiguos represores del franquismo sino la dignificación de sus víctimas, mediante iniciativas como la declaración de nulidad de los juicios franquistas y la recuperación de cadáveres de las anónimas fosas comunes en que fueron enterrados los represaliados.

Para esas iniciativas y a pesar de puntuales desencuentros, Zapatero ha contado con el respaldo del partido socialista, la izquierda alternativa (Izquierda Unida) y la izquierda republicana independentista de Cataluña (Esquerra Republicana de Catalunya), pero también con el apoyo del centro-derecha nacionalista tanto catalán (Convergencia i Unió) como vasco (Partido Nacionalista Vasco). Un amplio arco parlamentario que representa al 57 por ciento del electorado, frente al 37 por ciento que respalda a la derecha del Partido Popular, un partido que no sólo se ha negado a participar en dichas iniciativas sino que las ha bloqueado o boicoteado allí donde ha podido, aprovechando el sistema electoral español, que le otorga un número de escaños parlamentarios que es un cinco por ciento mayor que el porcentaje de votos obtenidos, y la existencia de una mayoría conservadora en algunos órganos del Estado, originada durante el mandato del presidente Aznar, como el Consejo General del Poder Judicial.

El balance provisional de esas tres iniciativas es muy desigual. La ley de Memoria Histórica, rechazada frontalmente por la derecha, es tildada de timorata por Izquierda Unida y Esquerra Republicana. La reforma del Estatuto de Cataluña ha salido adelante, pese a la reacción escandalizada de la derecha, elevando sustancialmente su capacidad de autogobierno y proporcionando una referencia básica para los estatutos de otras regiones.[4] Y la reforma del Estatuto vasco está bloqueada por el colapso del proceso de paz tras el atentado de ETA. Un colapso que ha disparado la agresividad de la derecha y debilitado al gobierno.

4. Sin embargo, el Tribunal Constitucional anuló en junio de 2010 la mayor parte del nuevo estatuto catalán, que había sido aprobado en referéndum, dando origen así a la deriva independentista vivida en Cataluña desde entonces.

El discurso de la extrema derecha. No faltan observadores políticos que señalan que en la falta de acuerdo entre el Partido Popular y el gobierno de Zapatero hay también una falta de voluntad por parte de éste, pues la desaforada oposición del PP refuerza las posibilidades electorales de los socialistas. El debate parlamentario del pasado 15 de enero fue un buen ejemplo de ese efecto. Por primera vez en la democracia española el partido mayoritario de la oposición utilizó la lucha antiterrorista para atacar parlamentariamente al gobierno, y el líder del PP, Mariano Rajoy, mostró una agresividad inusitada contra Zapatero. El resultado, según todas las encuestas, fue el aumento en la intención de voto de los socialistas, lo que evidenció el recelo de la ciudadanía española hacia las actitudes extremistas.

No hay que descartar que en los ámbitos gubernamentales la actitud del PP sea vista como un regalo electoral y que ello haya llevado a descuidar gestos de aproximación que pudieran haber favorecido una actitud menos agresiva por parte de la derecha. Pero lo cierto es que la dirección del PP se ha instalado en un discurso radical e intransigente desde el momento mismo de la victoria electoral de los socialistas en marzo de 2004. Sus intentos de deslegitimar dicha victoria y su rechazo a pactar ninguna iniciativa gubernamental mediante la estrategia de anticipar condiciones maximalistas que imposibiliten al gobierno gobernar según su propio criterio, hacen prever que la única manera de lograr un acuerdo con el PP pasaría hoy por la simple aceptación de sus postulados, es decir, por una acción de gobierno propia de la derecha.

¿Por qué tanta intransigencia? Seguramente por un arriesgado cálculo electoral: que el fracaso del gobierno en el proceso de paz y la difusión de una imagen de Zapatero como un líder incapaz, peligroso para la seguridad de España, pueden volcar el voto hacia los conservadores. Pero esa actitud de los dirigentes del PP se sostiene con un discurso político de tintes más propios de la extrema derecha que de una derecha moderada y democrática. Y es precisamente ese alejamiento del centro político el que arruina sus expectativas electorales. Las razones para semejante deriva hay que buscarlas en la incapacidad para gestionar situaciones de crisis de la actual dirección del partido (la misma que no supo percibir el peligro islamista, tras haber implicado a España en la guerra de Irak, que se concretó en los atentados del 11 de marzo de 2004), pero también en un problema de identidad política que la derecha arrastra desde el descalabro en 1982 de la UCD (Unión de Centro Democrático, partido centrista fundado por Adolfo Suárez y ganador de las primeras elecciones democráticas de 1977).

La refundación del Partido Popular, en 1989, supuso el encuentro en un solo partido de los sectores centristas provenientes de la UCD y de la derecha posfranquista de Alianza Popular, capitaneada por Manuel Fraga, que fue ministro de Franco en la década de 1960 y es el actual presidente de honor del PP. Una de las virtudes de ese encuentro fue precisamente asimilar a la extrema derecha a través de una organización conservadora escorada al centro, una manera de desactivar políticamente a los sectores ultras del antiguo régimen que habían representado una amenaza constante durante los primeros años de la democracia. Sin embargo, el regreso de la derecha española al gobierno en 1996 y, en particular, la mayoría absoluta obtenida por Aznar en las elecciones de 2000, en un contexto internacional en el que la extrema derecha imponía su visión del mundo a través del gobierno de George Bush y su guerra mundial contra el terrorismo, han hecho que haya sido a la postre el discurso de la extrema derecha (unido a la injerencia de la Iglesia católica española en el debate político y a la militancia ultracatólica de señalados políticos del PP, como Ángel Acebes, que están vinculados a los Legionarios de Cristo) el que haya prevalecido en el Partido Popular durante los tres años del gobierno de Zapatero. No habría por ello que descartar, si el PP pierde las próximas elecciones, que la derecha se vea obligada a librarse de forma más o menos traumática de ese componente ultra para poder recuperar una posición de centro que le abra la vía de regreso al gobierno.

Todas las víctimas. La actual actitud del PP hace muy difícil que el clima político español se tranquilice y el atentado de Barajas imposibilita hoy cualquier negociación con el mundo de la violencia. Sin embargo, un proceso de paz resulta imprescindible para poder abordar sin amenazas la reforma del Estatuto vasco, sin la cual no hay manera de encontrar una fórmula que dé espacio a todas las sensibilidades de la sociedad vasca dentro del marco del Estado español. Su colapso supone una grave limitación al intento de Zapatero de liquidar la herencia franquista en la democracia española y se convierte en arma de desestabilización permanente por parte del PP. La capacidad de Zapatero para concretar un pacto de amplio espectro, que le respalde en sus iniciativas para poner término a la herencia franquista y buscar el final de la violencia, y la voluntad o no del Partido Popular de librarse del peso de la extrema derecha en su seno van a influir decisivamente en los resultados de las elecciones de 2008, cuyo primer test serán las municipales del próximo mes de mayo. En todo caso, la cuestión vasca, que a estas alturas es ya indudablemente la cuestión española, seguirá siendo la piedra de toque de la democracia en España, algo de lo que ETA es muy consciente: ahí radica precisamente su única baza, y por ello debilitar desde la oposición la política antiterrorista del gobierno (que es el máximo representante del Estado que los terroristas combaten) refuerza de hecho la posición de la banda.

En la lucha política de estos tres años ha habido constantes referencias a las víctimas de la violencia. Las víctimas de la violencia etarra, las de la violencia islamista y las de la represión franquista. Pero siguen faltando otras víctimas, las de la guerra sucia contra el terrorismo, cuya incómoda presencia tan sólo es invocada de forma interesada por quienes tratan de justificar la existencia de ETA. El reconocimiento sin exclusiones de todas las víctimas, cada una en su contexto, es también un ejercicio de memoria histórica necesario que no sólo permitirá evaluar el franquismo sino que, antes o después, tendrá que revisar también la más reciente historia de España.

Zapatero ha intentado dar los primeros pasos en el camino hacia la normalidad, que no otra cosa es la sustitución de la violencia por el diálogo. Desgraciadamente ni la intransigencia criminal de ETA (cuya ideología totalitaria le lleva a tratar de obtener beneficios políticos a cambio del abandono de la violencia) ni el resentimiento del Partido Popular (que antepone la lucha antigubernamental a la unidad en la lucha antiterrorista) ha permitido que la iniciativa termine de cuajar, pero las cartas siguen sobre la mesa. El proceso de paz está bloqueado, Zapatero trata de asentar un nuevo pacto para llevar adelante su política de normalización democrática en el que el Partido Nacionalista Vasco puede jugar un papel fundamental (rompiendo así la división entre nacionalistas y no nacionalistas que tanto ha favorecido a la estrategia de ETA) y en el que es de prever que el PP se niegue a participar. La izquierda *abertzale* no termina de decidirse a desmarcarse de la violencia y ETA deshoja la sangrienta margarita de retomar la cadena de crímenes o hacer verdad esa tregua permanente que decía mantener mientras la violaba. Habrá que esperar a ver cómo se desarrolla la siguiente mano de la partida, antes de que suene la hora de votar.

Jueves 14 de junio de 2007

LA CRUZADA NEOFRANQUISTA DEL PP. Se suele decir que, ante las elecciones, los discursos políticos se radicalizan para regresar después a una «normalidad de la discrepancia» y que no conviene tomar en serio los excesos retóricos en los periodos electorales. Ese punto de vista, que significaría aceptar que la impostura es consustancial a las elecciones, ni siquiera puede servir de cínico consuelo en la actual situación política española. Porque el problema es que el Partido Popular se ha declarado en periodo electoral permanente desde el día siguiente de las elecciones del 14 de marzo de 2004, y sus desmanes verbales, constantes desde hace tres años, muestran una actitud que tiene graves consecuencias.

La primera es que revela su no aceptación de la derrota electoral de 2004. Por mucho que de vez en cuando algún líder conservador diga que sí la aceptaron, la acusación de que el gobierno se ha servido del terrorismo de ETA, cuando no ha colaborado con él, para contribuir a la destrucción del país, y el empeño por relacionar a ETA con el 11-M, sugiriendo una conspiración para llevar al PSOE al poder, han supuesto de hecho la negación de toda legitimidad al gobierno. Una estrategia que continúa pese al anuncio del fin de la tregua de ETA, pues la leve rebaja del tono de las críticas se condiciona al seguidismo por parte del gobierno de las tesis populares.

La segunda consecuencia es que la radicalidad del discurso del PP ha pasado de retórica preelectoral a ser eje de su acción política. Las exageraciones y mentiras catastrofistas de los conservadores españoles no son «guiños franquistas», destinados a recabar el voto de la extrema derecha, sino la columna vertebral de una movilización política constante, de claro contenido neofranquista, que pretende hacer imposible el normal ejercicio del gobierno a quien legítimamente tiene el encargo de hacerlo: el PSOE, vencedor de las últimas elecciones generales. Es en ese sentido en el que hay que interpretar las constantes llamadas de los líderes populares a una «rebelión cívica».

Y es importante detenerse en el análisis del carácter neofranquista de la política de la actual dirección del Partido Popular, no porque sirva para descalificar una acción política sino porque es ese carácter el que permite explicar la en apariencia inexplicable deriva fanática de la derecha española.

¿Cuáles son los rasgos que caracterizan como neofranquista la política actual del PP? Básicamente, la recuperación del espíritu de cruzada cristiana por la salvación de una patria en peligro y contra la antiEspaña, es decir, contra la parte de la sociedad española que es vista como enemiga de la patria y de Dios. La presentación de la ley de Educación y del reconocimiento de derechos a los homosexuales como ataques a la libertad religiosa y al orden natural ha contado con el apoyo entusiasta de la Iglesia católica española, cuyos obispos, eternos ausentes de las manifestaciones contra guerras e injusticias sociales, salieron a la calle para escenificar un discurso apocalíptico. A ello se ha unido la acusación de que el gobierno pretendía comprar la paz a ETA a cambio de la desintegración de España: un primer paso para ello sería la reforma del Estatuto de Autonomía de Cataluña.

Ése es el discurso: España está en peligro, la Iglesia es atacada, la familia tradicional va a desaparecer, el gobierno se entiende con los terroristas y traiciona a la patria y a los muertos. Un discurso que adapta al presente el viejo discurso de la dictadura franquista. No es casual que el ex presidente Aznar dijera que cualquier voto que no fuera al PP serviría para apoyar a ETA o que el gobierno nos llevaba a una situación de división como la que dio pie a la guerra civil. No son excesos retóricos sino que responden a una idea clave: que sólo el PP representa la verdadera España. Para sostenerla, el PP ha debido generar una aparente división del país en dos: el de quienes lo aman y el de quienes lo traicionan. En este contexto ideológico, la referencia de Aznar a una guerra que tuvo lugar hace setenta años no puede ser más inquietante, porque entonces la «verdadera España» se alzó en armas contra el gobierno legal de la nación provocando una catástrofe por la que nadie ha rendido nunca cuentas. Y ahí está la clave del problema político español de hoy: los herederos del franquismo, encarnados en este PP resultado de la fagocitación del centrismo de UCD por la extrema derecha de Alianza Popular, se niegan a aceptar la legitimidad de un gobierno que pretenda una sociedad española más laica, que rompa las últimas ataduras con el pasado de la dictadura, que se atreva a «remover huesos».

El único consuelo ante semejante panorama es que la historia, cuando se repite, suele hacerlo como farsa, y en la España actual del desarrollo económico y la expansión de las libertades, la actitud del PP resulta ridícula. Sin embargo, sigue cosechando votos y no debe tomarse a broma porque en realidad estamos asistiendo a una lucha política que tiene mucho de combate pedagógico, y bien haría el gobierno del PSOE en comprender que si es en la enseñanza privada católica donde está el vivero del neofranquismo, sólo una apuesta decidida por el laicismo puede lograr a medio plazo minar la base social que sostiene políticas tan peligrosas para la convivencia democrática como la que practica la actual dirección del PP.

Miércoles 1 de agosto de 2007

EL PUÑAL EN LA ESPALDA. Es necesario hacer un balance de la tregua de ETA. El terrorismo es una de las mayores lacras de nuestro tiempo, aunque no es ni mucho menos la única, ni siquiera la principal: el hambre, la miseria generada por las desigualda-

des sociales y la destrucción medioambiental provocan un número infinitamente superior de víctimas y daños estructurales de larga duración en la población, la economía y la salud planetarias.
Sin embargo, el terrorismo ha mostrado una temible capacidad de
dañar las estructuras políticas, desestabilizando naciones y propiciando el auge de opciones autoritarias. Las posibilidades de desarrollo democrático dependen en buena medida del modo como se
enfrenta el fenómeno terrorista: endureciendo la represión estatal
hasta la ilegalidad o articulando la necesaria y rigurosa represión
legal con el reforzamiento de los mecanismos de diálogo y participación política. Por eso, la ocasión de desactivar mediante el diálogo uno de los numerosos núcleos de violencia terrorista existentes
es motivo de esperanza no sólo para quienes la sufren directamente
sino para el conjunto de la sociedad. Tal ha sido el caso del diálogo con la banda terrorista ETA iniciado por el gobierno de España
en junio de 2005 y que condujo a la declaración de un alto el fuego
por parte de ETA en marzo de 2006.

Sin embargo, con el atentado contra el aeropuerto de Barajas el
pasado 30 de diciembre, que mató a dos emigrantes ecuatorianos,
y con la posterior declaración del fin del alto el fuego, en junio de
2007, la propia ETA se ha encargado de enterrar esas esperanzas.
Es una historia que se repite desde hace décadas pero, en esta ocasión, la sociedad española no sólo ha asistido a un nuevo intento
fallido de acabar con una violencia anacrónica que dura ya cuarenta años, sino también al uso, por parte del derechista Partido Popular, de los actos y las palabras de los terroristas como armas políticas contra el gobierno. Una actitud que no ha sido en absoluto
ajena al fracaso del proceso de diálogo y cuyas consecuencias en
necesario analizar.

ETA nació en el País Vasco español bajo la dictadura de Franco, pero ha sido en la democracia cuando ha ejercido su mayor actividad criminal, convirtiéndose en permanente agente desestabilizador y derivando hacia una ideología totalitaria que combina la
retórica izquierdista con un pensamiento ultranacionalista y xenófobo. ETA es, paradójicamente, uno de los últimos vestigios de la
dictadura franquista. Su balance, a fecha de hoy, es de 817 asesina-

tos y cerca de tres mil heridos y todos los gobiernos de la democracia española han combinado la represión de sus actividades con intentos de diálogo, a fin de hallar una salida al círculo vicioso de la violencia. Tanto Adolfo Suárez, como Felipe González o José María Aznar propiciaron diálogos con las diferentes direcciones de ETA, que fracasaron ante la intransigencia de los terroristas, empeñados en obtener beneficios políticos a cambio del cese de sus actividades. Eso mismo ha vuelto a suceder ahora, durante las conversaciones que el gobierno de Zapatero ha mantenido con ETA.

Las experiencias de diálogo. Cada intento de negociación ha tenido sus propias características. Suárez, tras el diálogo de 1976, logró que una parte de ETA abandonara las armas y se transformara en un partido político legal: Euskadiko Ezkerra, partido creado en 1977, que jugó un papel fundamental en la disolución en 1982 de la organización ETA político-militar, escindida de la ETA original. Sin embargo, el núcleo duro de ETA persistió en el terrorismo. Las conversaciones de Argel, en 1989, se produjeron tras la existencia hasta 1987, bajo el gobierno de Felipe González, de uno de los diversos grupos de terrorismo de Estado activos en los primeros años de la democracia (el denominado GAL), que no sólo se mostró inútil para acabar con ETA sino que contribuyó a reforzar a los terroristas vascos, quienes ante el rechazo del gobierno a mantener negociaciones de carácter político rompieron la tregua que habían decretado. El diálogo de Aznar con ETA, en mayo de 1999, se produjo después de que los tribunales hubieran comenzado la persecución legal de los GAL (que acabó con condenas de prisión contra altos cargos políticos y policiales) y el gobierno realizó algunos gestos de buena voluntad para propiciar el entendimiento, como el acercamiento de presos de la banda terrorista al País Vasco (los presos de ETA están dispersados por cárceles de toda España a fin de evitar que puedan coordinarse dentro de las prisiones y, precisamente, una de las reivindicaciones permanentes de los partidarios de ETA es su traslado a prisiones del País Vasco). Pero de nuevo las pretensiones de protagonismo político de la banda impidieron el acuerdo.

Después de esas experiencias, el gobierno de Zapatero planteó el diálogo con ETA sobre una doble base que intentaba salvar el escollo del inaceptable protagonismo político de la banda: por un lado, se abría una mesa de diálogo con la banda terrorista para tratar su desarme y el futuro de los presos; y por otro se creaba otra mesa, de carácter político, en la que ETA estaría excluida, donde los diferentes partidos vascos discutirían la reforma del Estatuto de Autonomía del País Vasco, dentro del marco de la legalidad, y en la que participaría la izquierda *abertzale*, cuya principal formación política, Batasuna, está ilegalizada por su colaboración con la banda. Se trataba de ofrecer un cauce de participación política al mundo que sostiene a ETA, a cambio del fin de la violencia y de la aceptación de la legalidad. Además, dos datos nuevos hacían pensar, a pesar de tantos fracasos, que quizás aquélla era la ocasión definitiva para acabar con el terrorismo vasco: por primera vez, ETA llevaba tres años sin cometer ningún asesinato, y el impacto del terrorismo islámico tras los atentados del 11-M en Madrid parecía relegar a la banda a un papel secundario dentro de los temores de la opinión pública.

Sin embargo, las cosas no fueron como se esperaba. El presidente del Partido Nacionalista Vasco, Jon Josu Imaz, ha contado cómo las negociaciones entre el PNV, los socialistas y Batasuna se rompieron a causa del «chantaje a punta de pistola» ejercido por ETA para que se aceptara la creación de una nueva comunidad autónoma que integrara al País Vasco y a Navarra. Es decir que, incumpliendo la separación de funciones acordada para las dos mesas, de nuevo ETA pretendía poner precio político al fin de la violencia: la creación de una unidad territorial que integre a las provincias vascas de Francia y España y a la región de Navarra, especie de Gran Euskadi de pureza étnica soñada por los ultranacionalistas vascos. De ese modo, ETA relegaba al papel de mera comparsa a Batasuna, que perdía cualquier protagonismo político, y ante la negativa del gobierno y de la mesa de partidos a aceptar sus condiciones políticas, perpetró el atentado de Barajas.

El fracaso del diálogo y el fin de la tregua han generado una tremenda frustración en la sociedad española y, en particular, en la vasca, pero han suscitado también una agresiva reacción en parte de la opinión pública contra el gobierno de Zapatero, al que se acusa de debilidad cuando no de complicidad con los terroristas. Es la primera vez que el fracaso de las negociaciones para poner fin a la violencia de ETA se convierte en arma arrojadiza antigubernamental. Para comprender el porqué quizá habría que reformular la primera frase de este párrafo: el fracaso del diálogo y el fin de la tregua han frustrado a la mayoría de la sociedad española y, en particular, a la mayoría de los vascos, pero han representado el triunfo de la estrategia política seguida por el PP, que se ha apresurado a sacar réditos de la situación.

La desleal oposición. El proceso de diálogo con ETA emprendido por Rodríguez Zapatero ha contado con dos hechos novedosos. El primero es el respaldo explícito del Parlamento a la iniciativa del gobierno, autorizando dicho diálogo y estableciendo los límites y condiciones en que podía celebrarse. Zapatero, tras los primeros contactos inevitablemente secretos, hizo pública el 29 de junio de 2006 su decisión de dialogar, dándole así una solemnidad y trascendencia a las conversaciones que mostraba la voluntad de entendimiento por parte del gobierno. El segundo es el boicot activo e incesante hacia dicho diálogo por parte del principal partido de la oposición, el Partido Popular, desde el mismo momento en que el gobierno hizo públicas sus intenciones. Un boicot que no ocurrió con ninguno de los anteriores intentos de diálogo, en los cuales la oposición (ya fuera socialista o conservadora) defendió la iniciativa gubernamental y apoyó al gobierno tras los fracasos negociadores.

El PP se negó a apoyar la declaración aprobada el 17 de mayo de 2005 por el resto de las fuerzas políticas del Congreso de los Diputados en la que se respaldaba la posibilidad del diálogo con ETA en los siguientes términos: «Convencidos como estamos de que la política puede y debe contribuir al fin de la violencia, reafirmamos que, si se producen las condiciones adecuadas para un final dialogado de la violencia, fundamentadas en una clara voluntad para poner fin a la misma y en actitudes inequívocas que puedan conducir a esa convicción, apoyamos procesos de diálogo entre los poderes competentes del Estado y quienes decidan abandonar la violencia, respetando en todo momento el principio democrático irrenunciable de que las cuestiones políticas deben resolverse únicamente a través de los representantes legítimos de la voluntad popular». Lo interesante y revelador de los verdaderos propósitos de la dirección del Partido Popular es que esa declaración que rechazaban apoyar era exactamente la misma que el PP había firmado, en el año 1988, junto con socialistas y nacionalistas vascos en el llamado Pacto de Ajuria Enea.

De ese modo quedaba diseñada la estrategia del PP frente al diálogo con ETA: negar desde un principio la legitimidad de dicho diálogo y acusar al presidente del gobierno de favorecer a ETA al plantearlo, aun a costa de criticar ferozmente actitudes que el propio PP había mantenido anteriormente. Una oposición inmune a la coherencia y a la lógica, basada en la movilización puramente emocional del electorado de derechas y en la utilización de una retórica catastrofista que provocara alarma y miedo entre la población. Las palabras del líder del PP, Mariano Rajoy, dirigidas al presidente de gobierno en el debate parlamentario de mayo de 2005, resumen perfectamente esa actitud. «Es usted quien se ha propuesto traicionar a los muertos y permitir que ETA recupere las posiciones que ocupaba antes de su arrinconamiento», le espetaba, para acusarle a continuación de haber permitido que «los representantes de ETA ocupen sus escaños en el Parlamento vasco» por no ilegalizar al partido político EHAK. El dato que Rajoy omitía en su invectiva era que había sido precisamente el gobierno del PP, presidido por Aznar, quien en 2002 había legalizado a EHAK a pesar de los indicios que vinculaban a este partido con la ilegalizada Batasuna, según le hizo notar en su día un informe de la Comisaría General de Información de la Policía.

Así pues, desde el mismo momento en que Zapatero planteó la posibilidad de buscar una salida dialogada a la violencia de ETA se encontró no sólo enfrentado al reto de lograr desarmar a una banda terrorista sino al hecho de tener que hacerlo con un puñal político clavado en la espalda: el de la sistemática deslealtad del primer partido de la oposición.

La política de Houdini. Esa manera de hacer oposición ha marcado todo el proceso de diálogo durante la tregua de ETA. Desde un punto de vista formal se construye sobre las reglas del doble juego, es decir, mediante una retórica que enmascara propósitos no sólo no declarados sino, en la práctica, contradictorios con lo que se dice. El líder del PP repite machaconamente que su partido sólo apoyará al gobierno «para derrotar a ETA», no para dialogar con ella, como si la disposición al diálogo por parte de ETA no fuera consecuencia de su sensación de derrota y como si un derrotado no lo fuera por el hecho de acordar la rendición. Dado que ETA cuenta con una base social de ciento ochenta mil personas (en torno al 8 por ciento de la población del País Vasco que vota a la izquierda «abertzale»), resulta difícil concebir una «derrota» de ETA que no pase en algún momento por el diálogo, a fin de evitar que esa base social siga alimentando nuevos terrorismos. Por ello el propio gobierno del PP dialogó en su día con ETA. ¿Por qué se opone a que lo haga ahora Zapatero? En buena lógica, la respuesta no puede ser otra que por la voluntad de evitar que el gobierno socialista pueda apuntarse el éxito de poner punto final al terrorismo de ETA. El que Zapatero demandara el apoyo del Parlamento e hiciera del diálogo para el final de la violencia uno de los ejes centrales de su estrategia de gobierno, convertía el fracaso de dicho diálogo en una de las mejores bazas de la oposición, en términos de puro oportunismo político.

Sin embargo, esa voluntad de desgastar al gobierno boicoteando el que pudiera ser su mayor logro no explica completamente la singular obsesión con la relación entre ETA y el gobierno de Zapatero que el PP muestra desde el mismo día de la victoria electoral socialista, el 14 de marzo de 2004. Y es la respuesta a esa enigmática obsesión la que mejor puede explicar la deriva del PP en los últimos tres años.

Una de las principales tareas emprendida por la dirección del PP en este tiempo, con el apoyo de medios de comunicación vinculados con la derecha (en particular el diario *El Mundo* y la cadena Cope, la radio de la Iglesia católica española), ha sido la de impedir que los atentados islamistas de Madrid redujeran a ETA a un papel secundario en el escenario del terrorismo. Para ello se fabricó la delirante teoría de una conspiración en la que islamistas y terroristas vascos habrían perpetrado conjuntamente los atentados del 11 de marzo de 2004 con el propósito de expulsar al PP del gobierno, incluso se sugirió que el partido socialista y la propia policía habían colaborado en dichos atentados. Así, mientras la justicia y la policía investigaban, detenían y juzgaban a los islamistas autores de los atentados de Madrid, el PP y su coro mediático se dedicaban a desautorizar la investigación y la instrucción judicial y seguían achacando a ETA una participación en el atentado. Exactamente como hizo el gobierno de Aznar entre el 11 y el 13 de marzo de 2004. La dramática paradoja ha sido que mientras España vivía el periodo más largo de ausencia de crímenes de ETA y el gobierno de Zapatero trataba de hallar una salida al problema del terrorismo vasco, el PP construía un relato de terror sobre la amenaza de ETA y se convertía de hecho en el principal portavoz de las opiniones del mundo etarra, haciéndose eco de cuanta declaración hiciera éste y asediando a Zapatero en el Parlamento con preguntas que pretendían obligar al presidente a dar explicaciones ante las palabras de los etarras, como si éstos tuvieran más credibilidad para la oposición que el propio gobierno. Nunca ETA ha conocido tanto protagonismo, ni se le ha reconocido tanto poder y capacidad de amenaza, como los que le ha dado el PP en estos años sin muertos y con tregua.

El PP no sólo ha acusado a Zapatero de traicionar a los muertos, de poner en peligro la unidad de España y de consentir las actividades terroristas, sino que ha recortado enormemente la capacidad de maniobra del gobierno, presentándolo ante la opinión pública como traidor a la patria, y ha ofrecido del mismo una imagen debilitada que sólo ha favorecido el endurecimiento de las posiciones más intransigentes de ETA, que ha creído ver en la aparente debilidad del gobierno una ocasión para imponer sus tesis políticas para el País Vasco. Dado que tal debilidad no era real, el resultado ha sido que el órdago de ETA ha conducido al final del diálogo, cerrándose de momento la posibilidad de poner fin a cuarenta años de violencia.

Desde el mismo 14 de marzo de 2004, tras perder las elecciones, la fracasada dirección nacional del PP ha procedido a inventarse una situación de alarma nacional y una supuesta traición para justificar su derrota pero, sobre todo, para no tener que rendir cuenta de sus errores. La conclusión no puede ser más triste: la crispación política que vive desde entonces España no es sino un espectáculo organizado por una camarilla política que antepone sus intereses a la estabilidad del país e, incluso, a la resolución del trágico problema del terrorismo vasco. Es el último y mayor error de una dirección política equivocada, pues fueron precisamente su radicalización conservadora y sus mentiras (sobre la presencia de armas de destrucción masiva en Irak para justificar la guerra y sobre la autoría de los atentados de Madrid en marzo de 2004) las que desalojaron al PP del poder. Insistir en ambas es una política escapista que, cual el célebre mago Houdini, trata de librarse de las cadenas de las propias responsabilidades. Es como si, en la lógica de su propia interpretación de lo ocurrido en marzo de 2004, la dirección del PP creyera que si una bomba islamista le arrebató el gobierno puede ser una bomba etarra la que se lo devuelva.

Lecciones y elecciones. El tiempo de esa fuga hacia delante de la actual dirección del PP está limitado por las elecciones generales que habrán de celebrarse en 2008. Pero los últimos tres años de gobierno, oposición y fallido diálogo, han dejado ya algunos elementos de balance. Los dos grandes debates del Estado de la Nación, entre Zapatero y Rajoy, han concluido con sendas victorias del presidente ante la opinión pública. El optimismo del gobierno se ha estrellado con la intransigencia de ETA y cabe preguntarse si las posibilidades de éxito de la negociación no se han visto mermadas por la excesiva publicidad que ha rodeado al proceso. Las acusaciones de ingenuidad dirigidas contra Zapatero han resultado ciertas no tanto en lo referido a su análisis de la actitud de ETA sino a su confianza en contar con el respaldo o al menos con la neutralidad del Partido Popular, aunque hay que reconocer que difícilmente habría podido imaginarse que el principal partido de la oposición fuera a embarcarse en un boicot tan rabioso. Y, al final, los negros vaticinios del PP han sido desmentidos por la realidad: el gobierno no ha cedido ante las pretensiones políticas de ETA, de ahí la ruptura del alto el fuego; han sido detenidos más de trescientos miembros de la banda terrorista; las reformas de los estatutos de autonomía no han roto la unidad de España y la oposición anticatalana, ejercida por el PP contra la reforma del Estatuto de Cataluña, se ha saldado con pésimos resultados electorales en la región y con la dimisión del líder popular en Cataluña, Josep Piqué, precisamente uno de los dirigentes que se oponía a la radicalización propugnada por el secretario general del PP, Ángel Acebes, destacado representante del catolicismo extremista. Por fin, el juicio sobre los atentados del 11-M ha quedado visto para sentencia, tras dejar claro que fueron islamistas sin vínculo alguno con ETA quienes lo perpetraron.

La sombra de nuevos atentados de ETA, tras el fin de la tregua, planea sobre España sin que ello mueva al PP a abandonar la utilización política del terrorismo contra el gobierno, con exigencias absurdas como que el gobierno haga públicas las actas del diálogo con ETA, lo que supondría el descrédito internacional del Centro de Diálogo Henri Dunant, mediador en dicho diálogo, y con la utilización del atentado sufrido en el Líbano por tropas españolas de la ONU para atacar a Zapatero. Pero la policía ha abortado de momento tres intentos de atentado, con detenciones de etarras en Francia y España, demostrando que si es posible que ETA aprovechara la tregua para intentar reorganizarse, el gobierno de España ha sabido aprovecharla también para prevenir sus acciones, aunque persiste el riesgo de que en algún momento los terroristas logren su objetivo.

Las fichas en el tablero de la política española están repartidas, aunque algunas estrategias todavía no estén claras. El PP sostiene su política de enfrentamiento total fundada en la acusación contra Zapatero de complicidad con ETA, el apoyo al catolicismo más radical en materia de educación y derechos de homosexuales, el rechazo a la ley que reconoce la dignidad de las víctimas de la dictadura franquista (al tiempo que apoya la construcción de monumentos a los «mártires de la fe» ejecutados por los republicanos, como la

Parroquia Santuario de los Beatos Mártires Valencianos apoyada por la alcaldesa de Valencia, en el marco de la próxima beatificación en Roma de 498 víctimas católicas de la guerra civil) y el ataque al Estatuto de Cataluña. Por su parte, Zapatero ha remodelado el gobierno para ofrecer una imagen de iniciativa política e intentar escapar a la monotemática disputa sobre terrorismo que pretende la oposición, pero le esperan como asignaturas pendientes, caso de ganar las próximas elecciones, la modificación de la actual Ley de Partidos (que, si bien ha permitido ilegalizar a los sostenedores de ETA, está siendo utilizada por sectores radicales de la derecha para intentar procesar a líderes democráticos vascos por el solo hecho de haber hablado con dirigentes del partido ilegalizado) y la articulación de un nuevo pacto antiterrorista, habida cuenta que el PP ha roto el existente al utilizar el terrorismo como arma contra el gobierno. Y en el mundo de ETA se vive una situación de *impasse*, con el líder de Batasuna, Arnaldo Otegui, en prisión por un delito de exaltación del terrorismo, varios comandos intentando atentar sin éxito y el enigma del verdadero poder en el seno de ETA, tras el fracaso de la tregua, de Josu Ternera, el dirigente que propuso el diálogo con el gobierno. Junto a ello, la actitud del líder del Partido Nacionalista Vasco, cuya apuesta por aumentar la presión policial sobre la banda a fin de forzarla a una tregua definitiva ha recibido duras críticas de ETA, plantea la hipótesis de la repercusión que tendría el que la banda optara por incluir a nacionalistas vascos moderados entre sus víctimas. Y es que, desdichadamente, la estrategia del PP de dar protagonismo a ETA ha terminado por otorgar a la banda, por primera vez, una verdadera capacidad de influencia sobre la vida política española. Y ésa es la peor de las noticias.

Con este panorama, en las elecciones de 2008 los españoles van a verse abocados a elegir entre enterrar definitivamente los últimos restos del franquismo (con la reparación a las víctimas de la dictadura, la reforma educativa que consolide la extensión de libertades y el pleno desarrollo de las autonomías), tal como ha intentado hacer Zapatero, o consagrar la deriva neofranquista emprendida por la actual dirección del PP, que lleva tres años jugando con el fuego de la división social. El regreso a España de Rodrigo Rato, uno de

los más reputados políticos de la derecha, tras abandonar inespera-
damente la presidencia del Fondo Monetario Internacional, permite sospechar que en el seno del conservadurismo español comienza
a gestarse ya la alternativa centrista que pueda hacerse cargo del PP
tras la previsible derrota electoral de la actual dirección. En todo
caso, les corresponderá a los ciudadanos la última palabra.

Jueves 2 de agosto de 2007

UNA ESTRATEGIA DE DESESTABILIZACIÓN. El siglo XXI ha nacido entre un estallido de violencia y crispación de dimensiones
mundiales, con tragedias a las que España no ha sido ajena. Pero al
hacer balance de lo vivido en este tiempo, se comprueba que no se
ha hecho suficiente hincapié en una de sus más dañinas consecuencias: la grave anomalía que padece la vida política española desde
hace cuatro años y que pone en riesgo la convivencia democrática.
Es de todos conocido que, tras las elecciones de 2004, el Partido
Popular programó una sistemática crispación con el aparente objetivo de desprestigiar al gobierno del país y a una parte de la judicatura y de las fuerzas de seguridad del Estado, utilizando para ello el
terrorismo de ETA y el embuste de una supuesta participación de la
banda vasca en los atentados del 11 de marzo en Madrid, a fin de
reconquistar el poder. Sin embargo, pese a tanta erosión, todas las
encuestas se muestran hasta hoy favorables a los socialistas. ¿Por
qué entonces se empeña el PP en mantener una estrategia que parece conducirle a una nueva derrota electoral? La única respuesta
lógica es porque dicha estrategia, en realidad, antepone otro objetivo al de ganar las elecciones. Y la definición de ese objetivo pone
el dedo en la llaga que amenaza con gangrenar la democracia española: lo que pretende la estrategia del PP es generar un clima político que permita a la actual dirección del partido eludir sus responsabilidades por la guerra de Irak. La crispación es, pues, la aplicación
a la vida política de la táctica del calamar: emborronarlo todo con
falsas polémicas de modo que lo esencial escape al debate. Y lo
esencial es que los miembros del gobierno del ex presidente José

María Aznar cometieron un delito por el que hasta el momento no han respondido.

El resultado de dicha estrategia de mentiras y manipulaciones es que el conjunto del Estado ha terminado erosionado. La crispación ha llegado hasta la figura del rey y a la monarquía como institución. Viñetas satíricas, canciones, diatribas radiofónicas, quemas de retratos: las acciones de hostilidad hacia la monarquía, aunque minoritarias, han empezado a tener eco y han provocado una reacción del Ministerio Fiscal que sólo parece haber echado más leña al fuego. No se trata de que no haya que reaccionar ante las injurias que puedan verterse contra el jefe del Estado, el problema es que los casos que limitan con la libertad de expresión se diriman en el terreno penal en lugar de hacerlo en el de la justicia civil. Pero lo más llamativo es que ninguna autoridad política ni judicial haya reaccionado en estos cuatro años para defender a la monarquía parlamentaria española del mayor ataque que ha sufrido. Es ahí donde se debería ser ejemplarizante, porque difícilmente se puede exigir a los ciudadanos respeto a la monarquía cuando el propio gobierno de la Nación es capaz de no respetarla impunemente.

El 16 de marzo de 2003, el entonces presidente del gobierno, José María Aznar, junto con Bush y Blair, lanzó un ultimátum al gobierno legal de Irak cuyo incumplimiento supondría el ataque para derribar dicho gobierno. Que setenta y dos horas después comenzara la invasión prueba que existía una relación de causa-efecto y que en realidad se trataba de una declaración de guerra. Sin embargo, el presidente Aznar no tenía la capacidad legal de hacer tal cosa. La Constitución española reserva en exclusiva a la reunión conjunta de las Cortes (el Congreso de Diputados y el Senado), refrendada por la firma del rey, la capacidad de declarar la guerra, y el código penal español castiga, con penas de entre quince y veinte años de cárcel, a los miembros del gobierno que hagan una declaración ilegal de guerra. Pero Aznar no sólo la declaró, también envió tropas españolas al escenario bélico durante la invasión para que cumplieran misiones de apoyo técnico y sanitario, que fueron cínicamente presentadas como «ayuda humanitaria», y después destinó tropas españolas en el territorio iraquí, una vez invadido éste, por lo que se convirtieron en fuerzas de ocupación. Y todo ello sin que existiera siquiera una resolución de las Naciones Unidas, ni una operación en el seno de la OTAN que pudieran haberse presentado como excusas.

Con ello, el gobierno Aznar usurpó las funciones del jefe del Estado y del Parlamento en un asunto de extrema gravedad como es la guerra. Está claro que los requisitos constitucionales para la declaración de guerra y los tipos penales contra las autoridades que la declararan ilegalmente responden a la voluntad del legislador de proteger a la nación ante aventuras militares que puedan acarrear daños graves a los intereses nacionales y a las vidas de los ciudadanos (y los atentados islamistas de Madrid probaron hasta qué punto con la guerra de Irak se habían puesto temerariamente en peligro dichos intereses y vidas). Por ello resulta incomprensible que ni la Fiscalía General ni el Parlamento hayan tomado iniciativa legal alguna para perseguir el delito cometido por los miembros del gobierno de Aznar. Tan sólo un grupo de ciudadanos intentamos vanamente interponer una querella contra Aznar y sus ministros, cuya tramitación fue rechazada por el Tribunal Supremo con el argumento de que sólo el Parlamento tiene potestad para presentar querella por los delitos que pretendíamos que se juzgaran. Buena parte de la actual dirección del PP formaba parte de aquel gobierno de Aznar que concentró en sus manos, ilegalmente, funciones y poderes que no le competían, y el hecho de que el Tribunal Supremo atribuya en exclusiva al Parlamento (al menos un 25 por ciento de sus miembros) la iniciativa de querellarse por tal delito quiere decir que, si los parlamentarios toman tal iniciativa, aún existe la posibilidad de que acaben en el banquillo.

La victoria en las elecciones de 2004 habría servido al PP para bloquear, invocando el refrendo de la soberanía popular, cualquier medida en ese sentido. Su derrota, por el contrario, podía abrir la puerta a la exigencia penal de responsabilidades, de ahí la en apariencia inexplicable crispación generada. Por eso la dirección del PP no ha tenido empacho en enrarecer la convivencia, auspiciando además la resurrección de la extrema derecha, al punto de propiciar la erosión de instituciones arbitrales como la propia monarquía o la justicia. En otros países europeos, como Francia, donde la investigación sobre presuntos delitos del ex presidente Chirac continúa, el paso por el gobierno no significa impunidad. En España tampoco debería significarlo, pero sólo los diputados de las Cortes tienen la posibilidad legal de querellarse por la guerra de Irak. Hacerlo significaría dejar de lado el ruido de la crispación para resolver de una vez esa anomalía tan peligrosamente desestabilizadora. El hecho de que el Parlamento español no haya presentado dicha querella muestra hasta qué punto los intereses de los partidos y sus agendas políticas priman sobre la defensa del Estado de Derecho. Ésa es la responsabilidad que cabe exigirles.

Sábado 9 de febrero de 2008

LOS NUEVOS MUROS. Todavía están por definir las reglas que rigen esta nueva época nacida con los atentados del 11-S y la guerra de Irak, pero ya se puede afirmar que la doblez es sin duda una de ellas. Que de manera sistemática se haga exactamente lo contrario de lo que se predica no es algo nuevo en la historia, lo novedoso es que esa hipocresía se practique descaradamente mediante un lenguaje que niega la realidad al nombrarla. Un ejemplo es la idea de «bombardeos por razones humanitarias», acuñada en su día por el actual ministro de Asuntos Exteriores francés, M. Kouchner. Un concepto propio del mundo de pesadilla imaginado por George Orwell, quien precisamente utilizaba en su novela *1984* una consigna totalitaria que neoconservadores como Norman Podhoretz defienden hoy con ardor: «La guerra es la paz».

En ese «doblepensar», en esa retórica que afirma defender aquello que se destruye, hay que encuadrar la contradicción de que en plena globalización, mientras se predica la marcha inexorable hacia un mundo sin fronteras, crezcan por doquier muros como el que el gobierno de Israel levanta en torno a los territorios palestinos, el que Estados Unidos pretende extender a lo largo de su frontera con México o el que Arabia Saudí construye en su frontera con Irak.

Durante la Guerra Fría, buena parte de las críticas a los países del Este de Europa se centraban en la aberración de la existencia del Muro de Berlín, que fue convertido en un símbolo de opresión. La caída del Muro, en 1989, parecía presagiar un tiempo de reconciliación, un mundo más abierto. Lo cierto es que no ha sido así. Desaparecida la retórica anticomunista, el triunfante capitalismo se ha puesto a construir sus propios muros para impedir la entrada a la fortaleza privilegiada del Primer Mundo de aquellos que huyen de los infiernos del Tercero.

Por supuesto que hay excusas y razones para levantarlos. También la República Democrática Alemana tenía las suyas. Pero el denominador común en todo caso es el de la seguridad nacional: hay que controlar el flujo de las migraciones para evitar el caos social y económico, hay que mantener aisladas a las poblaciones conflictivas para evitar que la violencia que surge en su seno llegue hasta nosotros. Poco a poco, la era de la globalización va mostrando su doble vara de medir. Un mundo global sí, pero sobre todo para los capitales, esas criaturas VIPS que pueden ir a todas partas según su sacrosanta conveniencia, sea cual sea el precio a pagar en sufrimientos humanos. Para el resto del planeta la globalización es bien relativa.

Las mercancías de los países desarrollados o de las potencias emergentes como China saltan de país en país en el vértigo de las nuevas comunicaciones y las deslocalizaciones, pero las mercancías de la mayoría de los países del Tercer Mundo chocan, por ejemplo, con las murallas económicas del proteccionismo europeo y americano en materia de agricultura. Buscando abaratar los costes de producción, las empresas europeas abren fábricas en Asia para aprovecharse de sus bajos salarios (y de paso doblar la espalda de los sindicatos europeos), pero los trabajadores africanos o de América Latina tienen que jugarse la vida en el Mediterráneo o en las aguas del Río Grande para entrar ilegalmente en las fortalezas del mundo desarrollado. De ese modo, la abundancia económica y la mayor libertad de movimientos en el seno del Primer Mundo contrastan con ese otro mundo extramuros cuya desesperación, pobreza y violencia son invocadas para levantar nuevos muros. A fecha de hoy, bien se puede decir que lo único realmente globalizado en el planeta es el beneficio privado de una minoría poderosa que manipula además en su provecho el sufrimiento de quienes viven extramuros.

El fenómeno de las pateras en España, que ha levantado también su Muro de Alambre en torno a Ceuta y Melilla, es un buen ejemplo de cómo se especula económicamente con la desesperación de los africanos, que son explotados por los traficantes en África y en Europa por los empresarios de la economía en negro. La incentivación del fenómeno de los balseros de Cuba por parte del gobierno de los Estados Unidos (que otorga muy pocos visados oficiales a cubanos, pero concede residencia a cualquier cubano que llegue a suelo estadounidense jugándose la vida en el mar), muestra cómo se especula políticamente con las dificultades económicas de un país. Y los robos y crímenes que las «maras» cometen en la frontera sur de México, contra los inmigrantes clandestinos que recorren el continente tratando de llegar por tierra hasta Estados Unidos, como magistralmente retrató el escritor mexicano Rafael Ramírez Heredia en su novela *La Mara*, demuestran que los nuevos muros no hacen sino fomentar las mafias y la corrupción, y añadir nuevos sufrimientos a esa mayoría de la humanidad que vive fuera de nuestros castillos de la abundancia.

Un reciente estudio ha señalado el riesgo de que la Gran Muralla China termine derruida por los elementos. Seguramente, los nuevos muros acabarán convertidos en destinos turísticos, como esa absurda y gigantesca muralla que nunca pudo evitar que la vida la penetrara, o en *souvenirs*, como los pedazos del Muro de Berlín. El tiempo siempre los quiebra. Lo trágico es el precio en dolor y vidas humanas que cuestan mientras tanto.

Miércoles 13 de agosto de 2008

EL RETORNO DE LOS PIRATAS. Un rasgo inesperado de estos primeros años del siglo XXI es el regreso de fenómenos que, quizá ingenuamente, se consideraban ya superados. El retorno de la piratería, cuando parecía condenada a ser mero divertimento literario o cinematográfico, es uno de los más llamativos, pero no es el único. A él se han unido otros como el recurso a la guerra preventiva, las segregaciones étnicas, la criminalización de la inmigración... Muchos de los avances sociales y políticos de los últimos doscientos años están en la picota, aunque se sigan defendiendo retóricamente, y el mundo más abierto, tolerante y racional que estaba por venir se ha visto ensombrecido por esta pleamar retrógrada que nos ha hecho recalar en un futuro inquietantemente parecido al pasado.

Que los piratas vuelvan a infestar algunos mares del mundo no es, pues, sólo una anécdota criminal sino también un síntoma de la salud social de los tiempos. Los datos lo avalan. Entre 1991 y 2000, el Centro de Control de la Piratería del IMB (International Maritime Bureau) registró 469 ataques piratas a embarcaciones. Entre 2001 y 2007 la cifra se ha disparado hasta 2.099 ataques y la ONU se ha visto obligada a aprobar una resolución que autoriza a los países a combatir la piratería en alta mar frente a las costas de Somalia, uno de los lugares más afectados por el fenómeno. No es mera coincidencia que esa región del Cuerno de África haya sido, precisamente, el escenario de feroces guerras que han dinamitado el Estado favoreciendo la aparición de señores de la guerra (otro *revival* del pasado).

Daniel Defoe escribió a principios del siglo XVIII la *Historia general de los robos y asesinatos de los más famosos piratas*, donde, al hablar de los corsarios que tenían autorización del rey para atacar cualquier barco de un país enemigo, afirmaba: «Los corsarios en tiempo de guerra son semillero de piratas para los tiempos de paz», pues en su opinión, siendo «la costumbre una segunda naturaleza, no resulta nada extraño que cuando no les es fácil ganarse el pan de una manera honrada recurran a otra muy semejante a la que están acostumbrados». Algo que se puede aplicar cabalmente a lo que sucede hoy en las costas de Somalia. Muchos soldados y mercenarios de las guerras que menudean en África y Asia, cuando el conflicto cesa o se atenúa, encuentran en la piratería una continuación provechosa de su acostumbrada violencia. Ello explica por qué la mayoría de los piratas del siglo XXI son asiáticos o africanos y por qué casi todos tienen formación militar. De hecho, las aguas donde existe un mayor riesgo de ataque pirata son, además de las somalíes, las de Nigeria, Sri Lanka, Indonesia, Malasia, y las del mar de China meridional. También, en menor medida, las del sur de uno de los mares legendarios de la piratería: el Caribe.

De hecho, el retorno de la piratería se ha producido mayoritariamente en los mismos mares que vieron su ocaso durante los siglos XVIII y XIX: los mares de las antiguas colonias europeas, escenarios entonces como ahora de un intenso tráfico de mercancías (antaño especies, manufacturas y metales preciosos, hoy petróleo y materias primas) y de continuos conflictos armados. Stevenson acuñó la imagen romántica del pirata caribeño con el personaje del cojo John Long Silver, en *La isla del tesoro*. Y Emilio Salgari, la del pirata anticolonialista con su legendario príncipe Sandokan, «el tigre de Malasia».

Sin embargo, los piratas reales que sirvieron de inspiración de los personajes literarios fueron hombres duros y crueles cuyo trato habría espantado a los curiosos lectores de nuestros días. Los bucaneros y filibusteros de la isla de La Tortuga, que trajeron en jaque a las armadas españolas en América, contaron con personajes de la crueldad de El Olonés, capaz de arrancarle el corazón a una de sus víctimas y hacérselo comer a sus compañeros de cautiverio. Y según relata Philip Gosse en su clásica *Historia de la piratería*, el príncipe de Raga, apodado Príncipe de los Piratas, oriundo de la isla de Borneo como el Sandokan de la ficción, pasaba a cuchillo hasta al último tripulante de los barcos europeos que apresaba.

Con todo, los piratas han ejercido una gran fascinación desde antiguo (el mismo Stevenson escribió sobre un mundo pirata que hacía casi un siglo que había desaparecido cuando él compuso su novela). Convengamos que, en parte, se debe a la atracción morbosa del ser humano hacia la violencia, la misma que late en las historias policiacas o en las narraciones de guerras, pero en el pirata se han dado dos circunstancias más que explican su tratamiento romántico. De un lado, eran hombres que se rebelaban contra la sociedad, contra el orden establecido, muchas veces a consecuencia de las injusticias vividas (no fueron pocos los marinos que escaparon del maltrato y la brutalidad de las marinas oficiales de la época para buscar un espacio de libertad personal en las cofradías piratas). De otro, en muchos casos practicaban entre ellos una especie de hermandad libertaria y distribuían la riqueza de manera equitativa, lo que evoca de algún modo las leyendas de los llamados «bandidos sociales» (que según el historiador Eric Hobsbawm eran en realidad «revolucionarios tradicionalistas», como encarna otra figura de ficción con raíces históricas: Robin Hood), de quienes se decía que «robaban a los ricos para dárselo a los pobres».

En el último número de la revista francesa *Critique*, del pasado mes de julio, el sociólogo Razmig Keucheyan publicó un interesante artículo titulado «Filosofía política del pirata», en el que estudia la ideología que subyacía en las comunidades piratas, como la que se dice que fundó el capitán francés Misson en Madagascar en el siglo XVII y a la que llamó, elocuentemente, «Libertalia». Más documentada está la Cofradía de Hermanos de la Costa, que existió en el Caribe durante ese mismo siglo, una hermandad bucanera cuya base de operaciones fue precisamente la isla de La Tortuga. Según el relato del doctor Alexander Exquemelin, quien durante años fue uno de sus miembros, los piratas construyeron una especie de república anarquista, sin propiedad privada, en la que los capitanes eran elegidos por sus tripulaciones y existía algo parecido a un sistema de protección social, pues se estipulaba las compensaciones que cada pirata debía recibir en caso de ser herido. Un experimento interesante pues, si bien pone de manifiesto el trasfondo social de la piratería, también ilustra sobre los límites y condicionantes de la violencia: al fin de cuentas, el igualitarismo pirata se construía sobre otra forma de explotación, la que ellos ejercían sobre las víctimas de sus ataques.

Con la desaparición de la piratería marina a finales del siglo XIX y los avances de la tecnología, el siglo XX ha sido escenario de nuevas formas de piratería en otros espacios tan vastos y difíciles de gobernar como el propio mar. Así se vivieron los años de los «piratas del aire», cuando el espacio aéreo, gracias al desarrollo de la aviación, se convirtió en escenario de secuestros terroristas. Y desde hace dos décadas, el espacio virtual de internet, en el que también se navega (la imagen no es casual), ha visto medrar a los ciberpiratas, los hackers que, muchas veces desde posiciones ideológicas «antisistema», asaltan bases de datos de instituciones públicas y privadas, e incluso han llegado a pedir rescates económicos para desbloquear archivos informáticos que habían codificado de modo que el propietario de los mismos no pudiera tener acceso a ellos.

Pero en los nuevos piratas marinos, como sucedía con la mayoría de sus antepasados, la ideología es menos evidente. Sus métodos han cambiado: ahora usan lanchas rápidas, ametralladoras y lanzagranadas, en vez de bergantines, sables y culebrinas, pero el dinero sigue siendo su principal objetivo. Sin embargo, a tenor de estos tiempos de individualismo extremo, no parecen proponer hermandad alguna. Son hijos de la corrupción y la desmembración social, los bárbaros atilas de esta época extraña en que se habla como nunca de los derechos del hombre mientras la violencia medra en toda la escala social.

Viernes 2 de enero de 2009

MORISCOS, EL MAYOR EXILIO ESPAÑOL. Hay oportunidades, sobre todo en política, que sólo se presentan una vez en la vida, y desperdiciarlas puede convertirse en un error irreparable. Este año que comienza, el gobierno de Rodríguez Zapatero tendrá una oportunidad única para transformar la conmemoración de uno de los más trágicos acontecimientos de la historia de España, el Cuarto Centenario de la expulsión de los moriscos españoles, en un espacio de reencuentro entre Occidente y el islam. Una tarea que puede encontrar además un clima internacional más propicio en la nueva presidencia de Estados Unidos y que resulta imprescindible para hacer frente a los estragos morales, políticos y sociales generados no sólo por el terrorismo yihadista sino también por la aberrante reacción antiterrorista promovida por el ex presidente Georges Bush y secundada por el ex presidente del gobierno español, José María Aznar.

Este tipo de eventos tiene obviamente una dimensión académica y cultural, pero sería un verdadero desperdicio que se obviara la dimensión política de la efeméride. La historia es ciencia social, pero es también elemento de la realidad política del presente. Basta ver el uso que de ella hace la organización terrorista Al Qaeda cuando clama por la recuperación de al-Ándalus (la España medieval musulmana) para su pretendido nuevo califato o cuando califica a las tropas occidentales destacadas en Afganistán o en Irak como «cruzados», resucitando así el fantasma de los crímenes cometidos por los ejércitos medievales europeos durante las conquistas de Tierra Santa. Son ejemplos del uso propagandista de la historia para sostener políticas de terror y de guerra. Frente a ello se hace necesario oponer al integrismo yihadista una lectura diferente de la historia capaz de hacer de ésta una herramienta de paz y de diálogo. Una lectura que no niegue los abusos del pasado o trate de justificarlos oponiéndolos a los abusos del otro bando, sino que busque el reencuentro entre las personas que son herederas hoy de aquellos lejanos conflictos. Reconciliarse en el presente para desactivar la bomba de odio del pasado: ése debiera ser el objetivo. Un objetivo que España está en condiciones de liderar por razones históricas y porque tiene la experiencia del proceso de reconciliación nacional con su pasado reciente.

La identidad española se ha construido históricamente con múltiples elementos culturales cristianos, judíos, musulmanes y laicos, entre otros. Sin embargo, durante siglos se ha impuesto una versión oficial unidimensional de «lo español», equiparándolo a lo católico y lo conservador. Una concepción intolerante que ha llenado de exilios y expulsiones la historia de España, amputando comunidades enteras y regando el mundo de españoles condenados a la lejanía y al olvido. Tal fue el caso de los moriscos.

El 22 de septiembre del año 1609, bajo el reinado de Felipe III, las autoridades españolas comenzaron la expulsión de la comunidad morisca, aproximadamente medio millón de personas. Ése ha sido, proporcionalmente, el mayor exilio de la historia de España, pues la población entonces era mucho menor que tras la guerra civil de 1936-1939 (cuando en torno a un millón de españoles tuvieron que abandonar el país). Sin embargo, no es el exilio más recordado. De hecho son muchos los españoles de hoy que no conocen la dimensión de su trágica historia.

Tras la toma del reino de Granada por los Reyes Católicos, la mayor parte de sus habitantes permaneció en la península, recibiendo el nombre de moriscos, gracias al pacto acordado entre los monarcas católicos y el derrotado rey Boabdil, según el cual las autoridades cristianas se comprometían a respetar las creencias religiosas, indumentaria y costumbres de los musulmanes granadinos, a cambio de la fidelidad de éstos a los reyes. Un compromiso que sólo se respetó durante ocho años, pues poco antes de la muerte de la reina Isabel las autoridades políticas y eclesiásticas de Granada empezaron a obligarlos a convertirse.

La presión sobre los moriscos se hizo insoportable y a las conversiones forzosas les siguieron los procesos inquisitoriales contra aquellos moriscos convertidos que eran vistos con desconfianza. El resultado fue, primero, un lento goteo de antiguos musulmanes que pasaban a tierras magrebíes y, después, una violenta insurrección morisca, una guerra civil que asoló las Alpujarras durante casi tres años con un saldo terrible de brutalidades por parte de ambos bandos. En 1571, tras la muerte del cabecilla de la insurrección, Hernando de Válor, más conocido como Aben Humeya, las tropas reales terminaron con los últimos reductos moriscos, pero la enemistad generada por la guerra permaneció y llevó al rey a decidir la expulsión de la comunidad en pleno. Los moriscos no pudieron pues elegir, como habían hecho los judíos, poco más de un siglo antes, entre convertirse al cristianismo o partir en exilio. Una tragedia más a añadir a la expatriación, pues aquellos que se habían convertido de buen grado fueron recibidos con recelo por los musulmanes del Norte de África a causa de su condición de cristianos. Miguel de Cervantes trazó en *El Quijote*, con el personaje de Ricote, un patético retrato del drama de los moriscos que trataban de regresar clandestinamente a su patria perdida.

Algunos moriscos, al igual que habían hecho los judíos, emigraron también de forma clandestina a América en busca de fortuna, y su huella se aprecia en culturas ecuestres como la de los «gauchos» argentinos. Otros, que habían partido antes de la expulsión masiva, se alistaron en el ejército del sultán de Fez y conquistaron la legendaria ciudad de Tombuctú, en pleno corazón de África, donde formaron una casta poderosa que ha llegado hasta nuestros días con el nombre de los «armas». Pero la mayoría de los moriscos se afincó en la costa africana mediterránea.

En nuestros días hay en todo el Magreb descendientes de aquellos exiliados, llamados genéricamente «andalusíes». La huella morisca es muy clara en Argelia, en Túnez y en Marruecos, cuya capital, Rabat, fue refundada en el siglo XVII al constituirse en ella una singular república pirata formada por moriscos venidos de Extremadura (del pueblo de Hornachos, para ser exactos), que trajo de cabeza a las armadas española, francesa e inglesa durante medio siglo. El descendiente directo del primer gobernador de aquella república es hoy un coronel del ejército marroquí de apellido Bargasch (transcripción francesa del apellido «Vargas»). Existe pues un legado español que forma parte ya de las sociedades magrebíes y que puede convertirse en puente de unión entre las dos riberas mediterráneas.

El Cuarto Centenario de la expulsión de los moriscos debiera jugar el mismo papel que desempeñó en 1992 la conmemoración de la expulsión de los judíos: una ocasión para reconciliar a la sociedad española con su propia historia y con los descendientes de esos otros españoles que desde hace siglos pueblan el mundo, llevando con ellos la nostalgia y el amor por su antigua patria, expresado en su música, en las palabras castellanas conservadas en su lenguaje, en su interés por todo lo español. Una ocasión también para reconocer su sufrimiento.

No se trata ahora de otorgar nacionalidades sino de cambiar la dinámica de la historia, de transformar el odio de antaño en amistad nueva recuperando la memoria de la tragedia morisca y buscando fórmulas de hermanamiento. Todo ello requeriría políticas activas, tanto del gobierno de España como de los gobiernos autonómicos directamente afectados por la conmemoración (los de Extremadura, Castilla-La Mancha, Andalucía, Murcia, Valencia...), e iniciativas que enmarcasen la evocación histórica en una dinámica de intercambios culturales, económicos y políticos entre territorios y ciudades antiguamente rivales (por ejemplo, Denia y Valencia, que fueron punto de partida de los primeros moriscos expulsados, y Argel, su punto de llegada). La conmemoración, por su trascendencia, exige un esfuerzo de organización y coordinación si se quiere que tenga la necesaria dimensión política. En una de esas paradojas a las que es tan aficionada la historia, buena parte de la política internacional que propugna el presidente Rodríguez Zapatero va a ser puesta a prueba en el centenario de la expulsión de los moriscos españoles, pues difícilmente puede ser creíble su propuesta de Alianza de Civilizaciones si España, el país que la postula y que él preside, deja pasar la oportunidad de reconciliarse con su propio pasado islámico.

Martes 21 de julio de 2009

UNA VIOLENCIA INÚTIL, ¿SE PUEDE SER MÁS ESTÚPIDO? En estos días ETA ha empezado la celebración de sus cincuenta años de existencia con una cadena de atentados que se han cobrado ya dos vidas y dejado varias decenas de heridos. Mientras las fuerzas sociales discuten en toda Europa las posibles salidas de la crisis económica y la mayoría de los ciudadanos se preparan para las vacaciones, ETA pone bombas en edificios y en zonas de veraneo. Ver las imágenes en la televisión, escuchar a los vecinos asustados y a los parientes de las víctimas rotos por el dolor, leer la catarata de artículos y opiniones que critican, denuncian o analizan la actitud de ETA, produce una desagradable sensación de irrealidad. Simplemente, resulta increíble que a estas alturas de la historia, después de un siglo XX de masacres y crímenes, haya todavía quienes sigan creyendo que el asesinato es un arma política legítima.

Eso es lo peor, lo más trágico, lo más terrible, lo más descorazonador de ETA: su estupidez. No sólo asesinan, destruyen, amenazan e infligen un dolor terrible sino que no aprenden nada. Vuelven una y otra vez, con la cabezonería de los brutos, a cometer las mismas atrocidades con las que nunca han logrado y nunca lograrán nada. Es un caso patético de falta de piedad y de falta de inteligencia. Se pretenden representantes auténticos del pueblo vasco, pero no lo son más que en las ensoñaciones sangrientas de su vanidad delirante. Y como las cuentas no les cuadran, excluyen de la condición de verdaderos vascos a quienes no comparten sus prejuicios (ahora ya amenazan directamente incluso al Partido Nacionalista Vasco). Repiten con la elocuencia y la brillantez de un papagayo consignas que niegan la realidad. Usan palabras cuyo sentido desvirtúan. Hablan de paz mientras llenan las calles de cadáveres, de democracia mientras asesinan a políticos rivales y a disidentes, de respeto mientras amenazan a la gente, de derechos mientras tiranizan a quienes no piensan como ellos. Son una mezcla explosiva de hipocresía y sandez. Un monumento a la falta de ideas y a la falta de vergüenza. Ignorantes por vocación y voluntad, pues viven en una sociedad que les da todos los medios para informarse, sin explosivos ni pistolas no son nada. No valen nada. No sirven para nada. Por eso siguen atentando, porque no tienen el coraje de aceptar la terrible dimensión de su fracaso.

Es cierto que ETA está cada vez más aislada, incluso en el mismo País Vasco, y que siguen produciéndose deserciones en sus filas. Por eso, en su brutal lenguaje, el atentado es la única respuesta frente a su propia decadencia. Pero la pregunta clave es saber cómo es posible que haya todavía jóvenes vascos que decidan convertirse en asesinos.

El principal factor que contribuye a ello es, sin duda, la persistencia de una pedagogía del odio. ETA habita en el odio como las bacterias en las heridas. Se alimenta de él. Un odio que ha tenido diversos y enfrentados profesores. El odio despertado por la represión durante la dictadura franquista. El odio contra lo español inculcado irresponsablemente desde el sistema escolar por los gobiernos nacionalistas que han dirigido el País Vasco desde el inicio de la democracia. El odio sembrado por los atentados de los grupos parapoliciales en los años setenta y ochenta del siglo pasado. Y, sobre todo, el odio transmitido de padres a hijos en el mundo cerrado y sectario de los seguidores de ETA.

Los rostros juveniles de los nuevos militantes de ETA contrastan con los de los padres y abuelos que acuden a las manifestaciones proetarras. Aquéllos no serían posibles sin éstos, sin la herencia envenenada que las viejas generaciones de partidarios de ETA ha legado a sus vástagos. Esos ancianos radicales aparecen en las fotos adornados con los atributos de la vejez: la fragilidad que invita al perdón, el tono cascarrabias que llega a ser simpático, la proximidad de la muerte que mueve a la piedad. Ésa es la máscara con la que reclaman para los presos de ETA la humanidad que ellos no tuvieron y que han enseñado a no tener a sus propios hijos, cuyas vidas están dispuestos a arruinar en el ara despiadada de una patria sin entrañas. Por eso sigue matando ETA, porque su principal comercio es el de las vidas humanas.

Como los esclavistas de antaño, sacrifican vidas para obtener beneficios: para comprar con sangre y dolor un espacio destacado en la prensa de todo el mundo, para conseguir que se escriban artículos como éste, aunque en esos artículos se abomine de ellos y de sus obras. Porque eso no les importa, con tal de estar en el escenario de la vida pública como un poder fáctico. Ésa es su atracción fatal: el poder. Un poder que una ex dirigente de ETA, Yoyes, asesinada por sus antiguos correligionarios después de abandonar la organización, definió certeramente como «militarismo de corte fascista». Más allá de las excusas ideológicas, la actividad de ETA no es en el fondo más que un comercio sangriento, un nauseabundo ejemplo de oportunismo político que, para colmo, sólo conduce a quienes lo practican a la cárcel. ¿Se puede ser más estúpido?

Sábado 19 de marzo de 2011

UNA GUERRA INJUSTA, UN SISTEMA INJUSTO. La verdad es que nadar siempre contracorriente cansa. Una vez más me encuentro en esa situación (y van no sé ya cuántas). La prensa española es un puro clamor guerrero. Por todos lados se oyen voces que animan a continuar esta «guerra justa» en Libia. El país se ha llenado de justicieros. Y la verdad es que no deja de asombrarme que alguien, sentado ante su ordenador, después de desayunar con la familia o de dar un paseo o de regresar del cine, se ponga a argumentar sobre lo sensato, correcto y justo que es bombardear ciudades, matar seres humanos. Supongo que hace falta una clase de valor especial para hacer eso. Supongo. Un valor que desde luego no tiene nada que ver con el concepto clásico del término. Porque quienes así actúan no arriesgan su vida y con casi absoluta certeza (desde que el ejército se profesionalizó) tampoco la de sus hijos. ¿Corren pues un riesgo moral? Tampoco lo parece, pues las suyas son voces que se unen al coro mayoritario, y ya se sabe que predicar la moral establecida no comporta riesgos, si acaso trae beneficios.

A mí me resulta tan imposible aplaudir los bombardeos «aliados» (por cierto, qué inteligente uso del lenguaje periodístico para deslizar una justificación subliminal de los ataques bajo la excusa de la información: ¿no se llamaba «aliados» a los países que luchaban contra Hitler?) como me es imposible defender los ataques de las tropas de Gadafi. No consigo olvidar que el asedio a las ciudades causa indefectiblemente muertes civiles, que los rebeldes libaneses están armados y también han tomado ciudades a tiros (no son los «pacíficos opositores» de los que habla el presidente Obama). Tampoco logro olvidar que las bombas supuestamente inteligentes de nuestros ejércitos ultramodernos han matado ya a decenas de miles de civiles en Irak y Afganistán y que están matando de nuevo inocentes en Libia. En otras palabras: no consigo olvidar que la guerra es el horror.

Como llevo años nadando contra la corriente, ya conozco de sobra el sabor del agua contra la que me debato. Sé que van a decirme que en Libia hay una masacre y que hay que hacer algo para defender a las víctimas inocentes. Y confieso que ese argumento es el que me da nuevas fuerzas para resistir el empuje de esta riada belicista: me niego a dejar que se utilice el dolor de las víctimas para justificar la necesidad de crear nuevas víctimas. Casi prefiero a quienes hablan llanamente de la necesidad de controlar el petróleo y la zona geoestratégica del Mediterráneo oriental. Son argumentos de poder que, al menos, no pretenden disfrazarse de humanitarismo.

Cada vez que escucho que alguien clama desesperado «hay que intervenir porque no podemos permanecer de brazos cruzados mientras masacran al pueblo libio», no puedo evitar preguntarme: ¿cuántos muertos causados por nuestros bombardeos serán necesarios para que la conciencia de este hombre se quede tranquila?

Porque, al parecer, al final lo que cuenta no son las vidas de quienes matamos (sólo cuentan en todo caso las que mata el enemigo) sino la tranquilidad de nuestra conciencia.

En la mayor parte de los conflictos internos vividos en países del llamado Tercer Mundo, la comunidad internacional no interviene a bombazos. Y eso que no han faltado casos en los que las muertes de civiles se han contados por millares. ¿Significa eso que la comunidad internacional se queda cruzada de brazos? Claro que no. Hay negociaciones, conferencias de paz, misiones de interposición de la ONU, presiones políticas, embargos de armas... Un sinfín de opciones que no incluyen la guerra. Todo el mundo sabe que las situaciones injustas no se arreglan de un plumazo. ¿Por qué hay entonces que bombardear Trípoli cuando las tropas de Gadafi reprimen a opositores armados y desarmados, y no hay que bombardear Tel-Aviv cuando el ejército israelí reprime a palestinos armados y desarmados? ¿No será que hay otras posibilidades además del bombardeo para tratar de intervenir o mediar en los conflictos internos de los países, incluso en los conflictos entre países?

Y si considerar que la agresión militar es la única opción es ya de por sí una negación de la realidad, limitarse a proclamar que «hay que hacer algo» es un media verdad, pues ese «algo» equivale a «cualquier cosa» y en los conflictos humanos precisamente no se puede hacer cualquier cosa. La lógica más elemental lleva a pensar que en caso de conflicto hay que hacer algo... que no empeore las cosas. Si se trata de intentar parar las muertes y la destrucción, lo que hay que hacer no es precisamente provocar más muertes y más destrucciones.

El argumento supremo de los belicistas de todas las épocas es que hay que hacer la guerra para conseguir la paz. Un sofisma repetido como un mantra cuyos gloriosos resultados jalonan nuestra historia como especie dominante del planeta. Según su lógica, después de todas las guerras que llevamos libradas desde la noche de los tiempos, deberíamos estar ya en el más pacífico de los mundos. Pero algo debe fallar cuando lo único que hemos conseguido practicando nuestras artes guerreras es que, si antes la mayoría de las víctimas de los conflictos eran soldados (que por cierto también son seres humanos con derechos), ahora la inmensa mayoría de las víctimas son civiles.

Que la lógica belicista sea abrazada por el premio Nobel de la Paz Barak Obama, por el presidente Zapatero, que sacó a las tropas de Irak, y por intelectuales que denunciaron otras guerras no hace que esta nueva guerra sea más justa que las precedentes. Ni siquiera el que cuente con el aval de la ONU. Que una opinión sea mayoritaria no quiere decir que sea más razonable o más justa o más verdadera. La humanidad ha creído mayoritariamente en las mayores sandeces: desde que la Tierra era plana hasta que las mujeres eran seres inferiores o que las personas de otras razas no eran propiamente seres humanos. Más aún, que los pacifistas de la guerra de Irak hayan conseguido ahora que la ONU apoye una guerra es una catástrofe de dimensiones mayores, pues supone la corrupción del principal objetivo por el que fue fundada la ONU: crear un espacio de diálogo entre las naciones para evitar la guerra.

Fue la decisión de la ONU de atacar a Irak después de la invasión de Kuwait en 1991 la que abrió las puertas legales y políticas a la mayoría de las «guerras justas» de los últimos veinte años, incluida la cruzada del señor Bush, que también fue presentada como «justa» aunque no tuviera el aval explícito de la ONU. Porque al dar crédito político al recurso de la guerra, al hacerlo desde una institución que no es democrática (el derecho de veto de las potencias en el Consejo de Seguridad es el ejemplo perfecto de un sistema aristocrático u oligárquico, como se prefiera) y al valerse de resoluciones susceptibles de interpretaciones interesadas, se establece un sistema de represión internacional basado en la desigualdad ante la ley y la aplicación arbitraria de la fuerza. Un sistema que tan sólo ayuda a profundizar los conflictos y a crear nuevas crisis. Un sistema injusto, tan injusto como la guerra. Un sistema que se perpetúa utilizando las crisis de ciertos países (casualmente, siempre aquellos cuyos regímenes no son socios de Estados Unidos y sus aliados europeos) para conseguir el apoyo incluso de quienes, si no se dejaran engañar por la demagogia falsamente humanitaria del poder establecido, deberían denunciarlo.

DEL 11-M AL 15-M. Las movilizaciones del 15-M parecen haber pillado por sorpresa a la clase política española. Aunque se repita que la indignación de los ciudadanos es comprensible ante la gravedad de la crisis económica, se percibe claramente que el 15-M es visto por la mayoría de los políticos como un fenómeno inexplicable pues, con sus aciertos y sus errores, ¿no vivimos ya en democracia? ¿A qué se debe pues eso de «Democracia real ya»?

El conformismo con el orden establecido ha calado, al parecer, tan profundamente en nuestros dirigentes, incluso en quienes se proclaman de izquierdas, que se ha abandonado todo análisis histórico. Si no, resulta difícil de explicar que no se haya analizado desde una perspectiva histórica lo ocurrido en este último mes en España para intentar comprender por qué los ciudadanos de una democracia reclaman a gritos precisamente eso que se supone que ya tienen: democracia.

El 15-M no nació el día 15 de mayo de 2011, aunque a ese día deba su nombre, sino que su historia se puede rastrear, como mínimo, a lo largo de la última década de protestas sociales en España. La suya es pues la crónica de un estallido anunciado.

Basta tomarse la molestia de buscar en youtube.com las imágenes de las protestas populares tras los atentados del 11 de marzo de 2004. En las concentraciones que tuvieron lugar entonces ante las sedes del PP para denunciar la manipulación informativa que seguía intentando achacar a ETA los atentados con la vista puesta en las elecciones a punto de celebrarse, pudieron oírse muchos de los gritos que en este último mes se han oído en toda España. En particular uno que se ha convertido en verdadero mantra del 15-M, el que dice: «Lo llaman democracia pero no lo es».

Las movilizaciones del 11-M, como las del 15-M, tuvieron lugar en pleno periodo electoral. Ambas fueron recciones ante situaciones de crisis y perturbaron ese monumento a la inutilidad que es el llamado «día de reflexión», un concepto con más tintes de ejercicios espirituales que de capítulo democrático. Pero lo han hecho dándole, paradójicamente, un valor reflexivo. Porque lo que recla-

maban los manifestantes del 11-M era precisamente información
veraz para poder reflexionar de verdad. Y lo que han pedido los
manifestantes del 15-M ha sido una reflexión que fuera más allá
del sentido del voto en una elección concreta, una reflexión que tomara en cuenta el rumbo emprendido por nuestra sociedad tras la
crisis del 2008. Nada más lógico que uno de sus carteles anuncia-
ra, tras decidir abandonar la Puerta del Sol, que «nos trasladamos
a tu conciencia».

Sin embargo, tanto unas protestas como otras han sido inter-
pretadas casi exclusivamente en clave electoral (¿a quién favore-
cen, a quién perjudican, quién las provoca, para qué lo hace?), con
una falta de miras y de proyección estratégica de la vida común que
resultan desoladoras. ¿Es ésa toda la reacción de que son capaces
nuestros dirigentes? ¿De veras que la única autocrítica posible es la
de decir que no se ha sabido explicar a la ciudadanía las políticas
emprendidas? ¿De verdad se piensa, en este hiperconectado mundo
denominado de «la información», que los ciudadanos son tan estúpidos como para no comprender lo que hacen sus gobernantes?

Si algo, precisamente, ha llamado la atención en las maratonia-
nas asambleas de la Puerta del Sol y en los documentos esgrimidos
por el 15-M ha sido precisamente el nivel de los debates y la calidad
de los análisis y las propuestas (vale la pena leer su documento contra el Pacto del Euro en www.democraciarealya.es). No estamos,
pues, ante un movimiento de indignados desde la ignorancia sino
desde el conocimiento. Indignados con conocimiento de causa.

Se trata de personas que están poniendo en cuestión, en mayor o menor medida, el sistema económico establecido (el lema de
la manifestación del pasado 19 de junio fue elocuente: «Contra la
crisis y el capital») y que lo están haciendo precisamente en nombre de la democracia. Los mercados aparecen como el mayor enemigo de la soberanía popular, que es la base de la misma. Y así se
rompe con el sofisma que identifica democracia con sistema capitalista (por si no bastara el hecho de que la democracia naciera en la
Grecia clásica, dos mil años antes de la aparición del capitalismo).

Lo que las movilizaciones del 15-M vienen a señalar, en mi opinión, es la rebelión de una buena parte de la sociedad contra una

nueva forma de despotismo que, utilizando las elecciones, refor-
mula la vieja máxima del despotismo ilustrado («Todo para el pueblo, pero sin el pueblo») para gobernar en nombre del pueblo,
pero sin el pueblo. Más aún, haciendo muchas veces exactamente lo contrario de aquello que se prometió al pueblo para conseguir
su voto legitimador.

Es ese divorcio entre discurso y práctica, esa reducción de los
ciudadanos a convidados de piedra de la democracia, lo que cabe
pensar que ha ido germinando el proceso histórico de creación del
15-M. Un proceso lleno de desencuentros sonados: el referéndum
para integrarse en la OTAN convocado por el PSOE tras oponerse
antes a esa integración; el apoyo del gobierno del PP a la declaración de guerra a Irak, en la célebre reunión de las Azores, con un
90 por ciento de la población en contra de la guerra; la manipulación de los atentados de 2004 por el PP para intentar ganar las
elecciones y para desgastar después al PSOE, tras tanto pregonar la
unidad antiterrorista; la sumisión del gobierno del PSOE al dictado de recortes sociales promovido por los mercados internacionales; la entrega de gobiernos y alcaldías al PP por parte de Izquierda
Unida después de comprometerse a cerrar el paso a la derecha...
La palabra de los políticos ha perdido toda credibilidad, malbara-
tada en el puro oportunismo y en la incapacidad de desarrollar las
políticas necesarias para mantenerla.

El 15-M ya ha demostrado que critica por igual a los partidos
de derechas y de izquierdas, pero en cuanto movimiento de masas y por su puesta en cuestión del orden económico establecido su
existencia afecta especialmente a la izquierda.

El castigo al PSOE no ha sido pues por sus pecados ideológicos,
como algunos pretenden interpretar, sino por sus pecados materiales: por convertirse en el ejecutor de los recortes sociales dictados
por los mercados. Y bien se lo han recordado al invocar la actitud
islandesa de consultar al pueblo y de negarse a pagar las deudas
contraídas por los especuladores.

La democracia nunca ha entrado en la esfera económica. A los
trabajadores se les da el derecho a intentar defender sus salarios y
condiciones de trabajo, pero no a participar en las decisiones que

después van a redundar en la existencia misma de esos derechos o de ese trabajo. Algo sobre lo que el 15-M también ha insistido al plantear la necesidad no sólo de controlar a la clase política sino también de avanzar hacia una democracia social y económica.

El problema es que el triunfo de un capitalismo despiadado y sin límites ha terminado por integrar la totalidad del sistema político como un elemento más del juego de los mercados. Ya no se especula sólo con mercancías y dinero, también se especula con naciones enteras, con gobiernos y derechos. Y la construcción de organizaciones supranacionales está ofreciendo el marco para que dicha integración especulativa se convierta en ley.

A este paso, el cuestionamiento del orden económico puede terminar suponiendo el cuestionamiento del orden político y legal. Es decir, de todo el sistema. Por eso no es extraño que se recurra a la desobediencia civil. Es el instrumento lógico para romper la lógica de un sistema.

Que se halla optado por la «no violencia» refuerza la sensación de estar ante una indignación con conocimiento de la propia historia de las protestas sociales, que ha sacado lecciones de las dañinas consecuencias de emprender vías violentas. Pero la violencia es compañera frecuente de la desesperación y si el 15-M ya ha empezado a tomar nota de eso, sería bueno que la clase política española la tomara también, porque una sociedad a la que no se ofrece más salida que la aceptación del sufrimiento y cuyas reivindicaciones no son atendidas está condenada a hundirse en el desespero. Pedir democracia real es un grito de alerta y un gesto de responsable participación en la vida política, un ejemplo de esa responsabilidad ciudadana que, desde la Transición, es el gran tesoro de la maltrecha democracia española.

Sábado 14 de enero de 2012

UNA DICTADURA ECONÓMICA. El siglo XXI está alumbrando un nuevo sistema político mundial, la «dictadura económica», que crece dentro del cuerpo de la democracia parlamentaria como un alien en el cuerpo de un astronauta y empuja a la conformación de Estados posdemocráticos. El poder dictatorial ya no recae en un partido político nacional sino en organismos y empresas transnacionales que no son elegidos por los ciudadanos y que se sirven de los partidos locales para aplicar sus dictados.

El brazo ejecutor de ese nuevo poder son las llamadas agencias de calificación. Bajo la máscara de supuestos análisis de fiabilidad, en realidad condicionan el desarrollo de la economía y la política de los países mediante el chantaje y la presión de sus bajadas de calificación, como acaba de hacer S&P con Francia, España y otros países europeos. A través de las agencias los mercados doblegan la voluntad popular, tumban gobiernos y colocan a sus hombres en puestos claves. Cuando termine el proceso, la vieja piel de la democracia ya no les será necesaria.

Sábado 25 de febrero de 2012

LOS PADRES DE LA GUERRA. Los llamados países amigos de Siria (¿aquellos que no participan en la reunión son países enemigos?) debaten el modo de intervenir en el conflicto. Unos piden sanciones y otros, armas. La deriva de las revoluciones árabes —de las iniciales movilizaciones pacíficas a la insurrección armada con sus venganzas— amenaza con desvirtuar su sentido.

La feroz intransigencia represiva del régimen de El Asad, la intervención de los intereses europeos, estadounidenses, rusos y chinos en la zona, y la presencia de Al Qaeda y sus atentados se combinan para que las aspiraciones de libertad del pueblo sirio sean usadas como moneda de cambio en el tablero del Medio Oriente, con la disputa entre Israel e Irán de telón de fondo. Las ejecuciones de Gadafi y Saddam contribuyen al enroque de Damasco. Y el dolor de la población civil sirve de excusa para los halcones de ambos bandos. Esta nueva guerra tiene muchos padres, como casi todas.

Sábado 19 de mayo de 2012

MUROS. El gobierno de Israel levanta un muro en la frontera con Líbano. Otro intento de poner puertas al campo como los emprendidos por Estados Unidos en la frontera con México o España en Melilla. Pero, parafraseando al poeta argentino Paco Urondo, del otro lado del muro está la realidad. De este lado del muro también está la realidad. Lo único irreal es el muro.

Este vano intento de expulsar lo real de la conciencia se traslada al interior de cada sociedad. Levantando muros que aíslan barrios privilegiados del entorno de pobreza que les rodea —los fraccionamientos mexicanos, los country argentinos— o que intentan separar dos tipos de pobrezas que recelan entre sí, como en la bonaerense Villa Giardino retratada magistralmente por Josefina Licitra en su libro *Los otros*. Formas de ceguera contra las que se rebeló el cubano Martínez Villena al escribir:

> *¡La pupila insomne y el párpado cerrado!*
> *¡Ya dormiré mañana con el párpado abierto!*

Martes 19 de junio de 2012

TODAS LAS VÍCTIMAS. La violencia no es sólo un acto, es también una lógica. O si se quiere, una lógica que nace de los actos. No importa cuán legítimo pueda ser el recurso a ella (en defensa de la vida, la libertad, la justicia), una vez que se toma el camino de la violencia, éste lleva a su propio destino, no al que se había imaginado al emprenderlo. Y los kilómetros de ese viaje atroz se jalonan con víctimas.

Después de medio siglo de violencia, la organización terrorista ETA vive sus últimos días en plena derrota. Es hora de romper con la lógica violenta (que afecta a todas las partes) y de hacerlo con un reconocimiento de todas las víctimas. Porque la violencia no sólo fue ejercida por ETA, también implicó al terrorismo de Estado y a la extrema derecha. Casi en secreto, un grupo de veintisiete víctimas de ETA, GAL y excesos represivos policiales se han reunido en el País Vasco durante cinco años para compartir el dolor y para abrir la puerta a la lógica de la paz.

Domingo 15 de julio de 2012

VIAJES. Por primera vez en cincuenta años un barco va a unir directamente Miami con La Habana llevando ayuda humanitaria. Es un gesto simple, pero de gran importancia simbólica: tras décadas de embargo, la tormentosa relación entre Estados Unidos y Cuba no parece tener otra salida que la de un paulatino entendimiento. Para ello hace falta que Estados Unidos renuncie efectivamente a condicionar la vida política cubana. También que Cuba deje de ampararse en la presión de su vecino para retrasar el cambio.

Si la decadencia soviética comenzó en 1968, cuando se impidió por la fuerza que el pluralismo existente en la sociedad checoeslovaca se convirtiera en parte institucional del socialismo, Cuba se enfrenta hoy a un dilema equivalente: de cómo se responda a las demandas de pluralidad de la sociedad cubana va a depender que la Revolución sea semilla de una sociedad democrática más justa o el camino más largo para llegar de nuevo al capitalismo puro y duro.

Martes 4 de septiembre de 2012

OTRO TIPO DE VALOR. El gobierno colombiano y las FARC han confirmado la existencia de negociaciones para poner fin al conflicto armado que ha convulsionado Colombia durante décadas y degradado a ambos contendientes. A la guerrilla, que degeneró hacia un narcoterrorismo de una crueldad inhumana. Al Estado, que ha puesto en entredicho a la democracia por su conexión con el terrorismo paramilitar, con una política del todo vale que ha propiciado la corrupción y los crímenes de guerra.

Ahora, miles de muertos y desaparecidos más tarde, el río de sangre puede al fin detener su curso. Hay decenas de miles de personas implicadas en esta guerra. Es una herencia terrible de rencor y odio, que será difícil de administrar. Y para ello hace falta otro tipo de valor, muy superior al de empuñar un arma: el coraje de asumir la responsabilidad del daño, de abandonar para siempre el despiadado papel del héroe y aceptar que en la vida hay cuentas que no se saldan.

Viernes 8 de febrero de 2013

LOS MUERTOS DE OBAMA. Cuando el presidente Obama ordena matar a alguien en otro país, incluso a ciudadanos norteamericanos, sin juicio ni condena, en nombre de la seguridad nacional, está ordenando cometer un asesinato, por más que se usen declaraciones retóricas de legalidad como ha hecho el nuevo director de la CIA ante el Senado. También la tortura fue regulada «legalmente» durante la Inquisición y no por eso deja de repugnar a la dignidad humana.

Valga un ejemplo para saber de lo que hablamos: ¿habría aceptado el gobierno de Francia que, en los años negros del terrorismo de ETA, el gobierno español hubiera enviado aviones a territorio francés para atacar con misiles a presuntos militantes etarras, reventando de paso bares (como hizo el GAL), casas particulares y calles, y matando tantos civiles inocentes como supuestos terroristas? Eso está haciendo Obama con los drones en Pakistán y ningún gobierno europeo pone el grito en el cielo.

Viernes 1 de marzo de 2013

MOVIMIENTOS EN EL TABLERO CUBANO. Los gobiernos de Cuba y de Estados Unidos empiezan a mover fichas (¿discretamente concertadas?) en el tablero de su larga partida política. Los cambios en las leyes migratorias cubanas y la limitación temporal de mandatos; la posible retirada de Cuba de la lista de países que apoyan el terrorismo elaborada por Estados Unidos y la entrevista de congresistas con Raúl Castro son algunas de ellas. Además están quienes piden el fin del embargo desde del exilio en Miami, los disidentes que, como Rafael Rojas, reconocen que algo se mueve en La Habana y los escritores que reclaman pluralismo desde el interior de la isla.

Son pasos aún insuficientes (el embargo sigue, la represión a disidentes también), pero son pasos. En Cuba se acerca el relevo generacional y el conflicto resulta anacrónico. Estados Unidos no logró doblegar a la isla rebelde y la sociedad cubana está lejos de ser el paraíso prometido. Es hora de firmar tablas y enterrar el hacha de guerra.

Martes 14 de mayo de 2013

UN MORDISCO EN EL CORAZÓN. Ha hecho falta que un comandante de las milicias contrarias al gobierno de Siria le arrancara el corazón a un enemigo y lo mordiera delante de una cámara para que los medios, que sólo hablaban de las víctimas causadas por el ejército sirio y de coches-bomba sin dueño (al parecer los coches-bomba se ponen solos o, lo que es más cínico todavía, se acusa al propio gobierno sirio de cometer atentados contra sí mismo), empiecen a reconocer que en la guerra civil que desgarra Siria el horror se practica en ambos bandos.

No hay que ser un lince para ver que en el caos de una guerra de ese género medra siempre lo peor. Las dudas de la ONU sobre el posible uso de armas químicas por parte de los insurgentes son otro dato más a tener en cuenta. La implicación de Al Qaeda también. Seguir alimentando el conflicto sirio y permitir que Israel lo aproveche para sus ajustes de cuentas es poner en riesgo toda la región. Por una vez habría que dar protagonismo a la diplomacia y renunciar a la política del todo o nada.

Domingo 8 de diciembre de 2013

REESCRIBIENDO LA HISTORIA. El diario *El País* publica un editorial sobre el funeral de Nelson Mandela que es un ejemplo de reescritura ideológica de la historia. Titulado «Nada que ver con

Mandela», dice: «Es interesante preguntarse qué hacían ensalzando a Mandela algunos dirigentes que transgreden todos los ideales que representa el líder sudafricano. Como [...] Raúl Castro, Teodoro Obiang y Robert Mugabe». El propósito manipulador no puede ser más claro porque si hay un país, un sistema político y un apellido que estén ligados a Mandela son precisamente Cuba, su gobierno y Castro. Y eso es algo que cualquier periodista mínimamente informado sabe, o al menos podría saber si se tomara la molestia de documentarse caso de que su cultura general no le alcance.

Cuando el gobierno de Estados Unidos consideraba a Mandela un terrorista y apoyaba al régimen racista de Sudáfrica, el gobierno de Cuba apoyaba al Congreso Nacional Africano en su lucha contra el apartheid. Prueba de ello es que tras el fin del apartheid en Sudáfrica, el monumento levantado en Pretoria «a aquellos que murieron para que hoy Sudáfrica tenga paz y democracia» tiene escritos los nombres de los más de dos mil militares cubanos que murieron en la guerra de Angola luchando contra las tropas del régimen racista sudafricano, combate que Mandela consideró como el principio del fin del apartheid en Sudáfrica.

Domingo 23 de febrero de 2014

LA JUSTICIA UNIVERSAL TAMBIÉN TIENE UN PRECIO. El sueño de justicia es casi tan viejo como la humanidad y tan difícil de verse cumplido en la vida real que las más de las veces, durante siglos, se ha refugiado en cuentos y leyendas. Por eso despertó tantas esperanzas la detención de Augusto Pinochet en Londres, el 16 de octubre de 1998, en cumplimiento de la orden de arresto dictada por el juez Baltasar Garzón. Que las autoridades inglesas arrestaran a un exdictador chileno por orden de un juez español era casi como tocar a la puerta del paraíso de una justicia universal en la que la comunidad internacional obligue a los autores de crímenes singularmente atroces a responder por sus actos, cuando la justicia de sus respectivos países no sea capaz de hacerlo. Una iniciativa que además no nacía de los intereses políticos de las autoridades, cuya reticencia inicial fue manifiesta, sino de la acción independiente de la justicia. Casi como para no creerlo.

Desde entonces, los pasos dados hacia esa justicia universal han demostrado que su consecución no es utópica, aunque tampoco será fácil, y que el camino andado también es reversible, como está a punto de suceder precisamente en España, donde el pasado 11 de febrero el grupo parlamentario del gobernante Partido Popular —que gracias a la ley electoral vigente dispone de mayoría absoluta de diputados pese a no haber alcanzado la mayoría absoluta de votos en las elecciones— aprobaba en el Parlamento una reforma legal que limitará radicalmente la aplicación de la justicia universal por parte de la justicia española.

Las investigaciones judiciales emprendidas en España desde finales de los años noventa contra Pinochet, primero, y contra la cúpula militar de la dictadura argentina después, no sólo sirvieron para recordar al mundo los crímenes cometidos por esas dictaduras, sino que alentaron a quienes dentro de Chile y de Argentina pretendían poner fin a la impunidad. El resultado fue el procesamiento del propio Pinochet en Chile, la derogación de la Ley de Punto Final en Argentina y la persecución judicial de los crímenes de la llamada «Operación Cóndor», ejecutada conjuntamente a partir de 1975 y bajo los auspicios de la CIA por las dictaduras militares de Chile, Argentina, Paraguay, Brasil, Bolivia y Uruguay.

Al cabo de catorce años, hay actualmente abiertas en España una docena de causas judiciales por gravísimos delitos cometidos en otros países. Basta enunciar algunas de ellas para comprender el malestar político que generan. Los jueces españoles han pedido la entrega de los tres militares de Estados Unidos que mataron a José Couso, camarógrafo de la cadena de televisión española Telecinco, en 2003 durante la invasión de Irak, e investigan torturas y detenciones ilegales en Guantánamo y los vuelos en los que se secuestraron a ciudadanos europeos que la CIA consideraba sospechosos de terrorismo. En los juzgados centrales españoles están asimismo las causas por genocidio en Guatemala y Ruanda, por asesinato y tortura contra cargos marroquíes en la represión del Sáhara y por el asesinato a manos de militares de Ignacio Ellacuría y otros jesuitas en El Salvador.

Sin embargo, la causa que ha detonado la acción política del gobierno de la derecha en España para limitar la justicia universal ha sido, paradójicamente, la que el juez Ismael Moreno instruye por genocidio en el Tíbet contra cinco ex mandatarios comunistas chinos, entre ellos el ex presidente Jiang Zemin y el ex primer ministro Li Peng. Una causa que ha levantado protestas y veladas amenazas diplomáticas del gobierno de China.

Ésta no es la única paradoja del proceso de instauración de la justicia universal. Paradójico es que el gran impulso en la aplicación de esta justicia no surgiera en una nación de arraigada tradición democrática, como por ejemplo Francia, sino en un país como España, que tan sólo hace cuarenta años vivía aún bajo una dictadura militar hermana de los derrotados regímenes fascistas europeos de la década de 1930. Y paradójico resulta que, al final, las víctimas de la represión de Franco hayan tenido que acudir al sentido de justicia universal de los jueces argentinos para intentar que se juzguen allí los crímenes del franquismo que las autoridades españolas se niegan a juzgar en España.

Ningún poder político se siente cómodo con la justicia universal porque sabe que ella impide poner fecha de caducidad a sus responsabilidades más graves y porque su aplicación lleva muchas veces a tener que soportar las presiones de otros poderes afectados por su acción, como han hecho las autoridades de Estados Unidos con España en las causas que le afectan, según revelaron los papeles de WikiLeaks. La familia del camarógrafo Couso lo ha resumido muy gráficamente: «La política exterior española parece la de un protectorado estadounidense».

Quizá esa incomodidad explique las prisas del gobierno del PP por aprobar la reforma de la ley, mediante un procedimiento parlamentario de urgencia que le permitirá ponerla en vigor en tres o cuatro meses sin tener que consultar previamente a órganos legales que puedan poner reparos a su contenido. Un contenido que preocupa a las organizaciones humanitarias al punto que, en un comunicado conjunto, Amnistía Internacional y otras siete ONG han afirmado que esta reforma supondrá «una violación de obligaciones internacionales y podría consagrar la impunidad de muchos responsables de graves crímenes».

En su afán de no dejar resquicios legales para una acción judicial que pueda causar problemas políticos internacionales, la redacción de la nueva ley traerá efectos tan perversos, según señala Baltasar Garzón, como excluir los casos en que «la víctima sea española y el presunto autor se encuentre fuera del territorio nacional, con lo que todos los secuestros de Al Qaeda, entre otros, quedarían fuera de la acción de la justicia española». El mismo ex juez Garzón (expulsado de la carrera tras intentar enjuiciar en España los crímenes del franquismo y la trama corrupta Gürtel vinculada al PP) resume de esta manera los efectos de la nueva ley: «Los casos Tíbet y Guantánamo son la causa próxima de la presentación de esta ley, pero la onda expansiva no ha sido calibrada por el ansia de acabar con el principio de justicia universal y así jefes de narcotráfico, de tramas de crimen organizado, de violencia sexual contra menores, de terrorismo que estén fuera de España quedarán impunes».

La existencia de la Corte Penal Internacional es el principal argumento del gobierno de Rajoy en favor de su reforma, pero como le ha recordado la oposición en el debate parlamentario, Estados Unidos y China no reconocen dicha Corte ni respetan por tanto sus resoluciones.

Mientras en países como Francia o Argentina, la justicia universal avanza, su retroceso en España demuestra que no se trata de un problema ideológico sino de poder. La retórica pro derechos humanos se mantiene mientras el coste de defenderlos no sea excesivo. Y parece claro que para el gobierno español la defensa de las víctimas no debe poner en riesgo los 3.765 millones de euros anuales en exportaciones a China. También la justicia universal tiene un precio.

Viernes 7 de marzo de 2014

DIÁLOGO EN VENEZUELA. Tras dos meses de violencia y una treintena de muertos entre manifestantes, policías y chavistas, el gobierno y la oposición venezolanos están dialogando al fin. Ya hubo un inicio de diálogo en enero, pero fue abortado por el brote de violencia del 12 de febrero, y es de esperar que este diálogo ponga fin a las retóricas desaforadas que tildan de tirano al gobierno y de fascista a la oposición y generan un peligroso odio ideológico.

Está claro que hay fascistas entre los opositores, como hay represores sangrientos entre las fuerzas de seguridad, pero lo que procede es denunciar los métodos violentos de aquéllos, como ha hecho Capriles, y perseguir judicialmente a éstos, como ha hecho la Fiscalía. El intento de golpe vivido en estos meses lo ha sido tanto contra el gobierno, para sacarlo a la fuerza, como contra la oposición pacífica, para desplazarla como alternativa. No hay pues que descartar un nuevo brote «espontáneo» de violencia.

Domingo 23 de marzo de 2014

LA CRISIS ABRE LA PUERTA DE EUROPA AL FASCISMO. El próximo 7 de mayo se cumplirán sesenta y nueve años de la rendición de las últimas tropas nazis en la Segunda Guerra Mundial. Hace tres días, el 21 de marzo de 2014, los veintiocho miembros de la Unión Europea firmaban solemnemente el tratado de asociación política con el gobierno de Ucrania surgido del golpe de Estado que derrocó al presidente electo del país, Víctor Yanukóvich, el pasado 22 de febrero. Son dos hechos separados en el tiempo, pero entre los que existen inquietantes y paradójicos vasos comunicantes.

Los grandes medios de comunicación europeos han dado cuenta de la asociación, pero la mayoría de ellos han preferido silenciar la composición del actual gobierno de Ucrania con el que ese tratado se firma. Un gobierno que cuenta con numerosos ministros del partido de extrema derecha Svoboda (entre otros el de Defensa y jefe de los servicios de seguridad, Andrei Parubii, el fiscal general del Estado, Oleh Makhnitsky, y el viceprimer ministro, Aleksandr Sych), y que tiene como presidenta de la Comisión Anticorrupción a Tatiana Chornobil, que fue jefa de prensa de la Asamblea Nacional Ucraniana-Autodefensas Ucranianas, movimiento heredero de los colaboracionistas nazis durante la Guerra Mundial. Dmitri Yarosh, líder de los neonazis del llamado Sector Derecha (Pravy Sektor), protagonista de las violentas protestas en Kiev, ocupa la Secretaría Adjunta del Consejo de Seguridad Nacional.

El partido Svoboda se considera sucesor del que fundara en la década de 1930 Stepan Bandera, quien se integró junto con sus seguidores en la división de las SS alemanas llamada Halychyna, para luchar contra los rusos en la Segunda Guerra Mundial, y fue responsable de la deportación de cuatro mil judíos a campos de concentración nazis, según denunció el Centro Simon Wiesenthal. El homenaje a los miembros de aquellas divisiones de las SS nazi, organizado por el partido Svoboda el 21 de julio de 2013, levantó las protestas incluso del Tribunal Europeo de Justicia. Svoboda obtuvo el 10 por ciento de los votos en las últimas elecciones ucranianas, ahora gracias al golpe tiene siete de los dieciséis ministerios del gobierno de Kiev reconocido por Estados Unidos y la UE.

¿Cómo puede la Unión Europea asociarse con quienes no ocultan su admiración por aquel Eje nazi-fascista que hundió a Europa en el horror? Parece que los líderes europeos han antepuesto sus intereses estratégicos, para expandirse económicamente hacia el Este de Europa y sumar a la OTAN a otra ex república soviética, al respeto democrático de los resultados de las últimas elecciones en Ucrania (que dieron la victoria a Yanukóvich con el 52 por ciento de los votos) y a los recelos ante un gobierno golpista cuyo jefe no es miembro de la extrema derecha, pero está rodeado de ésta. Sin embargo, este apoyo a los extremistas no es sólo cálculo, también responde a la lógica de un fenómeno político que alcanza ya dimensiones continentales: el regreso del fascismo a la vida política europea a través de la puerta abierta por la crisis económica.

Desde que la UE empezó a aplicar la política de austeridad económica defendida por la presidenta de Alemania, Angela Merkel, para aplacar a los mercados, ha habido graves recortes en derechos y ayudas sociales (especialmente dramáticos en Grecia, Italia, España o Portugal) y un crecimiento del paro que se sitúa hoy en una media europea del 10,8 por ciento, pero que alcanza el 28 por ciento en Grecia, el 25 por ciento en España, el 18 por ciento en Croa-

cia y el 15 por ciento en Portugal. El miedo al futuro se ha instalado no sólo en los países más golpeados por la crisis sino en el
continente entero. Y como tantas veces, ese miedo difuso se traduce en miedo al extranjero.

La llegada de inmigrantes ilegales que arriesgan la vida cruzan-
do el Mediterráneo es noticia diaria y los discursos xenófobos de la
extrema derecha contra los inmigrantes encuentran cada vez más
oídos dispuestos a escucharlos. Los resultados electorales de los últimos cuatro años apuntan inequívocamente a un fortalecimiento
de la extrema derecha en toda Europa. El neofascismo y los partidos xenófobos, con diversos grados de virulencia, ganan terreno. Los porcentajes de votos son elocuentes: 29 por ciento en Sui-
za (Partido Popular Suizo), 23 por ciento en Noruega (Partido del
Progreso), 18 por ciento en Francia (Frente Nacional), 15,5 por
ciento en Austria (Partido de la Libertad), 9 por ciento en Bulgaria
(Ataka), 8 por ciento en Italia (Liga Norte), 7 por ciento en Grecia
(Aurora Dorada).

Este auge de la extrema derecha amenaza con quitar votos a los
partidos conservadores democráticos y la reacción de éstos ha sido
escorar sus programas y su discurso cada vez más a la derecha, a fin
de evitar una pérdida de votos que daría la victoria a la izquierda. El
resultado de ese cálculo oportunista es que hoy se escuchan con relativa naturalidad en los medios de comunicación opiniones como las
del candidato del Frente Nacional francés, Paul-Marie Coûteaux,
a propósito de los gitanos, cuando hace unos días sugirió la conveniencia de «concentrar a estas poblaciones extranjeras en campos».

En algunos países en los que el partido de la derecha democrática, como el PP en España, integra en su seno a buena parte
de la extrema derecha, los grupos políticos ultraderechistas tienen
poco peso electoral, pero las concesiones para mantener la fidelidad de voto del sector extremista hacen que la marginación y represión de los inmigrantes por parte del gobierno se agudice, como
se ha visto recientemente en la frontera de España con Marruecos.
En otros países, como Alemania, los neonazis apenas llegan al 1,5
por ciento, pero cuentan con la tolerancia de los servicios de seguridad del Estado, como salió a la luz en el juicio celebrado en Mú-

nich el año pasado contra los miembros del grupo Clandestinidad Nacionalsocialista, autores de una decena de asesinatos de inmigrantes entre 2000 y 2007. Y en aquellos países en que la extrema derecha cuenta con representación parlamentaria el racismo crece sin rubor, como evidenció la campaña de insultos que se desató en Italia el año pasado contra la ministra Cecile Kyenge, por ser negra, una campaña que llegó al extremo de que el propio vicepresidente del Senado italiano y miembro de la ultraderechista Liga Norte, Roberto Calderoli, afirmara que al verla no podía evitar «pensar en las semejanzas con un orangután».

Empieza a estar claro que las concesiones de la derecha democrática a la retórica de la extrema derecha no están impidiendo que los hijos del fascismo derrotado hace casi siete décadas ganen peso y poder. La extrema derecha ha conseguido imponer su agenda política, hasta el punto de que se considere aceptable pactar con ella para lograr objetivos. El caso de Ucrania es el último ejemplo. Porque el partido Svoboda mantiene fuertes vínculos con partidos como el Frente Nacional francés, la Aurora Dorada griega o el NPD alemán.

La UE está jugando con fuego con sus políticas de austeridad económica y de ampliación hacia el Este de Europa a cualquier precio. Y la historia nos dice que cada vez que Europa ha jugado a redibujar sus fronteras, nacionales y sociales, el resultado es una catástrofe.

Lunes 31 de marzo de 2014

POLICÍAS ANÓNIMOS. Dentro de la política de represión cada vez más generalizada emprendida por el gobierno de Rajoy contra las protestas sociales en España, aumentan las agresiones contra periodistas que tratan de dar testimonio de los abusos policiales. Las imágenes grabadas por reporteros del periódico digital *eldiario.es* han recogido el momento en que éstos fueron agredidos por presuntos agentes antidisturbios. Se supone que la condición de esos uniformados es la de agentes policiales, pero eso es una hipótesis porque tal condición no puede ser acreditada a no ser que se sea detenido por ellos, ya que no muestran ningún número de identificación. Si se trata de policías, como parecen dar por hecho las autoridades, estarían violando la obligación legal de llevarlo visible. En buena lógica, esa condición anónima, que impide identificar a quienes lucen uniformes iguales a los de la policía sin que pueda verificarse si se trata de verdaderos agentes de la ley, exigiría que el gobierno explicara si se trata de una violación de las normas de actuación policial —en cuyo caso el mismo gobierno tiene la obligación de actuar contra los agentes que las infringen o contra los mandos policiales que hayan dado la orden de ocultar las identificaciones— o si se trata de grupos parapoliciales cuya actuación violenta contra ciudadanos debería ser perseguida judicialmente por suplantación de autoridad y delitos de lesiones. Lo que resulta inadmisible es que bandas de uniformados anónimos agredan a ciudadanos y periodistas en la calle impunemente.

Domingo, 15 de junio de 2014

LA SOMBRA DE LAS VÍCTIMAS DEL FRANQUISMO. El anuncio de la abdicación del rey Juan Carlos I ha levantado una tempestad política en España. El 25 de mayo se desataron los truenos por los resultados de las elecciones europeas, donde los dos partidos mayoritarios del país, PP y PSOE, no consiguieron llegar, sumando sus resultados, al 50 por ciento de los votos emitidos. Y ahora, a la crisis del modelo bipartidista se ha sumado el debate sobre la propia estructura del Estado: monarquía o república.

Es un debate que está en la calle, con masivas manifestaciones desde el mismo día 2 de junio en que el rey anunció que abdicaba en favor de su hijo, el príncipe Felipe. Pero los dos partidos mayoritarios, populares y socialistas, han acordado aprobar la ley que permitirá al rey abdicar en su hijo y rechazan la posibilidad de convocar un referéndum que permita a los ciudadanos decidir si quieren dar continuidad a la monarquía, proclamando rey a Felipe VI, o si prefieren que la abdicación dé paso a una república en la que el jefe del Estado sea elegido en las urnas.

Esta situación, que cuestiona la aparente normalidad del sistema político resultante de la Transición de la dictadura de Franco a la democracia, puede resultar sorprendente vista desde fuera de España, cuya imagen está marcada por el discurso oficial que proyecta el Estado, pero no lo es para los ciudadanos españoles y, mucho menos, para quienes vivieron la Transición política que condujo a la actual Constitución monárquica, aprobada por referéndum en 1978.

El rey Juan Carlos I fue designado heredero por el dictador Franco y a la muerte de éste fue proclamado monarca en 1975 por las Cortes del régimen franquista. La llegada de la democracia en 1977 se hizo bajo la permanente amenaza de un golpe de Estado militar (una amenaza real, como demostró el fallido golpe de 1981 en el que un grupo de guardias civiles secuestró al gobierno y al Parlamento) y bajo dos condiciones impuestas: no discutir la monarquía impuesta por Franco y no exigir responsabilidades por la represión franquista. Así nacieron la ley de amnistía, en la que los represores amnistiaban a los opositores del delito de luchar por la libertad y se auto-amnistiaban de sus propios crímenes, y la Constitución del 78.

En el referéndum del 78 no se pudo votar entre monarquía o república porque el dilema en realidad era entre democracia y dictadura. Así lo entendió la mayor parte de la izquierda, socialistas y comunistas incluidos, que aun siendo republicana apoyó la constitución monárquica. Desde entonces se ha venido hablando de la paradoja de que la monarquía española estuviera básicamente apoyada por republicanos.

Casi cuarenta años después, parece haber llegado la hora de resolver esa paradoja. Al menos es lo que proponen los partidos situados a la izquierda del PSOE e incluso una parte de los militantes socialistas.

La república, sin embargo, no es una ideología sino una forma de organizar el Estado. Otros países que son repúblicas han tenido presidentes derechistas, como Sarkozy en Francia o George Bush en Estados Unidos. El que la reclamación republicana en España provenga hoy en primer lugar de la izquierda tiene que ver con el hecho de que la derecha democrática española tiene su origen en políticos reconvertidos provenientes del franquismo, como el que fuera ex ministro de Franco y fundador y presidente de honor del Partido Popular, Manuel Fraga. Y la principal herencia política del franquismo fue precisamente la reinstauración monárquica.

El reinado de Juan Carlos I, por las circunstancias excepcionales en que se instauró, ha tenido para muchos ciudadanos un carácter de excepcionalidad. Un paréntesis necesario para consolidar una democracia que nació en libertad condicional, vigilada por el poder militar. En ese sentido, el actual debate sobre monarquía o república expresa una consolidación de la cultura democrática y sobre todo la pérdida del miedo colectivo heredado de la dictadura.

Sin embargo, no basta para explicar la pujanza con que se manifiestan hoy las ideas republicanas y, sobre todo, el descrédito en que ha caído la institución monárquica. Según la última encuesta oficial del CIS de abril de 2014, los ciudadanos le dan una nota de 3,72 confirmando por segundo año consecutivo que atraviesa la peor valoración de su historia, muy por debajo del 5 que es la nota de aprobado.

Junto a los propios errores del rey —rodeado de escándalos económicos en su familia y poseedor de una inexplicada fortuna privada de más de 2.000 millones de dólares en un país en crisis—, hay que considerar el papel que juega la otra herencia del franquismo, la ley de amnistía, en la propagación de la idea de poner fin al paréntesis monárquico. Porque esa ley es la que invocan jueces y gobierno para impedir que las víctimas del franquismo puedan reclamar justicia.

En España, según informó en octubre de 2013 la asociación judicial española Jueces para la Democracia, hay 114.000 desaparecidos, víctimas de las matanzas perpetradas por las tropas franquistas en las zonas que ocuparon durante la guerra civil y por las ejecuciones llevadas a cabo por guardias civiles y militantes fascistas de la Falange Española en los primeros años de la posguerra. Eso convierte a España en el segundo país del mundo en número de personas desaparecidas, después de Camboya, y muy por delante de las cifras de desapariciones producidas por las dictaduras militares de Chile y Argentina.

Sin embargo, las autoridades obstaculizan que los familiares de los ejecutados exhumen los cadáveres de las fosas comunes que se van localizando para darles un entierro digno, mientras los jueces se desentienden de esos hallazgos, como si encontrar un enterramiento ilegal con decenas de cadáveres no debiera producir investigación judicial alguna. Mientras tanto los restos de Franco reposan en el monumental monasterio de El Escorial, construido por prisioneros antifranquistas, que fueron usados como esclavos en ese caso y en otros trabajos fabriles y que hoy reclaman infructuosamente una reparación por dicha esclavitud. Un monasterio, símbolo del franquismo, que es precisamente el que elige para retirarse a meditar el actual ministro del Interior de España, el ultra católico Jorge Fernández Díaz. Mientras, las víctimas de torturas de la policía política franquista tienen que acudir a un juez en Argentina en busca de la justicia que la justicia española les niega, una justicia que también ha denegado la extradición solicitada de conocidos torturadores policiales y militares.

Que la democracia española, que ha sido capaz de defender a las víctimas del terrorismo de ETA, haya sido incapaz de reparar a las víctimas del terror franquista aparece como prueba de cargo contra una monarquía reinstaurada por el dictador. La historia es tenaz y la sombra de las víctimas del franquismo ha terminado por oscurecer a una institución que, al ser símbolo del Estado, encarna a los ojos de buena parte de la ciudadanía un sistema político necesitado de urgente regeneración. Un 67 por ciento de los electores españoles de hoy no había nacido o no tenía edad de votar cuando se votó la Constitución monárquica. Hoy muchos de ellos quieren poder hacerlo.

Viernes 11 de julio de 2014

GAZA-ISRAEL: HORRORES INJUSTIFICABLES. Hace once días de la noticia del atroz secuestro y asesinato de tres adolescentes judíos en Cisjordania por extremistas palestinos. La nueva espiral de odio y venganza se cobró enseguida otra víctima: un niño palestino quemado vivo por extremistas judíos.

El ejército de Israel ha matado a más de medio centenar de civiles palestinos, de los que veintitrés eran niños, en los feroces bombardeos con los que está respondiendo al crimen de los tres adolescentes y al lanzamiento de cohetes por parte de Hamas, que mantienen en tensión a la población israelí aunque hasta el momento sólo han provocado dos heridos. Ninguna causa, por legítima que se pretenda, justifica el desproporcionado ataque militar israelí o el asesinato de los adolescentes judíos. Hay que exigir que se detenga el horror. Y hacerlo en nombre de las víctimas, no sólo de las que los bombardeos causan, sino también de las que son usadas como justificación para la masacre.

Martes 15 de julio de 2014

EL SUFRIMIENTO DEL OTRO COMO ESPECTÁCULO. Hay cosas por las que a uno le dan ganas de pedir la baja en la especie humana. Que haya israelíes que se dediquen a contemplar cómo su ejército machaca a los palestinos en Gaza, sentados en sus silloncitos y comentando la jugada desde la loma de un monte, tal y como cuenta un diario nada sospechoso de antisemitismo, *The New York Times*, da idea de la degradación humana a la que tantos años de odio y muerte pueden conducir. No es un problema sólo de los israelíes (¡cuántas veces no hemos visto fotos de radicales palestinos festejando alguna carnicería contra ciudadanos judíos!), pero es también un problema de la sociedad de Israel. Y de nada sirve ampararse en que «los otros son iguales». El problema es precisamente admitir la igualdad en el horror.

Miércoles 16 de julio de 2014

BOMBARDEANDO A NIÑOS EN LA PLAYA. ¿Qué puede haber más heroico que bombardear a un grupo de niños que juega en la playa? ¿Qué mayor defensa de la paz y la democracia que dispararles un primer cañonazo, que no llega a alcanzarles, y cuando corren despavoridos en busca de refugio hacia un hotel cercano, afinar la puntería y esta vez sí, bingo, de pleno, otro cañonazo y unos cuantos al otro mundo y otros cosidos de metralla? La armada de Israel ha eliminado a cuatro peligrosos niños que amenazaban la seguridad nacional y la paz mundial con sus peligrosos juegos infantiles. Han sido testigos de los hechos varios periodistas de medios internacionales (Agencia Reuters, *The Washington Post*, *The Guardian*). ¿Habrán podido contemplarlo también los mirones a distancia, desde sus butacas de primera fila en el cine del espanto? ¿Y qué dirán ahora las autoridades de Israel? ¿Ups? ¿Fue sin querer, queriendo? ¿A saber qué hacían ahí? ¿Es el precio a pagar por nuestra seguridad? ¿Nada? ¿Y qué dirán ahora los especialistas en oraciones adversativas? ¿Qué pena, pero siguen cayendo cohetes sobre Israel? ¿Qué pena, pero los palestinos también han matado a niños judíos? ¿Qué pena, pero Hamas se esconde entre los civiles para usarlos como escudos? Una playa casi desierta, un espacio abierto. Con el aire como único escudo… Tengo tanta curiosidad por leer a los reyes de las oraciones adversativas, los atenuadores de responsabilidades, los relativistas del horror ajeno. No se trata de tener razón. Ya no tiene mucho sentido seguir hablando de política, de derechos, de conflictos, de reivindicaciones, venganzas, abusos, temores. Todo eso es retórica. Están bombardeando a niños en la playa. Niños. De eso es de lo que estoy hablando.

Viernes 25 de julio de 2014

EL HORROR EN GAZA Y LA ESPIRAL DEL ODIO ANTISEMITA.
Lo que está sucediendo en Gaza es un crimen y el número de víctimas civiles, la irrefutable prueba de cargo. Pero las legítimas protestas contra ese horror no pueden convertirse a su vez en semillas de nuevos horrores. Al calor de la indignación medran insultos y argumentos de un repugnante antisemitismo y el odio a los judíos ya arrastró antes a Europa al infierno.

Ciertamente, el gobierno de Israel ayuda a reavivar ese odio al manipular el sufrimiento histórico del pueblo judío para justificar sus actos. Pero a la irracionalidad del odio hay que oponer la crítica racional y solidaria. Solidaria con las víctimas de Gaza, pero también con los ciudadanos de Israel víctimas de atentados palestinos y con los que se arriesgan a defender la paz. Israel no es el pueblo judío, es un Estado constituido. Hay que criticar sus políticas, no la condición religiosa o étnica de sus habitantes. Y cerrar las puertas a nuestros demonios.

Martes 29 de julio de 2014

ESCUELAS COMO ARSENALES. La falta de escrúpulos de las milicias palestinas vinculadas a Hamas les ha llevado a usar una de las escuelas de la ONU para ocultar sus cohetes, según ha denunciado la misma ONU en el comunicado. A la violencia indiscriminada del ejército de Israel se une la indecente exposición de los ciudadanos palestinos al riesgo de ser bombardeados a causa de acciones como la que aquí se denuncia. Este hecho concreto no justifica las matanzas de civiles, pero contribuye a favorecerlas y demuestra el despiadado sacrificio forzado al que las milicias de Hamas someten a su propia población. Los ciudadanos palestinos están apresados en la atroz tenaza del militarismo israelí y el terrorismo palestino.

Viernes 19 de diciembre de 2014

PUERTO RICO Y LA NUEVA RELACIÓN CUBA-ESTADOS UNIDOS. El 17 de diciembre de 2014, los presidentes de Cuba y de Estados Unidos anunciaban el restablecimiento de relaciones diplomáticas, tras medio siglo de ruptura y embargo, y las medidas para facilitar viajes y contactos entre ambos países. El 28 de abril de 1979, el cubano Carlos Muñiz Varela, que vivía exiliado en Puerto Rico, adonde había llegado con su familia a la edad de siete años, fue asesinado a tiros en la puertorriqueña ciudad de Guaynabo por miembros de la extrema derecha cubana anticastrista. El motivo: Muñiz había abierto una agencia de viajes en San Juan para favorecer el acercamiento entre los cubanos de dentro y fuera de Cuba.

Tenía veinticinco años de edad y un hijo recién nacido, que aún hoy lucha para que el crimen se esclarezca.

Treinta y cinco años después de aquel asesinato, el FBI sigue sin desclasificar los documentos que permitan identificar y juzgar a sus autores. Pero los documentos que han sido desclasificados demuestran ya que desde el principio existían pistas sobre la identidad de los autores del asesinato, vinculados a la extrema derecha cubana, aunque fueron ocultadas. La impunidad fue tal que un conocido extremista cubano exiliado en San Juan tuvo la desfachatez de declarar en televisión su satisfacción por la «ejecución» de Muñiz.

La valiente iniciativa del presidente Obama de poner fin a un conflicto anacrónico debería mover a la colaboración de las autoridades estadounidenses con las puertorriqueñas para hacer justicia a un hombre que fue asesinado por haberse atrevido a soñar con el futuro de paz y diálogo que hoy se hace realidad.

Miércoles 7 de enero de 2015

PERIODISTAS VÍCTIMAS DEL ODIO EN PARÍS. La matanza de periodistas del semanario satírico francés *Charlie Hebdo* (amenazados antes por la publicación de caricaturas de Mahoma) perpetrada hoy presuntamente por fundamentalistas islámicos vuelve a demostrar que cualquier religión, llevada a ciertos extremos, más que el opio del pueblo es la peste de la humanidad.

Ahora saldrán a vociferar los profesionales del odio con sus discursos de islamofobia, pero el problema no es el islam, como tampoco lo fueron en su día el catolicismo o el protestantismo (cuando campaba la Inquisición o se quemaban brujas en Europa). El problema es el fanatismo. El fanatismo de quienes matan en nombre de una religión. Y el fanatismo nunca se combate de verdad alimentando fanatismos de sentido contrario. Lo que hace falta es justicia y eficacia policial. Porque matar es fácil, pero apagar el fuego del odio requiere de un esfuerzo permanente, de mucho tesón y todavía más prudencia.

Viernes 9 de enero de 2015

PARA VENCER AL TERRORISMO ISLÁMICO. Los terroristas islámicos autores de la matanza de *Charlie Hebdo* han sido abatidos por la policía, pero han causado la muerte de varios rehenes y dejado un reguero de heridos y una sensación de frío en el alma de la personas de bien. Hubiera sido mejor que no murieran para obtener de ellos las informaciones que ayudasen a golpear al entramado terrorista en Francia. Pero el destino de su carrera criminal era morir matando.

La sociedad francesa y su Estado democrático han sabido reaccionar con unidad (salvo la esperable discordancia del Frente Nacional, con su habitual mensaje de odio), pero la amenaza terrorista subsiste, con raíces políticas y sociales que hay que atajar. La victoria no estará ganada hasta tener una política antiterrorista que controle el tráfico de armas, ponga fin a aventuras guerreras en terceros países —en las que prosperan organizaciones como el Estado Islámico— y se acompañe de medidas que remedien la marginación social.

Miércoles 21 de enero de 2015

SEIS MIL DENUNCIAS DE TORTURAS EN DIEZ AÑOS. El documental *Ciutat Morta* ha sacado a la luz el caso de tortura y falsa denuncia de la policía de Barcelona contra un grupo de jóvenes el 4 de febrero de 2006, que acabó con la condena de los jóvenes y el suicidio de una de ellos, sin que el juez prestara atención a los indicios de tortura y a la inconsistencia de la acusación. Ocho años ha tardado la sociedad española en darse por enterada de lo ocurrido.

Lo terrible es que este caso es la punta del iceberg de un gravísimo problema de represión policial ilegal, tolerada por jueces y por gobernantes, que está socavando el sistema político español. La Coordinadora para la Prevención y la Denuncia de la Tortura ha recogido en diez años seis mil denuncias de tortura y malos tratos. Sin que se lleven a cabo investigaciones internas serias por la policía sobre ellas, sin que muchos juzgados las investiguen adecuadamente.

Seiscientas denuncias al año, cincuenta al mes. Es demasiado para una democracia.

Viernes 13 de septiembre de 2015

EL ÉXODO QUE PONE EN JAQUE A LA EUROPA NEOLIBERAL. Tras tantos años de practicar una desmemoria cotidiana casi nadie recuerda que hace exactamente veintiséis años, en el verano de 1989, el éxodo de decenas de miles de ciudadanos de la entonces República Democrática Alemana desató la crisis política que terminó con la caída del Muro de Berlín y la desaparición del bloque soviético en Europa.

Hacinados en campamentos en la frontera de Hungría, huyendo de la crisis económica que sufría la Alemania comunista y con el propósito de llegar a la República Federal Alemana, los refugiados alemanes del Este anunciaron, con la mera presión física de su desesperación, el colapso del sistema comunista impuesto por la Unión Soviética en la Europa del Este. Hoy, cientos de miles de refugiados provenientes de los territorios de guerra y hambrunas que Europa ha propiciado en países como Libia, Siria o Afganistán, se agolpan en las fronteras. Quizá le esté llegando la hora del cambio a la Europa neoliberal.

Sábado 14 de noviembre de 2015

LA ESPIRAL DEL ODIO. París. Otra vez el horror. Otra vez la matanza. Otra vez imágenes espantosas, en este caso de personas descolgándose de las ventanas de la sala de fiestas Bataclan. Otra vez los inocentes pagando por los intereses, delirios y odios de otros. Los terroristas han vuelto comprar con vidas humanas el protagonismo en los medios de comunicación de todo el mundo. La solidaridad con las víctimas es imprescindible. Pero hay que repensar la violencia e ir más allá de la mera condena. No para echar más leña al fuego, como se ha venido haciendo desde los atentados de 2001, sino para buscar la manera de atajar la violencia en la raíz. Buscar sus causas, honestamente, sin retóricas, y tratar de remediarlas con el concurso de todos. Porque la violencia no se va a resolver imponiendo un solo punto de vista. A los asesinos hay que perseguirlos con todo el peso de la ley, pero al mismo tiempo hay que devolver a la palabra y al diálogo el protagonismo, para cortar la espiral de desesperación, rencor y pedagogía del odio que nutre de nuevos acólitos a los terroristas cada día.

Lunes 7 de diciembre de 2015

VENEZUELA TRAS LA VICTORIA DE LA OPOSICIÓN. La oposición antichavista ha ganado holgadamente las elecciones parlamentarias en Venezuela, unas elecciones que incluso los medios de comunicación que practican el antichavismo más básico, como el diario *El País*, han calificado de tranquilas. Hoy adquieren su verdadera dimensión de manipulación propagandística las acusaciones contra la «tiranía» del chavismo vertidas por especialistas en el engaño como el ex líder socialista Felipe González. Rara, rarísima tiranía la que convoca elecciones multipartidistas y las pierde por goleada. Rara, rarísima manipulación electoral la de quienes organizan unas elecciones que acaban con, por lo menos (pues aún faltan por atribuir 22 escaños), 23 diputados de ventaja para la oposición. En las últimas elecciones presidenciales, quienes exigen que el gobierno de Maduro acepte hoy el resultado electoral aunque pierda, se negaron a aceptar entonces que eran ellos los que habían perdido y se echaron a la calle para intentar derrocar al presidente electo. ¿Verían hoy con buenos ojos los defensores de la oposición que las masas de seguidores chavistas salieran a la calle a intentar pegarle fuego al Parlamento, como hicieron las antichavistas en su día cuando atacaron con cócteles molotov la fiscalía general o la televisión pública? Venezuela ha sido durante todos estos años y sigue siendo una democracia. Llena de problemas, de injusticias, de errores gubernamentales y de errores de la oposición. Pero una democracia. Su singularidad principal no es el modelo chavista, con ser éste bien particular y a veces hasta estrambótico. Su singularidad principal es el haber sido y seguir siendo una democracia sometida al acoso político, económico y mediático incesante de quienes se han negado desde el inicio a aceptar las victorias electorales del chavismo. Esa política de desgaste político y económico y de enrarecimiento de la vida pública, a la que han contribuido no poco las propias torpezas y abusos del gobierno venezolano, ha dado este domingo sus frutos: la oposición ha ganado las elecciones. Y el escenario podría ser el ideal para salir de esta larga crisis: una obligada convivencia de chavistas y antichavistas en los poderes del Estado (ejecutivo y legislativo). Una posible escuela de diálogo, si hay voluntad para ello. Si falta esa voluntad, el conflicto va a estar servido y amplificado.

Viernes 1 de enero de 2016

UN NUEVO AÑO. Han pasado veinticinco años desde que en 1990 publiqué mi primer libro, *La epopeya de los locos*, en el que evocaba a los españoles que en el siglo XVIII se atrevieron a soñar con la libertad y la igualdad para su país y se alzaron en armas para combatir por ellas. La experiencia terrible de dos siglos de violencia política de todo signo en el mundo pesó sobre sus páginas, como pesa sobre el conjunto de nuestra sociedad. De esas diversas manifestaciones de la violencia llevo escribiendo en diferentes medios de comunicación desde el verano de aquel año, en el que se anunciaba ya la carnicería de la que luego pasaría a la historia como la primera guerra del Golfo. La violencia no ha cesado de crecer desde entonces y contra ella he acumulado palabras, argumentos, datos, como si de una barricada se tratase. Para intentar contribuir a parar las aguas del odio. Para tratar de explicar y persuadir desde ella a quienes la violencia ciega. Para intentar comprender yo mismo este atroz espectáculo de destrucción e intolerancia que no cesa.

Es difícil no caer en el desaliento cuando, a veces en unión de otros, a veces en solitario, uno lleva un cuarto de siglo denunciando las crueles acciones y las hipócritas justificaciones de despiadados gigantes que se disfrazan de cotidianos, razonables y necesarios molinos de viento. Siento que mi propio discurso ha ido adelgazándose, se ha vuelto enjuto, breve, como si a fuerza de repetirlos, los argumentos hubieran ido erosionándose y ya sólo quedara de ellos un esqueleto esencial de palabras. Las imprescindibles. Como si ya no se tratara tanto de convencer como de, al menos, dejar constancia de estos tiempos violentos. Y de nuevo, como en el fatídico año 2000 en el País Vasco, vuelvo a sentir que poco más puedo añadir a lo que llevo tanto tiempo exponiendo. Creo pues que ha llegado el momento de poner fin a esta larga, dispersa y tantas veces amarga crónica.

El año 2016 arranca en un mundo que ha hecho del sobresalto y del miedo un estado de ánimo permanente y una herramienta de control y bloqueo para que, por mucho que se produzcan novedades, nada cambie en el fondo. El sistema que nos rige hoy, basado en el predominio de las mercancías, el dinero y la violencia, y en la sustitución de la condición de ciudadano por la de consumidor (de bienes materiales o de certezas divinas o patrióticas, si no de la mezcla de todo ello), ha conseguido hacer de la hipocresía una de las bellas artes. Se habla de democracia a la vez que se la corrompe. De libertad de expresión cuando ésta ha pasado a ser propiedad exclusiva de la oligarquía de propietarios de los medios de comunicación, que la usan en interés propio. Y, sobre todo, de la guerra como el camino hacia la paz. ¿Hay algo más repetido, más comprobadamente dañino que eso en la violenta historia de la humanidad? Sí: la sumisión de gran parte de ésta a los poderosos. Nos sigue quedando el derecho al pataleo, de momento. Habrá que seguir ejerciéndolo.

Año nuevo, sistema viejo.

EPÍLOGO
FINAL DE PARTIDA

Mientras este libro corre el curso normal de la edición (lecturas, composición, correcciones, programación en la editorial...), el mundo fuera de sus páginas prosigue su acelerada deriva. Y lo hace a velocidad vertiginosa.

La visita del presidente Obama a Cuba desbloquea un conflicto anacrónico y permite especular con una nueva relación entre Estados Unidos y América Latina, pero aunque la violencia política en Venezuela parece haberse aplacado tras la victoria electoral de la oposición, el asedio al gobierno bolivariano (sumado a los propios abusos y errores de ese gobierno), la llegada a Argentina de la peor versión del neoliberalismo, representada por Mauricio Macri, y el golpe de Estado que ha supuesto la destitución de la presidenta brasileña Dilma Rousseff a manos de un congreso dominado por corruptos, apuntan a una conflictiva inestabilidad en la región sudamericana sin que quede claro cuál será la dirección que tomarán a la postre los acontecimientos: si hacia una mayor integración interamericana con una relación más igualitaria con Estados Unidos o hacia un paulatino retorno a las políticas de exclusión social y servilismo a las multinacionales, en el que la normalización de relaciones entre Estados Unidos y Cuba no sería sino la necesaria maniobra para desarmar ideológicamente la oposición a dicho retorno.

Los atentados de Bruselas, con su atroz espectáculo de muerte y destrucción, han levantado de nuevo una islamofobia primaria de la que las redes sociales se convierten en amplificador inevitable. Y vienen a demostrar hasta qué punto el camino de la política de «guerra contra el terrorismo» es no sólo un camino errado, sino contraproducente. Los millones de refugiados que Europa rechaza en el mayor gesto de insolidaridad y miseria moral del último medio siglo, son la prueba de que esa «guerra» crea sobre todo víctimas civiles. Y, al mismo tiempo, el sufrimiento que genera alimenta incesantemente las filas de los movimientos terroristas. Quince años después de la caída de las Torres Gemelas, el terrorismo islámico tiene más poder que nunca, ha expandido su capacidad para golpear en los más diversos lugares, su acceso a recursos económicos en los países destruidos por las guerras auspiciadas por la Unión Europea, Estados Unidos, Irak, Libia, Siria... ha crecido exponencialmente, su presencia militar en los territorios donde tienen lugar esas guerras civiles es cada vez más poderosa, y las vías de apoyo financiero y estratégico que recibe de países islámicos como Arabia Saudí siguen activas.

Si fuera cierto que libramos una «guerra contra el terrorismo», la única conclusión posible sería que la estamos perdiendo. Pero lo que sucede es que no existe tal guerra. Hay en algunos países guerras civiles auspiciadas por las grandes potencias para hacerse con el control geoestratégico de las fuentes de petróleo y gas. Guerras entre defensores de la necesidad de dotar a los países árabes de sociedades democráticas y partidarios del integrismo islámico, guerras manipuladas por las grandes potencias para poner las legítimas aspiraciones de justicia y libertad de los pueblos árabes al servicio de sus intereses de dominación política y económica, del mismo modo que el integrismo manipula las legítimas aspiraciones de justicia e independencia de esos pueblos para ponerlas al servicio de su proyecto totalitario. Y hay una fractura civil en el seno de las sociedades europeas generada por las desigualdades crecientes y por la marginación en que el modelo neoliberal hunde a amplias capas sociales procedentes de la inmigración (no es casual que muchos de los terroristas en los atentados de París y Bruselas fueran ciudadanos del propio país, hijos de emigrantes crecidos en barrio marginales).

Lo que hoy sabemos con certeza —lo ha confirmado el *Informe Chilcot*, elaborado por una comisión independiente en el Reino Unido— es que la guerra que más ha contribuido a desestabilizar el orden internacional y a crear las condiciones del auge del Estado

Islámico, la guerra de Irak, fue buscada deliberadamente en 2003 por Estados Unidos, con la connivencia de los gobiernos de Tony Blair y José María Aznar. Para ello, señala oficialmente el informe, se manipuló a los servicios de inteligencia, se ignoró la falta de pruebas que demostraran concluyentemente la existencia de armas de destrucción masiva en Irak y se desoyeron adevertencias sobre el peligro de crecimiento de Al Qaeda en caso de invasión. El resumen de tales políticas es que los promotores de la guerra mintieron descaradamente para presentarla como inevitable. Así lo denuncia el informe: «Todavía quedaban vías diplomáticas por explorar, la acción militar no era la única opción existente».

Y lo que también está confirmado, gracias el estudio estadístico de la Global Terrorism Database (GTD), cuyos datos se aportan al final de este libro, es que, en efecto, a partir de la guerra del Golfo las muertes por terrorismo se han disparado en el mundo. Ya no es una especulación o una opinión. Las cifras hablan por sí mismas: desde 1990, el terrorismo ha causado 5.510 muertos en territorios de Europa occidental y Norteamérica. En el resto del mundo ha matado a 267.981 personas.

Sin embargo, ese crecimiento ha sido desigual: el número de víctimas se ha disparado a nivel planetario, pero ha disminuido en la Unión Europea. A pesar del impacto mediático de los últimos atentados en territorio europeo, el número de muertos por terrorismo en Europa occidental en el periodo 2004-2015 (un total de 579 muertos) ha bajado en comparación con el periodo 1990-2003 (887 muertos).

En esos mismos veinticinco últimos años, el terrorismo mató en Oriente Medio y África del Norte a 99.948 personas. De ellas, 52.105 fueron asesinadas a partir de 2012, tras la desestabilización generada por las guerras de Libia y Siria y la expansión del Estado Islámico.

El terrorismo, con los datos en la mano, es pues un problema que sufren de manera abrumadoramente mayoritaria las sociedades del Medio Oriente, el Norte de África, el sur de Asia y el África subsahariana, con un 86,6 por ciento del total de los muertos por atentados.

Sin embargo, Estados Unidos y Europa occidental, con un 2 por ciento del total de muertos, siguen presentándose a sí mismos como las grandes víctimas del terrorismo. Y con ello, los factores políticos y sociales que alimentan el terrorismo siguen siendo ignorados por los poderes públicos y por buena parte de los medios de comunicación, que cada vez funcionan más eficazmente como correas de transmisión de los intereses de los grandes grupos de presión económica y política, y como imprudentes cajas de resonancia de la sangrienta estrategia publicitaria de los terroristas.

Por otra parte, las fuerzas de oposición de la izquierda alternativa en Europa, aunque han logrado algunos avances (en Grecia, Portugal o España), no consiguen todavía tener poder suficiente como para alterar la hoja de ruta de una Unión Europea que poco a poco va convirtiéndose en la negación de sí misma.

Mientras, la extrema derecha crece al calor del desencanto, del miedo y del oportunismo geoestratégico, como quedó demostrado con el apoyo de la UE a la extrema derecha ucraniana. Hoy en día xenófobos, racistas y neofascistas superan el 15 por ciento de los votos en numerosos países europeos, entre ellos Francia. Si los nuevos gobiernos de izquierdas no llegan a cuajar o son reducidos a la inoperancia por las presiones del *establishment* europeo, el auge de la extrema derecha al que puede conducir el desencanto de la ciudadanía se convertiría en un verdadero peligro para la democracia en Europa.

Y al fondo de la crisis, pasando casi de puntillas en el debate público, los tratados secretos de libre comercio entre Estados Unidos y Europa, cuya posible aprobación en cualquier momento será probablemente la mayor catástrofe de la próxima década, amenazan con instaurar definitivamente la ley de la jungla en las relaciones sociales, haciendo retroceder los derechos políticos, económicos y sociales de los ciudadanos a un periodo de premodernidad, en una especie de retorno colectivo a la era anterior a la Revolución Francesa, en la que las tensiones sociales se manifestaban como epifanías de violencia y desesperación sin que hubiera mecanismo alguno para darles una salida progresista. Al final, un conservador como Alain Minc va a terminar paradójicamente por tener razón cuando habla del regreso a una Nueva Edad Media, sólo que éste no va a ser en los términos en que él lo enuncia, como resultante de la «invasión» del espacio político por señores de la guerra periférico, sino fruto del desmoronamiento de la propia democracia, corroída por la corrupción, el autoritarismo y la desigualdad.

La desactivación de los movimientos sindicales como agentes de cambio social y la uniformidad de la opinión pública a través del control de la televisión y el uso partidista e interesado de los grandes medios de comunicación, funcionan como poderosas herramientas para mantener el orden establecido en unas democracias carcomidas por la corrupción y manipuladas por aberrantes legislaciones electorales. Pese a ello, los movimientos de indignación, que empiezan afortunadamente a transformarse en movimientos políticos con aspiraciones al poder (¿cómo si no se puede cambiar realmente nada?), y los espacios de crítica y denuncia abiertos por unas redes sociales todavía no completamente domesticadas, permiten abrigar la esperanza de un posible renacer de una acción política transformadora que oponga a las tendencias autoritarias en alza una defensa radical de la democracias, apostando por su profundización.

Por desgracia, entre la élite política europea la guerra sigue siendo predicada como opción política necesaria. Y encuentra nuevos e insospechados defensores, como el presidente francés François Hollande, quien no parece haber aprendido nada de la guerra de Irak y postula para Siria y Libia una nueva «guerra contra el terrorismo» que está ya más allá del campo de los errores políticos para adentrarse abiertamente en el de la pura y simple estupidez.

Y mientras tanto, en España, nuestra colectiva cuenta pendiente con la historia sigue así: pendiente. Las decenas de miles de desaparecidos del franquismo reposan en sus tumbas olvidadas sin que los reclamos de las Naciones Unidas hayan movido al gobierno del PP a hacer nada para reparar esa injusticia, devolver la dignidad a las víctimas y esclarecer las responsabilidades. Quizá el hecho de caminar sobre las tumbas ilegales de más cien mil personas asesinadas le parece al gobierno algo normal, indigno de la menor preocupación judicial o política. A estas alturas ya debería estar claro que no habrá salida a la crisis institucional española (desde el gobierno a la jefatura del Estado, pasando por la estructura territorial) si no se emprende un camino de refundación de la convivencia democrática que ajuste cuentas definitivamente con nuestras deudas históricas y alumbre un nuevo pacto de vida en común sobre nuevas bases. La derecha española, heredera de los perdedores de la Segunda Guerra Mundial, sigue siendo el mayor obstáculo para que ello sea posible.

Este libro estará en las librerías en unos meses. Sus palabras, acumuladas durante años, quizá sirvan para agitar ideas, animar algún debate, o al menos despertar la curiosidad sobre el camino que llevamos recorrido. Pero está destinado inevitablemente a ser revisado con el paso del tiempo porque la realidad corre, corre, corre como el conejo del cuento de *Alicia en el País de las Maravillas*. La realidad tiene prisa y nuestras ideas apenas la alcanzan.

Vivimos un terrible divorcio entre nuestra lenta capacidad de reorganización social y de reflexión colectiva, y nuestra descontrolada capacidad de acelerar la realidad mediante la tecnología y la violencia. En el fondo estamos jugando una partida suicida entre nuestra humanidad y nuestra brutalidad (ya sea física, económica o política). Y la jugamos atenazados por la pinza del miedo y de la desesperación. Huérfanos de grandes sueños que nos ayuden a orientarnos, que dibujen un horizonte. Y, al mismo tiempo, conscientes como nunca de nuestros derechos y de los abusos del poder, de nuestra debilidad y de la necesidad de superarla. En este planeta colapsado, del final de esa partida va a depender nuestro futuro. Nuestro futuro colectivo y el futuro de cada uno de nosotros. Quizá fuera bueno que dejáramos de repetir como papagayos los lugares comunes y la propaganda que nos sirven los medios de comunicación y corriéramos el riesgo no ya de tener una opinión propia (porque esa opinión «nuestra» podemos habérsela comprado a cualquiera, aun sin ser completamente conscientes de ello), sino de pensar con nuestra propia cabeza. Nos va la vida en ello.

Lisboa, 1 de agosto de 2016

NOTA

Las publicaciones donde aparecieron los textos que componen este libro son las siguientes:

Cambio 16 (España)
El País (España)
El Mundo (España)
El Mundo del País Vasco (España)
El Periódico de Catalunya (España)
El Periódico de Gijón (España)
Número de víctimas (España)
Blog *Fuera del juego* (Portugal)
Süddeutsche Zeitung (Alemania)
Le Monde Diplomatique (Francia y España)
Les Temps Modernes (Francia)
Diario della Settimana (Italia)
La Repubblica (Italia)
Il sole 24 ORE (Italia)
Revista *Internazionale* (Italia)
Público (México)
Milenio (México)
El Informador (México)

CRONOLOGÍA

1990

2 *agosto*. El ejército iraquí de Saddam Hussein invade Kuwait.

3 *octubre*. Reunificación de Alemania.

2 *diciembre*. La matanza del ejército de Guatemala en Santiago de Atitlan deja 12 muertos.

1991

12 *enero*. Reunión en el Ateneo de Madrid del Foro de Escritores contra la guerra, que lanza un manifiesto, firmado por más de 150 autores, contra la participación española en la inminente guerra del Golfo.

16 *enero*. Una coalición militar internacional liderada por Estados Unidos, bajo mandato de la ONU, declara la guerra a Irak e inicia una campaña militar para obligar al ejército iraquí a abandonar Kuwait.

17 *enero*. Durante la madrugada se produce el primer bombardeo aéreo de Bagdad.

28 *febrero*. Concluye la operación militar en Kuwait con la derrota y retirada del ejército iraquí.

29 *mayo*. ETA hace explotar un coche bomba en el cuartel de la Guardia Civil de Vic, en Barcelona, dejando diez muertos.

25 *junio*. Desintegración de Yugoslavia con la autoproclamada independencia de Eslovenia y Croacia. Las minorías serbias autoproclaman repúblicas independientes dentro de Croacia y de Eslovenia. Estalla la guerra entre Croacia y Serbia.

19 *agosto*. Fallido golpe de Estado de comunistas ortodoxos contra el presidente de la Unión Soviética, Mihail Gorvachov, quien sale muy debilitado.

8 *diciembre*. Los presidentes de las federaciones de Rusia, Ucrania y Bielorrusia acuerdan la disolución de la Unión Soviética. Gorvachov dimite.

1992

16 enero. Acuerdo de paz entre el gobierno de El Salvador y la guerrilla del FMLN.

4 febrero. Golpe de Estado militar encabezado por Hugo Chávez contra el presidente Carlos Andrés Pérez.

6 abril. Guerra de Serbia contra Bosnia. Comienza el cerco de Sarajevo por las tropas serbias. Durará 44 meses.

23 septiembre. Estados Unidos realiza su última prueba atómica desde 1945, haciendo detonar una bomba atómica en el sitio de pruebas nucleares de Nevada.

2 diciembre. Conmemoración del 50.º aniversario del lanzamiento de la bomba atómica por el ejército de Estados Unidos contra la población civil de la ciudad japonesa de Hiroshima, en las postrimerías de la Segunda Guerra Mundial.

1993

30 enero. El Cártel de Medellín hace explotar un coche-bomba en Bogotá matando a 25 personas.

Julio. El juez Baltasar Garzón reabre el caso del secuestro del ciudadano francés Segundo Marey por parte del grupo GAL, formado por miembros de los aparatos de seguridad del Estado español para combatir a ETA con sus mismos métodos. Los GAL actuaron entre 1983 y 1987, dejando un total de 27 asesinatos, además de varios casos de torturas y secuestros.

7 noviembre. Creación en Estrasburgo del Parlamento Internacional de Escritores, que es presidido por Salman Rushdie, contra quien Jomeini, el líder del régimen integrista de Irán, había lanzado una condena a muerte en 1989. El Parlamento crea la Red Internacional de Ciudades Refugio para acoger a escritores perseguidos.

2 diciembre. Muere el narcotraficante colombiano Pablo Escobar.

1994

1 enero. Insurrección del Ejército Zapatista de Liberación Nacional en Chiapas, México.

5 febrero. El ejército serbio causa la masacre del mercado de Markale, en Sarajevo.

Abril. Comienza el genocidio en Ruanda. En cien días, el Frente Patriótico Ruandés, de la mayoría hutu, asesina a ochocientos mil tutsis.

13 julio. La guardia costera de Cuba aborda un remolcador en el que un
grupo de ciudadanos cubanos trataba de emigrar clandestinamente
a Estados Unidos. La embarcación se hunde y mueren 37 personas.

18 julio. Atentado antisemita contra la Asociación Mutual Israelita Argentina (AMIA), en Buenos Aires. Deja 85 muertos y 300 heridos.

5 agosto. Protestas y saqueos en La Habana contra el gobierno por la es-
casez del llamado Periodo Especial y la salida migratoria.

Diciembre. Intervención militar rusa en Chechenia. Inicio de la primera
guerra chechena, que durará dos años.

1995

23 enero. ETA asesina al dirigente del PP en el País Vasco, Gregorio Or-
dóñez.

17 abril. Atentado de radicales de la extrema derecha estadounidense
contra el Edificio Federal Alfred P. Murrah, en Oklahoma. Dejó 168
muertos y 680 heridos.

Julio. Matanza de Srebenica, en Bosnia, perpetrada por tropas serbias.
Murieron 8.000 ciudadanos bosnios.

4 noviembre. El primer ministro de Israel, Isaac Rabin, es asesinado por
un extremista judío por su política de diálogo con los palestinos.

14 diciembre. Firma de los acuerdos de Dayton que ponen fin a la guerra
en Bosnia.

1996

17 enero. El funcionario de prisiones español José Antonio Ortega Lara
es secuestrado por ETA. Permanecerá encerrado en un zulo, un escon-
drijo subterráneo de 3 m de largo por 2,5 de ancho y 1,8 m de altura, durante 532 días.

13 febrero. ETA asesina al ex presidente del Tribunal Constitucional
Francisco Tomás y Valiente.

29 febrero. Fin oficial del cerco de Sarajevo.

27 septiembre. Los talibanes instauran el Emirato Islámico en Afganistán, tras derrotar al ejército ruso con ayuda de Pakistán y Estados
Unidos.

11 noviembre. ETA secuestra al abogado vasco Cosme Delclaux, hijo de
un conocido empresario. Permanecerá secuestrado 232 días.

1997

5 enero. La cumbre de ministros árabes de Interior da la cifra de 60.000 muertos por el terrorismo desde 1992 en el mundo árabe.

19 enero. Aparecen degollados en Argelia 40 campesinos.

1 febrero. La policía serbia abate a tres independentistas en Kosovo.

10 febrero. El dirigente independentista proetarra Eugenio Aranburo aparece ahorcado horas antes de su cita con el juez.

16 febrero. El ejército argelino mata a más de 160 guerrilleros islamistas.

22 febrero. Los Grupos Islamistas Armados argelinos asesinan a 97 personas en Argel.

1 julio. ETA libera al secuestrado Cosme Delclaux, tras el pago de un rescate millonario. / Ese mismo día la Guardia Civil localiza en el subsuelo de una nave industrial del pueblo de Mondragón, en el País Vasco, el zulo donde ETA mantenía secuestrado a Ortega Lara y lo libera, deteniendo a cuatro de sus secuestradores.

10 julio. ETA secuestra al concejal del PP en el pueblo de Ermua, Miguel Ángel Blanco.

13 julio. ETA asesina a Miguel Ángel Blanco y abandona su cuerpo en un bosque.

14 julio. Más de un millón y medio de ciudadanos se manifiestan contra el asesinato de Blanco en la mayor manifestación de la democracia española.

22 diciembre. Partidarios de ETA arrojan explosivos contra el domicilio de la periodista Carmen Gurruchaga, del diario *El Mundo*.

1998

29 julio. El Tribunal Supremo de España condena por el secuestro de Segundo Marey organizado por los GAL a once funcionarios de policía y a cuatro dirigentes políticos del partido socialista. Entre ellos, José Barrionuevo, ex ministro del Interior del gobierno de Felipe González, condenado a diez años de prisión.

Septiembre. Reunión secreta con miembros del entorno de ETA de representantes del gobierno de España, presidido por el líder del PP, José María Aznar.

16 septiembre. ETA declara una tregua indefinida.

10 octubre. El ex dictador chileno Augusto Pinochet es detenido en Londres por orden del juez español Baltasar Garzón.

16-19 diciembre. Cuatro días de bombardeos de Estados Unidos y Reino Unido contra Bagdad tras la salida de Irak de la comisión de verificación de armamento de destrucción masiva.

Diciembre. Los enfrentamientos entre el ejército federal de Serbia-Montenegro y la guerrilla independentista de Kosovo (ELK) provocan una escalada de violencia étnica. / El gobierno español inicia la construcción de la Valla de Melilla, un muro de alambre para impedir la entrada de inmigrantes ilegales.

1999

24 marzo. Guerra de Kosovo. La OTAN bombardea Serbia en apoyo a las fuerzas independentistas de Kosovo.

24 abril. La OTAN bombardea las instalaciones de la televisión estatal serbia en Belgrado, matando a 16 empleados.

Mayo. Reunión secreta entre representantes del gobierno del PP y ETA, en Zúrich. Fracasa la negociación. Durante los siguientes meses se producen más de 300 actos de violencia callejera en el País Vasco organizados por partidarios de ETA.

11 junio. Fin de los bombardeos de la OTAN contra Serbia, con un balance de 3.000 civiles muertos y 10.000 heridos.

26 agosto. Segunda guerra chechena, con intervención de Rusia, al invadir el gobierno de Chechenia el Daguestán con apoyo de guerrilleros islamistas.

9, 13 y 16 septiembre. Atentados de terroristas chechenos en Moscú y otras ciudades de Rusia causan 293 muerto y 651 heridos.

28 noviembre. ETA anuncia la ruptura de la tregua.

2000

22 febrero. ETA asesina al dirigente socialista vasco Fernando Buesa y a su escolta.

27 marzo. La policía desactiva un paquete-bomba contra el periodista de Radio Nacional, Carlos Herrera.

26 abril. El general de la Guardia Civil Enrique Rodríguez Galindo es condenado a 71 años de cárcel como miembro de los GAL por el secuestro, tortura y asesinato de dos simpatizantes de ETA, José Antonio Lasa y José Ignacio Zabala, ocurridos en 1983. Junto a él fue condenado también a la misma pena el ex gobernador civil de Guipúzcoa, Julen Elgorriaga.

7 mayo. ETA asesina al periodista José Luis López de Lacalle, luchador antifranquista y fundador en la clandestinidad del sindicato Comisiones Obreras durante la dictadura.

7 julio. ETA hace explotar una mochila-bomba en la sede del diario *El Correo* en la ciudad de Vitoria.

29 julio. ETA asesina al dirigente socialista y antiguo militante de ETA bajo la dictadura de Franco, Juan María Jáuregui.

29 septiembre. Inicio de las protestas de la segunda intifada palestina.

10 noviembre. ETA activa una bomba a la puerta de la casa de la periodista del diario *El País*, Aurora Intxausti, en el momento en que ésta sale a la calle con su esposo y su hijo. El detonador falla y la bomba no llega a explotar.

21 noviembre. ETA asesina al dirigente socialista Ernest Lluch.

2001

15 mayo. ETA envía un paquete-bomba al periodista Gorka Landaburu, quien sufre amputación en una mano y heridas en el rostro.

24 mayo. ETA asesina al director financiero del *Diario Vasco*, Santiago Oleaga Elejabarrieta.

11 septiembre. Terroristas suicidas secuestran aviones en Nueva York y los estrellan contra las Torres Gemelas y el Pentágono, causando casi 3.000 muertos y más de 6.000 heridos. Los terroristas pertenecían a la organización Al Qaeda liderada por el saudí Osama Bin Laden, antiguo aliado de Estados Unidos en la guerra de los talibanes contra la Unión Soviética a fines de la década de 1970.

7 octubre. Inicio de la Guerra de Afganistán. La coalición internacional liderada por Estados Unidos invade Afganistán para derrocar al gobierno de los talibanes tras los atentados del 11-s.

19 noviembre. El periodista español Julio Fuentes y la periodista italiana María Grazia Cutuli son ejecutados en Afganistán por los talibanes en una emboscada.

2002

11 enero. Comienza a funcionar el Centro de detención ilegal contra presuntos terroristas de la base militar de Estados Unidos en Guantánamo. Por él han pasado cerca de un millar de detenidos, muchos de los cuales fueron torturados y no llegaron a tener juicio. La ONU pidió la suspensión de los juicios en el centro por su falta de garantías procesales.

11 abril. Golpe de Estado fallido de militares y miembros de la oposición en Venezuela contra el presidente Hugo Chávez.

23 junio. El gobierno de Israel aprueba la construcción de la Barrera de Cisjordania, un muro para separar de Israel a la población palestina de ese territorio.

27 junio. Se aprueba en España la Ley de Partidos que permite ilegalizar fuerzas políticas si se demuestra su vinculación con movimientos terroristas.

26 agosto. El juez Baltasar Garzón decreta la suspensión de actividades del partido Herri Batasuna por su vinculación al movimiento terrorista ETA.

12 octubre. Dos atentados en los centros turísticos de la isla indonesia de Bali, perpetrados por terroristas islámicos, dejan 202 muertos y 209 heridos.

2003

15 febrero. Manifestaciones mundiales contra la intención de Estados Unidos de declarar la guerra a Irak. Cerca de un millón de personas en Madrid y otras tantas en Barcelona. Todos los partidos políticos españoles, a excepción del PP, y el 90 por ciento de los ciudadanos, según las encuestas, se oponen a la guerra.

16 marzo. El presidente de Estados Unidos (George Bush, hijo), el jefe de gobierno de Reino Unido (Tony Blair) y el presidente de gobierno de España (José María Aznar), reunidos en las Azores, dan un ultimátum a Saddam Hussein para que entregue sus armas de destrucción masiva. Y anuncian la declaración de guerra si no lo cumple.

20 marzo. Estados Unidos invade Irak acusando a Saddam Hussein de ocultar armas de destrucción masiva. Empieza la guerra de Irak, también llamada segunda guerra del Golfo. Tras vencer los ocupantes la batalla de la invasión, la guerra se prologará como guerra de guerrillas y con atentados terroristas y bombardeos hasta 2011. Las armas de destrucción masiva que justificaron la guerra nunca fueron encontradas, el régimen de Saddam había destruido a mediados de la década de 1990 las que poseía. La cifra final de muertos civiles causados por la guerra oscila entre los 150.000 y los 600.000, según las fuentes.

27 marzo. El Tribunal Supremo ilegaliza al partido Herri Batasuna.

Marzo. Son detenidos y juzgados 75 opositores en Cuba.

7 abril. Muere en Bagdad el periodista español Julio Anguita Parrado, alcanzado por un cohete disparado por el ejército de Saddam Hussein contra las tropas estadounidenses con las que el periodista viajaba.

8 abril. Muere en Bagdad el periodista español José Couso al disparar el ejército de Estados Unidos contra el hotel donde se alojaba la prensa internacional que cubría la invasión de Irak.

12 abril. Son ejecutados en Cuba los tres secuestradores de una embarcación con la que intentaban salir del país.

16 mayo. Atentados suicidas de integristas islámicos en la ciudad marroquí de Casablanca, con 45 muertos y más de cien heridos.

15 y 20 noviembre. Atentados islamistas contra sinagogas y empresas y embajadas occidentales en Estambul dejan 58 muertos y 700 heridos.

13 diciembre. Saddam Hussein es capturado.

2004

6 febrero. Un atentado en el metro de Moscú deja 39 muertos y 122 heridos.

29 febrero. Aristide, presidente de Haití, es derrocado por un golpe de Estado apoyado por Estados Unidos.

11 marzo. Atentados con diez bombas en trenes de pasajeros en Madrid. Sus autores fueron terroristas islámicos y causaron 192 muertos y 1.858 heridos. El gobierno del PP mantuvo durante dos días que ETA era la autora de los atentados, al tercero reconoció que eran integristas islámicos vinculados a Al Qaeda.

Abril-Mayo. Ola de atentados terroristas islámicos en Arabia Saudí.

3 septiembre. El secuestro de profesores y alumnos en un colegio de Beslan, en Osetia del Norte, efectuado por terroristas islámicos, termina con 370 muertos durante el asalto de las fuerzas de seguridad rusas.

2 noviembre. Un terrorista islámico asesina en Ámsterdam al director de cine Theo van Gogh, autor de un filme sobre la violencia cometida contra las mujeres en nombre del islam.

2005

1 abril. Un grupo paramilitar asesina a 30 personas en Río de Janeiro.

7 julio. Atentados terrorista de Al Qaeda en varias estaciones de metro y en un autobús, en Londres, con 56 muertos (4 de ellos, los terroristas) y 700 heridos.

28 julio. El grupo terrorista IRA anuncia el fin de la lucha armada en Irlanda del Norte.

16 agosto. El ejército de Israel abandona la Franja de Gaza.

31 agosto. Una falsa alarma de atentado terrorista en un puente de Bagdad causa una estampida con 965 muertos.

14 septiembre. Atentados en Bagdad dejan 154 muertos y 500 heridos.

27 octubre. Estalla una ola de violencia, con quema masiva de coches, en los barrios marginales de París y de otras ciudades de Francia.

5 noviembre. Ataque pirata en la costa de Somalia contra el crucero *Seabourn Spirit*.

2006

22 marzo. ETA anuncia un alto el fuego permanente.

17 mayo. El Senado de Estados Unidos aprueba la construcción del Muro Fronterizo entre Estados Unidos y México para impedir la entrada de inmigrantes ilegales.

29 junio. El presidente del gobierno español, el socialista Rodríguez Zapatero, anuncia el inicio de diálogo con ETA para poner fin a la violencia. La oposición de derechas, PP, desata una campaña contra la negociación.

12 julio. Comienza la guerra del Líbano con la invasión del ejército de Israel para detener los ataques con cohetes de Hezbolá. Murieron más de 1.200 libaneses y 165 israelíes.

29 diciembre. ETA hace explotar un coche-bomba en la Terminal 4 del Aeropuerto de Barajas, en Madrid, matando a dos personas. El gobierno pone fin al diálogo.

21 diciembre. Comienza la Guerra de Somalia contra Etiopía, desatada por el gobierno islamista. Durará hasta 2009.

30 diciembre. Saddam Hussein es ejecutado en Bagdad, tras ser juzgado por crímenes contra la humanidad.

2007

8 enero. Estados Unidos interviene en la guerra de Somalia bombardeando posiciones de Al Qaeda y del gobierno islamista.

11 abril. Atentados de Al Qaeda en Argel dejan 24 muertos y 222 heridos.

16 abril. Un desequilibrado asesina a 33 estudiantes en la Universidad Estatal de Virginia en la peor matanza perpetrada en universidades de Estados Unidos. El debate en Estados Unidos sobre posesión de armas será una constante durante años.

6 junio. ETA anuncia oficialmente que vuelve a las armas.

18 junio. Las FARC asesinan a 11 diputados colombianos que mantenían secuestrados.

1 diciembre. ETA asesina a dos guardias civiles.

5 diciembre. Un joven asesina a 8 personas y se suicida en un centro comercial de Omaha.

26 diciembre. El gobierno socialista de Zapatero aprueba en España la Ley de Memoria Histórica que reconoce los derechos de quienes sufrieron persecución bajo el franquismo.

2008

17 febrero. Kosovo declara unilateralmente su independencia de Serbia con apoyo de Estados Unidos y países de la UE.

19 febrero. El presidente de Cuba, Fidel Castro, renuncia a su cargo por razones de salud.

24 febrero. Raúl Castro es designado presidente de Cuba.

1 marzo. El ejército colombiano mata a Raúl Reyes, líder de las FARC.

7 marzo. ETA asesina a un concejal socialista en el País Vasco.

25 marzo. Raúl Castro inicia apertura económica en Cuba.

26 marzo. El ejército colombiano mata al fundador de las FARC, Manuel Marulanda.

20 abril. El barco pesquero español *Playa de Bakio* es secuestrado por piratas somalíes

21 julio. El ex líder serbio de Bosnia, Radovan Karadžić, es detenido acusado de crímenes contra la humanidad.

14 septiembre. Quiebra del banco estadounidense Lehman Brothers. Comienza la crisis económica internacional.

4 noviembre. Barak Obama es elegido presidente de Estados Unidos

27 diciembre. Operación Plomo Fundido del ejército de Israel en la Franja de Gaza, acompañada de bombardeos aéreos, en respuesta al lanzamiento de cohetes por parte de Hamas. Mueren 3 civiles israelíes y 960 civiles palestinos.

31 diciembre. ETA coloca una bomba en la sede de la televisión vasca.

2009

1 enero. El ejército de Israel mata al líder de Hamas en Gaza, junto a su mujer y sus ocho hijos.

1 febrero. Coche bomba de las FARC contra la policía en la ciudad colombiana de Cali.

8 abril. Piratas somalíes secuestran el carguero de Estados Unidos *Maersk Alabama* con 21 ciudadanos estadounidenses a bordo.

15 abril. Fin oficial de la larga campaña antiterrorista rusa en Chechenia, con un balance de más de 25.000 muertos o desaparecidos y numerosas denuncias de violaciones de derechos humanos.

19 junio. ETA asesina a un inspector de policía.

28 junio. El presidente de Honduras, Manuel Zelaya, es derrocado por un golpe de Estado.

30. junio. ETA asesina a dos guardias civiles.

3 octubre. El barco español *Alakrana* es secuestrado por piratas somalíes.

2010

6 marzo. ETA asesina por primera vez a un gendarme en Francia, durante un tiroteo.

29 marzo. Dos atentados suicidas en el metro de Moscú dejan 30 muertos.

31 mayo. La armada israelí ataca la Flota de la Libertad, un grupo de embarcaciones que llevaban ayuda humanitaria a los palestinos de la Franja de Gaza, matando a 9 activistas y dejando heridos a 30.

31 agosto. Estados Unidos retira sus últimos efectivos de combate de Irak.

5 septiembre. ETA anuncia un alto el fuego.

28 noviembre. WikiLeaks filtra masivamente documentos diplomáticos de Estados Unidos.

17 diciembre. Comienzan las protestas prodemocráticas en Túnez que darán lugar a la llamada «Primavera árabe».

2011

17 febrero. Manifestaciones contra Gadafi en Libia. La represión hace que parte del ejército se una a los opositores. Estalla la guerra civil.

15 marzo. Manifestaciones de protesta en Siria contra el gobierno de El Asad, reprimidas por la policía.

19 marzo. Francia inicia los bombardeos contra el ejército de Gadafi. Estados Unidos y Reino Unido se unen a los bombardeos.

20 marzo. Las manifestaciones antigubernamentales en Siria se vuelven violentas con la quema de locales del partido del gobierno.

25 abril. Operación del ejército sirio contra localidades insurgentes.

2 mayo. El ejército de Estados Unidos ejecuta a Osama Bin Laden en su refugio de Pakistán.

15 mayo. Ola de protestas en España contra las políticas de austeridad. Nace el movimiento de los indignados.

30 mayo. El balance de los disturbios en Siria es de 1.000 civiles y 150 soldados y policías muertos.

4 junio. Primer gran combate armado entre ejército e insurgentes sirios. Comienza la guerra civil en Siria.

29 junio. Manifestaciones en Grecia contra las políticas de austeridad.

19 julio. La guerra contra el narcotráfico en México, iniciada en 2006, lleva ya 50.000 muertos.

20 octubre. ETA anuncia el cese definitivo de su actividad armada, tras cincuenta años de actividad terrorista con un balance final de 829 muertos y más de 2.000 heridos / En Libia, la oposición toma los últimos reductos del ejército de Gadafi, que es detenido y ejecutado en el acto.

25 noviembre. La violencia contra la mujer, según la ONU: «Una de cada tres mujeres y niñas ha sido agredida físicamente o ha sufrido abusos sexuales en su vida».

2012

Enero. Asedio del ejército sirio a la ciudad de Homs.

3 febrero. Ola de ataques de las FARC en Colombia deja 19 muertos y 100 heridos.

23 junio. El Senado de Paraguay destituye al presidente Fernando Lugo en un golpe de Estado institucional.

25 junio. Un atentado suicida en Beirut deja 10 muertos. Durante los ocho meses anteriores se produjeron diez atentados suicidas en la capital del Líbano con un balance de 118 muertos y 900 heridos.

4 septiembre. Inicio de las negociaciones de paz entre el gobierno de Colombia y la guerrilla de las FARC.

14 noviembre. Operación Pilar Defensivo del ejército de Israel contra la

Franja de Gaza por el lanzamiento de cohetes por parte de Hamas. Mueren 53 civiles palestinos y 600 son heridos.

28 noviembre. Atentados antigubernamentales con coches-bomba en Damasco dejan 34 muertos y 81 heridos.

23 diciembre. Bombardeo del ejército sirio en la ciudad de Hama deja 90 muertos y 140 heridos.

2013

Enero. El balance de la batalla y los bombardeos de la ciudad siria de Homs es de 12.000 muertos. La ONU anuncia que son 60.000 los fallecidos en la guerra civil siria.

9 enero. La ONU anuncia que hay 4.000.000 de refugiados sirios.

1 febrero. Atentado suicida contra la Embajada de Estados Unidos en Ankara, Turquía.

21 febrero. Dos coches-bomba de la oposición islamista dejan 84 muertos y 200 heridos en Damasco. El ejército sirio responde bombardeando la ciudad de Alepo, en manos de la oposición, dos días después.

25 marzo. Bombardeo de la oposición contra la Universidad de Damasco mata a 12 personas.

21 abril. La ofensiva del ejército sirio contra la localidad de Yodeida al Fadl deja 250 muertos.

30 abril. Atentado con coche-bomba en Damasco deja 13 muertos y 70 heridos.

6 septiembre. Amenaza del G20 de atacar Siria si el gobierno no destruye su armamento químico.

9 septiembre. El gobierno sirio anuncia que pone sus armas químicas bajo control de Rusia.

10 octubre. Conflicto de milicias en Libia con un intento de golpe de Estado islamista.

Noviembre. Comienzan las protestas en Ucrania contra el presidente Yanukóvich, a favor de una aproximación a la Unión Europea y un alejamiento de Rusia.

19 noviembre. Doble atentado en Beirut contra la embajada de Irán en Líbano, con un balance de 20 muertos.

2014

3 enero. Conflicto dentro de la oposición siria entre el Ejército Libre Sirio y el Frente Islámico, de un lado, y los radicales del Estado Islámico del otro.

16 enero. Grupos neonazis aprovechan las protestas de Ucrania para atacar edificios públicos y secuestrar funcionarios. Las protestas dejan 98 muertos y miles de heridos y provocan la caída del gobierno de Yanukóvich. Durante las protestas, francotiradores disparan indiscriminadamente contra partidarios y adversarios del gobierno.

12 febrero. Estallan en Caracas manifestaciones violentas de partidarios de la oposición. Miembros de las fuerzas de seguridad disparan indiscriminadamente contra partidarios y adversarios del gobierno, matando a dos opositores y a un partidario del gobierno; también es herida, por disparos de opositores, una trabajadora de la televisión pública.

Marzo. Los enfrentamientos en Venezuela durarán más de un mes con un saldo de 42 fallecidos (entre partidarios del gobierno chavista, policías y opositores), 486 heridos y 1.854 detenidos. El líder opositor Leopoldo López, convocante de las protestas, es detenido y juzgado por incitación a la violencia.

1 marzo. Yanukóvich pide ayuda a Rusia, que envía tropas a Crimea.

6 marzo. El Parlamento de Crimea aprueba integrarse en la Federación Rusa.

29 marzo. El magnate Poroshenko gana las elecciones en Ucrania e integra en el gobierno a la extrema derecha, apoyado por la Unión Europea.

10 abril. Comienza el conflicto armado entre el gobierno de Ucrania y los separatistas de la región prorrusa de Donestk.

5 junio. El Estado Islámico controla buena parte del territorio de Siria e Irak. Su líder es proclamado como «califa de todos los musulmanes del mundo» el 29 de junio.

8 julio. Operación Margen Protector del ejército de Israel contra la Franja de Gaza, tras el secuestro y asesinato de tres adolescentes israelíes y la muerte de dos niños palestinos. El saldo de la ofensiva fue, según Amnistía Internacional, de más de 1.500 civiles palestinos muertos (539 de ellos niños) y 11.000 heridos. De lado israelí hubo 5 civiles muertos y 1.306 heridos.

Agosto. El gobierno sirio, los rebeldes no radicales y el gobierno de Estados Unidos acuerdan unir fuerzas para expulsar al Estado Islámico.

17 diciembre. Barak Obama y Raúl Castro anuncian el restablecimiento de relaciones entre Estados Unidos y Cuba.

20 diciembre. Las FARC anuncian en Colombia una tregua indefinida y unilateral.

2015

6 enero. Atentado suicida contra turistas en Estambul.

7 enero. Atentado de integristas islámicos contra la revista satírica *Charlie Hebdo*, en París, con un total de 12 muertos y 5 heridos.

9 enero. Toma de rehenes por un terrorista islámico en un comercio judío de París, con cinco muertos y cuatro heridos.

15 abril. Mueren 11 soldados del ejército colombiano en ataque de las FARC.

23 mayo. Fin de la tregua de las FARC tras bombardeo del ejército colombiano que mata a 26 guerrilleros.

20 julio. Nueva tregua de las FARC que anuncian su disposición a convertirse en partido político.

23 septiembre. El presidente de Colombia, José Manuel Santos, y Timochenko, líder de las FARC, se encuentran en La Habana.

30 septiembre. Rusia decide intervenir en la guerra civil siria apoyando al gobierno contra el Estado Islámico. En la práctica, también lo apoya contra la oposición no radical.

10 octubre. Atentado en Ankara durante una manifestación contra el gobierno islamista de Erdogan. 86 muertos y 186 heridos.

12 noviembre. Doble atentado suicida del Estado Islámico en Beirut, con 40 muertos y 230 heridos.

13 noviembre. Atentados en París contra varios restaurantes y la sala de conciertos Bataclan, perpetrados por terroristas islámicos, con un total de 137 muertos y 415 heridos.

25 noviembre. Día Internacional para la Erradicación de la Violencia contra la Mujer. Según la Organización Mundial de la Salud, «una de cada tres (35 por ciento) mujeres en el mundo han sufrido violencia física y/o sexual de pareja o violencia sexual por terceros en algún momento de su vida». 133 millones de mujeres han sufrido ablación, 230 millones han sido casadas antes de los 15 años de edad. En España, un 6 por ciento de las mujeres ha sufrido violencia sexual.

7 *diciembre*. Apogeo de la crisis de los refugiados. Según la Organización Internacional de Migraciones (OIM), los conflictos en Oriente Próximo y el norte de África han llevado ya a casi 1.000.000 de refugiados a Europa. Decenas de miles se hacinan en la frontera de Grecia. Casi 5.000 han muerto en 2015 al intentar atravesar el Mediterráneo. / Según la ACNUR hay 59,5 millones de personas desplazadas forzosas en todo el mundo, de ellas 19,5 millones son refugiados.

CIFRAS MUNDIALES DE MUERTOS POR TERRORISMO

Los datos de la Global Terrorism Database (GTD) confirman el crecimiento de las muertes por terrorismo en el mundo a partir de la guerra del Golfo. Desde 1990, el terrorismo ha causado 5.510 muertos en territorios de Europa occidental y Norteamérica. En el resto del mundo ha matado a 267.981 personas.

	África subsahariana	Oriente Medio África del Norte	Centro y Sur de Asia
1990	660	778	2.678
1991	1.347	544	2.543
1992	2.442	1.883	2.794
1993	Sin datos	Sin datos	Sin datos
1994	3.233	2.065	1.107
1995	1.320	1.019	2.227
1996	2.558	961	1.989
1997	2.188	4.695	1.954
1998	1.437	1.079	1.338
1999	885	672	895

Sureste asiático	Este de Europa	América Latina	Europa occidental	Norteamérica
562		2.267	120	
574	273	2.952	170	
673	110	1.647	179	
Sin datos	Sin datos	Sin datos	Sin datos	Sin datos
390		406	105	98
312	158	731	68	232
269	166	813	43	98
335	115	1.390	40	231
	109	599	54	
123	440	293	12	

	África subsahariana	Oriente Medio África del Norte	Centro y Sur de Asia
2000	1.045	624	1.377
2001	1.169	906	1.394
2002	1.040	1.175	1.282
2003	555	1.017	802
2004	321	2.534	1.642
2005	370	3.914	1.359
2006	972	5.016	2.935
2007	1.383	7.194	3.684
2008	1.475	3.481	3.455
2009	1.731	2.980	3.750
2010	830	2.660	3.592
2011	1.237	2.646	3.685
2012	2.936	5.031	6.585
2013	3.842	10.152	7.116
2014	13.333	19.170	8.678
2015	10.469	17.752	8.403
Total	**59.778**	**99.948**	**77.228**

Fuente: Global Terrorism Database (GTD).

Sureste asiático	Este de Europa	América Latina	Europa occidental	Norteamérica
459	402	430	42	
311	294	593	40	3.016
396	518	369	9	
354	337	191	5	
281	608	89	196	
266	157	152	60	
260		100	6	
390	57	83	17	
403	101	109	3	23
483	143	136	15	20
322	234	58	5	
298	174	43	81	
452	179	180	10	24
719	151	160	6	69
699	1.467	157	5	27
638	790	127	175	53
9.969	6.983	14.075	1.619	3.891

Para la composición del texto
se han utilizado tipos de la familia Sabon,
a cuerpo 11,5 sobre 13,5. Diseñada por Jan Tschichold
en 1967, esta fuente se caracteriza por su magnífica legibilidad
y sus formas muy clásicas, pues Tschichold se inspiró
para sus diseños en la tipografía creada
por Claude Garamond
en el siglo XVI

Este libro fue maquetado por Sergi Gòdia.
Fue impreso y encuadernado para Los libros del lince
por Thau, s.l., en octubre de 2016 en Barcelona.

Impreso en España / *Printed in Spain*

· ALIOS · VIDI ·
· VENTOS · ALIASQVE ·
· PROCELLAS ·